成都市教育科研规划课题项目“指向结构化思维的群文阅读问题链设计与实践研究”（批准号：CY2021Y042）

群文阅读

问题链设计与教学

刘文虎　袁伟◎主编

光明日报出版社

图书在版编目（CIP）数据

群文阅读问题链设计与教学 / 刘文虎，袁伟主编 . 北京：光明日报出版社，2025. 4 -- ISBN 978 - 7 - 5194 - 8703-4

I. G633. 332

中国国家版本馆 CIP 数据核字第 2025ZP6276 号

群文阅读问题链设计与教学

QUNWEN YUEDU WENTILIAN SHEJI YU JIAOXUE

主　　编：刘文虎　袁　伟

责任编辑：史　宁　　责任校对：许　怡　乔宇佳

封面设计：中联华文　　责任印制：曹　诤

出版发行：光明日报出版社

地　　址：北京市西城区永安路 106 号，100050

电　　话：010-63169890（咨询），010-63131930（邮购）

传　　真：010-63131930

网　　址：http：//book. gmw. cn

E － mail：gmrbcbs@ gmw. cn

法律顾问：北京市兰台律师事务所龚柳方律师

印　　刷：三河市华东印刷有限公司

装　　订：三河市华东印刷有限公司

本书如有破损、缺页、装订错误，请与本社联系调换，电话：010-63131930

开　　本：170mm×240mm

字　　数：323 千字　　印　　张：18

版　　次：2025 年 4 月第 1 版　　印　　次：2025 年 4 月第 1 次印刷

书　　号：ISBN 978 - 7 - 5194 - 8703-4

定　　价：89. 00 元

前　言

当今社会信息化迅速发展，教育教学不再只局限于课堂内的知识传授，而是逐渐向多角度、多层次的阅读和思考迈进。全民阅读连续9次被写入《政府工作报告》，可见阅读对国家和民族的重要性。

《义务教育语文课程标准（2022年版）》倡导“注重阅读引导，培养读书兴趣，提高读书品味”。统编教材总主编温儒敏在人教社“人教云教研”视频课程中指出：“现在的单元教学都是‘群文教学’的设计，转化为‘任务群’教学，也都是‘群文教学’为主。”① “单篇—群文阅读—整本书阅读—学习任务群”构成了小学语文教学的完整样态，而群文阅读是其中的重要环节。就阅读方式而言，群文阅读是介于单篇阅读和整本书阅读之间的桥梁，和学习任务群本质相通，能解决在大单元整合背景下多文本阅读中的碎片化、浅层化、低位化问题，促进学生核心素养发展，发挥语文课程育人功能。

何为群文阅读呢？

在本书中有着详细的阐述，简言之就是“围绕议题，对一组文本进行阅读和建构”。单位时间内，要完成一组文本的阅读，并围绕议题进行理解和建构，可想而知，这对执教者和学习者而言都是一大挑战。因为与个人阅读相比，它更偏向于社群的共同阅读经验和交流。在传统教学模式中，教师是单篇教学，学生是单独阅读，课堂上难以得到多角度的思考和讨论，而通过群文阅读教学，学生可以借助他人的思考和观点，拓展自己的视野和思维，深入地理解和探索文本中的内涵和意义。在群文阅读中，学生需要共同合作，讨论文本中的问

① 温儒敏．义务教育语文新课标如何在教学中落地［EB/OL］．王华星小语工作室，2022-11-27.

题并辩论观点，通过这种交流与合作，可以更好地理解他人的想法，学会倾听和尊重他人的意见，在集体的交流互动式学习中提高团队合作能力和协调能力。

但是，在一线教学的调研中发现，群文阅读教学不一定能像我们设想的那样，广泛落地并扎根于课堂。这是因为部分老师觉得群文阅读很难：难在不知如何进行组文；难在不知如何设置并推进议题；难在不知如何把控课堂节奏；难在不能有效调和不同观点间的矛盾并达成共识；难在无法精准点评学生的反馈……

如何突破这些难题呢？

众所周知，群文阅读的理论支撑涉及建构主义、文本互织、解释学循环和思维教学等。在深入理解群文阅读教学和效果评估时，这些理论为我们提供了有力支持。然而，教师往往无法将其运用到一线教学实践中，是因为这些理论对他们来说过于遥远和陌生，面对具体的教学情况时，常常感到无所适从。可以这么说，在群文阅读理念和实施之间，存在一个断层。那么，这该怎么办？

因此，群文阅读问题链设计便进入了我们的研究视野。

在群文阅读理论的基础上，我们另辟蹊径，以“问题链”作为切入口，将近年来课程方案中提及的“结构化”，课标中提到的“学习任务群”以及“深度学习”与问题链设计结合起来，从群文阅读角度出发，以此拓展群文阅读的教学方法和策略，也为新时代课程改革提供了新的视角和思路。

群文阅读教学的问题链设计可以追溯到苏格拉底所提出的“产婆术”。苏格拉底曾经说过：“问题是接生婆，它能帮助新思想的诞生。”苏格拉底的“产婆术”又被称为“启发式谈话法”，旨在通过提问和引导的方式，帮助学生思考和探究问题的本质。这种方法在群文阅读教学中的应用，被称为“问题链设计”。因此，问题链设计可以算作一种教学策略，旨在通过一系列连贯的问题，引导学生逐步深入理解和解读文本内容。这一策略的核心思想是通过问题的提出和解答过程，启发和培养学生的思考能力和批判性思维。

在群文阅读教学中，问题链设计通过构建一个由简单到复杂、由表层到深入的问题链条，引导学生逐步探索文本，挖掘其中的细节和意义。通过提升提问技巧，教师可以引导学生思考不同的问题，从而激发学生的阅读兴趣和思维活跃度。教师可以提前设计群文阅读中的问题链，在课堂上呈现有序列性、层进性、逻辑性、关联性的一连串阅读问题，为学生群文阅读学习搭建合适的支架，为学生高阶思维的发展提供向上攀爬的阶梯。

由此可见，群文阅读教学中的问题链设计作为一种教学策略，不仅能让执教者较方便地置身其中，找到群文阅读教学中的具体着力点——问题链，更是阅读教学改革的有效举措。执教者借助议题，结合选文进行问题链设计与教学，也能让学习者根据问题链更好地进行思考和集体建构。

《群文阅读问题链设计与教学》一书便是在这种背景下孕育而生的，为区域内外的学校及语文教师提供了一个关于群文阅读教学方面的系统性指导和实践性参考。

本书一共分为五个章节，共计二十余万字。

第一章阐述了群文阅读的基本理论。从群文阅读的概念内涵，到群文阅读与深度学习、结构化思维、学习任务群的关系，最后梳理问题链设计的价值与作用。这一章节为后续的教学和实践提供了理论指导，为读者全面了解和深入研究群文阅读打下了基础。

第二章是关于群文阅读问题链的介绍和探讨。本章节包括了群文阅读问题链的研究历程、内涵、价值与意义以及主要特征。本章旨在通过对这四方面的阐述，帮助读者更全面地理解群文阅读问题链，读者将在阅读本章后，获得对群文阅读问题链研究和应用的初步认识。

第三章介绍了群文阅读问题链的设计方略。在这一章节中，从前置性思考、过程性明确、后置性评价三个阶段对问题链设计进行了详细的阐述，并提出了“三阶六类式”议题分类、“三点式靶向”组文方法、问题链设计的“五原则三模式”，以及群文阅读问题链设计的“四策略”。读者将了解到群文阅读问题链设计的基本原则和策略，通过本章节中的片段化案例，能够更好地借鉴和迁移运用问题链设计策略指导学生的群文阅读，以此提高其阅读水平和思维能力。

第四章则是在前三章的基础上，总结区域的教学实践经验。每一节的内容都在群文阅读问题链的架构上有所侧重和更加细化。一是指向教材主题单元的群文阅读问题链设计，引导学生深入理解主题单元的内容。二是指向语文要素的群文阅读问题链设计，帮助学生掌握和运用语文要素。三是指向学生高阶思维的群文阅读问题链设计，引导学生进行思维的训练。四是指向课堂知能习得的群文阅读问题链设计，以此来提升学生在课堂中知识与能力习得的效率。无论是单元主题、语文要素、高阶思维还是知能习得，都是以群文阅读的方式落地课堂。同时，这四者之间也有着明显的递进关系，有关单元主题的群文阅读教学实践能丰富教材中的育人价值，有关语文要素的群文阅读教学对教材中的学科知识能进行有效的结构化，有关高阶思维的群文阅读教学关注的是学生在广泛阅读中的思维提升，有关知能习得的群文阅读教学则更加强调学生在阅读过程中获取、内化和运用知识，并关注学习能力的综合性发展。

第五章提供了一系列精心设计并经过实操验证的教学课例，旨在帮助教师有效开展群文阅读教学。这一章节根据“三阶六类式”的议题分类划分为六个部分：语文知识类议题案例、概念认知类议题案例、言语实践类议题案例、策略方法类议题案例、情意品质类议题案例以及文化积淀类议题案例。教师可以根据不同议题的需要，有针对性地选择和参照这些案例，设计属于自己的群文阅读课例，并在教学中尝试实践，相信在这个过程中师生都会有所收获。

综观本书的五个章节，其实也是反映了我们的研究历程。

在研究过程中，我们以融合的方式联合区域内的教研机构和多所学校。由青羊区教科院主导，成都市浣花小学校牵头，成都市泡桐树小学绿舟分校、成都市青羊实验中学附属小学、成都市东城根街小学、成都市实验小学西区分校、成都市胜西小学等基地校积极参与，形成了一个研究共同体。牵头校、基地校的选择是经过深思熟虑的，选择区域内具有代表性的，包含区内名校、随迁子女学校、区内集团校、九年一贯制学校。每个基地校都以群文阅读为主题，展开多种研究活动，如课题研讨、教研教学、专题讲座、主题交流、参赛磨课、送培送教等，以此提升教师在群文阅读教学中对问题链设计与实践的能力，让群文阅读教学研究既有方向引领，又能落地和扩大影响。

总之，《群文阅读问题链设计与教学》一书提供了一系列有关群文阅读和问题链设计的理论与实践内容，为一线教师提供了有效的群文阅读教学指导策略，是一本具有实际应用价值的专著。希望读者能够通过学习本书中的内容，更好地开展群文阅读教学工作。

袁伟

2025年3月

目　录
CONTENTS

第一章

群文阅读的基本理论

第一节　群文阅读的概念与内涵

群文阅读提出以来，越来越多的学者展开了系列和专业的研究，如蒋军晶、于泽元、倪文锦等。因此，群文阅读对大部分老师而言，并不算陌生事物。在《义务教育语文课程标准（2022 年版）》（以下简称《课标》）中提出：倡导少做题、多读书、好读书、读好书、读整本书，注重阅读引导，培养读书兴趣，提高读书品位。① 而群文阅读强调阅读由多篇文本构成的一组文章，引导学生在拓展积累的基础上，勤于思考，勇于表达，养成良好的学习习惯，做到“多读书、好读书、读好书”。

随着“学习任务群”得到众多关注，统编教材总主编温儒敏教授在《语文教师应如何面对 2024 版新教材》中指出：以往一篇就是一“课”，现在也还有一篇作为一“课”的，但更多的情况是一组课文为一“课”。② 因此，教学的方式也会变化，不再一课一课地教，而是一组一组地学，即所谓的“群文教学”。

由此可见，群文阅读教学必将是现在以及未来阅读教学的重要形态。那么，群文阅读的内涵与特征就需要深入地了解与分析，才能避免教学实践中的盲目性和随意性。

一、群文阅读的概念

国外类似于“群文阅读”的教育理念出现要早于国内。例如，日本的佐藤

① 中华人民共和国教育部．义务教育语文课程标准（2022 年版）［S］．北京：北京师范大学出版社，2022：3.

② 温儒敏．面对 2024 版新教材，语文教师应如何面对？［EB/OL］．搜狐，2024-07-23.

学教授在 1996 年提出“群书阅读”，他认为群书阅读就是读者自主选择文本，并进行意义建构的过程。[①] 在此背景下，当时的日本学生被要求在一定课时内完成多篇文本的阅读与学习。

与“群文阅读”相似的还有美国的“泛读拓展式”阅读。“泛读拓展式”阅读主张扩充学生的阅读量与知识储备，以丰富阅读体验及精神世界，从中培养阅读能力。[②] 在美国的小学阶段，为了强调和重视学生的阅读学习与交流，一年级和四年级会有 2 小时的阅读工作室学习时间，同时，一年级的每节课都有 15 分钟的共同阅读时间。

在国内，2006 年太原举办的第六届全国青年教师阅读教学大赛上，来自台湾的“小语会”前会长赵镜中首次提出“群文阅读”概念，他指出：随着统整课程的概念推广，教师也开始尝试群文的阅读教学活动，结合教材及课外读物，针对相同议题，进行多文本的教学。[③]

随着群文阅读研究的深入，以语文教学名师蒋军晶为代表的一线教育工作者，主要从阅读教学实践角度来进一步探讨“群文”这一概念。蒋军晶提出：“所谓‘群文’，顾名思义，就是在教学现场，较短的单位时间内，要呈现多篇文章，多到四五篇，甚至七八篇。”[④] 刘大伟在此基础上进一步指出：文本既可以是文字，也可以是图片、影像等形式。[⑤] 同时，两位学者都强调了“单位时间”。

以西南大学于泽元教授为代表的研究者们，对群文阅读的理论内涵进行了深入分析和挖掘。他们认为群文阅读是“围绕一个或多个议题选择一组文章，而后师生围绕议题进行阅读和集体建构，最终达成共识的过程”[⑥]。这是第一次对群文阅读做出清晰的概念界定。他既强调群文阅读多文本的特征，也提出了议题、集体建构、达成共识等群文阅读教学中所蕴含的重要理念，是对群文阅读教学这一概念的深度理解。

刘大伟、蒋军晶等认为，“群文阅读”是一种群文阅读行为，范围更广泛，

---

① 佐藤学．课程与教师［M］．钟启泉，译．北京：教育科学出版社，2003：78.

② 吴忠豪．美国的小学语文课程和阅读教学［J］．外国中小学教育，2002（3）：33-35.

③ 赵镜中．提升阅读力的教与学：赵镜中先生语文教学论集［M］．台北：万卷楼图书股份有限公司，2011：188.

④ 蒋军晶．语文课上更重要的事：关于单篇到“群文”的新思考［J］．人民教育，2012（12）：30-33.

⑤ 刘大伟．群文阅读教学的三个问题［J］．教学与管理，2016（31）：39-41.

⑥ 于泽元，王雁玲，黄利梅．群文阅读：从形式变化到理念变革［J］．中国教育学刊，2013（6）：62-66.

而“群文阅读教学”更强调教与学，应从广义与狭义两个角度对群文阅读与群文阅读教学进行区分。于泽元等人认为群文阅读是“整体性阅读”和“探究性阅读”，群文阅读教学是一个“整体性阅读”和“集体建构”的过程。后期的崔勇根据群文阅读所属范畴，从宏观角度指出“群文阅读”既是一种教学思路，也是一种革新教育理念的宏观教学思想。

二、群文阅读与群文阅读教学

纵观研究历程，在群文阅读的“议题”“多文本”和“意义建构”三个基本要素上争议不大，而群文阅读教学则是有各家看法。因此，对群文阅读和群文阅读教学要有清晰的认识，以便在教学过程中有明确的指导性和指向性。

（一）群文阅读

在多位学者的共同研究下，群文阅读的内涵在结合三个基本要素的基础上，便能较轻易地进行描述，即“围绕议题，对一组文本进行阅读和建构”。

1. 议题

议题区别于话题和主题，具有可议性，是阅读文本时贯穿组文的线索。主题所指范围比较宽泛，更倾向于作者通过文章所表达的思想、态度和价值观念。话题则是可以在文本中直接获取的内容。因此，议题可以从主题中聚焦，也可以从话题中升华，能够让读者结合文本产生个性化理解，并讨论和交流起来。以五年级群文阅读“名著中的‘小’人物”为例，此主题源于在阅读过程中，要全面和多角度评价小说里面的人物，而议题则更加聚焦，关注名著中的“小”人物，由此便可使学生展开讨论、进行交流和建构：什么样的人物是“小”人物？他们有什么样的特点？而这个议题也隐藏着话题——卡西莫多、祥子、刘姥姥是什么样的人（详见表1-1）。

表1-1 议题、主题和话题的特征及举例

内容	特征	举例
议题	文本可供探讨的线索	名著中的“小”人物
主题	文本的人文内涵、价值取向	全面和多角度评价小说中的人物
话题	文本中直接获取的内容	卡西莫多、祥子、刘姥姥是什么样的人

2. 多文本

通常情况下，群文阅读中的多文本指的是一组文本。《国语·周语》有云：“夫兽三为群，人三为众，女三为粲。”由此可见，就数量而言，群文阅读中的

“一组文本”至少应该有三篇，而上不封顶。这“一组文本”的构成方式不是单篇文本的累加，应是各文本围绕议题会产生外在或内在、浅层次或深层次的关联。就这“一组文本”的内容表现形式，正如潘庆玉教授所指出的，一定不局限于“书面语言阅读，还包含更广泛意义上的非语言文本的‘看’：读‘物’、读‘像’、读‘图’、读‘数’、读‘事’”①。

3. 意义建构

建构主义认为学习是学习者基于原有的知识经验生成意义、建构理解的过程，强调学习的主动性、社会性和情境性。将建构主义的学习理论运用于群文阅读中，就是要以学生为中心，通过“读、比、议、统”，最终达成意义建构。“意义建构”是在教师的引导和帮助下，学生自己成为知识的探索者和发现者，通过协作学习，获取新的知识。群文阅读议题和文本的理解是一个群体逐渐建构的过程，一般没有固定的标准答案或者倾向性的态度，学生可以根据自己的理解提出不同的观点，也可以小组讨论从不同侧面深入思考某个问题。与传统的阅读教学方式相比，群文阅读能更好地应用建构主义的学习理论。

（二）群文阅读教学

无论是群文阅读还是群文阅读教学，都强调意义建构的过程。群文阅读教学则注重在教学过程中运用教学策略，使学生在教师引领下通过“读、比、议、统”的学习路径进行集体建构并达成共识。

群文阅读教学在达成“议题”和“一组文本”的基础上，还要关注在“教师引领下”学生的学习路径。“读”的方式有多种，如默读、诵读、朗读、细读、跳读、浏览等，读的方式不同，其作用和指向自然也不一样。默读、跳读、浏览等更多的是针对完整的文本提取信息，为后面的“比、议、统”打下基础。朗读、诵读、细读等则是在大致理解文本之后，针对局部文本的深度感悟和辨析。“比”则是根据提取的信息进行相互比较，找出相同和不同之处。由于是一组文本进行“比较”，提取的信息比较冗杂，所以可以通过表格进行归纳和简化，这也是群文阅读教学的一大特征。“议”在“比”之后，是指学生通过文本和表格形成个性化观点后进行的交流和探讨，这也是群文阅读教学过程中，对教师教育机智的挑战。因为生活、学习经验的不同，个体的理解也不同，教师需要在“议”的过程中把控方向，带领学生完成“统”——围绕议题，基于文本，集体建构，达成共识。

---

① 于泽元，王雁玲，石潇．群文阅读的理论与实践［M］．重庆：西南师范大学出版社，2021：77.

第二节 群文阅读与深度学习

在智能时代背景下，多文本阅读成为一种阅读常态，这在拓宽人们知识面的同时，也使得以快餐式、跳跃性、碎片化为特征的“浅阅读”取代了“深阅读”。学生的阅读倾向更加娱乐化、轻松化，减弱了阅读专注力，破坏了阅读整体性。学生在阅读时不能对文章形成深度的思考、清晰有逻辑的表达以及较好的评价反思，也不能较好地进行迁移和运用，影响了阅读的深度。久而久之，致使学习者习惯于浅层次的学习状态。

在信息化高速发展的今天，社会形势和国际局势被科技的发展更迭深深影响，国家之间的核心竞争力已转向了人才的培养和争夺。人才的培养离不开深度学习，2016 年，我国颁布了《中国学生发展核心素养》，以应对新形势下高速发展带来的挑战和机遇，课程改革强调的就是核心素养下的深度学习。

由浅层次阅读形成的浅层学习状态和时代背景下的人才培养策略是相互矛盾、背道而驰的。为破解这一困境，深度学习就显得尤为重要。

一、深度学习的概念

深度学习这一概念起源于人工智能学科①，杨和稳在论著《人工智能算法研究与应用》中提到了深度学习，指出人工智能算法就是模拟人脑深度学习的一种模式。② 后来，这一概念被广泛应用到各个领域。这里所提及的“深度学习”，专指教育教学方面的概念。

（一）深度学习的理论发展

1. 国外研究情况

国外将深度学习分为四个阶段。

（1）萌芽阶段

深度学习可以追溯到 20 世纪初杜威提出的“做中学”，要使学生在具体的活动中进行探究，发展他们的批判性思维；后来是布鲁纳认知目标的六层次，他认为认知领域由低到高一共分为六个层次，由下至上分别是知识、领会、应

---

① 姜艳婷．深度学习视域下高中语文群文阅读教学研究［D］．哈尔滨：哈尔滨师范大学，2023：5.

② 杨和稳．人工智能算法研究与应用［M］．南京：东南大学出版社，2021：248.

用、分析、综合、评价，学习是深浅层次的区别。

（2）提出阶段

20世纪70年代，瑞典学者马顿和萨尔乔通过一项阅读正式提出“深度学习”这一概念，他们发现：不同学生在阅读同一篇文章时会使用不同的阅读方法，有的学生只是机械性地学习，对问题的回答也只停留在浅显的层面，有的则能深入剖析文章，提取文章的中心思想和观点，对学习内容提出了不同的见解。由此可以发现，学习有深浅层次之分。同时，他们整理并发表了《学习的本质区别：结果和过程》，书里提及的“深度学习”被正式引入教育界。①

（3）发展阶段

随着诸多学者的研究与关注，关于“深度学习”的研究进入了蓬勃发展阶段。恩特维斯托和拉姆斯登总结出深度学习的学生具有三个特点，分别是主动参与、批判思考和高昂兴趣。② 比蒂认为深度学习具有四项特征，分别是重视理解问题、发现材料间的关联、注意引起新旧知识的联系以及强调批判性思维。③ 艾根则是从知识本身出发，认为深度学习要考虑三个维度，分别是知识的广度、深度以及关联度。④ SOLO分类理论认为有显性和隐性学力之分，显性学力是学生进行学习的重要基础，而隐性学力是支撑学生得以终身学习的重要条件。这一阶段，“深度学习”的理论愈加完善和具体，对实践有指导作用。

（4）应用阶段

在基础理论相对比较完备的情况下，深度学习迈入了21世纪的实践应用阶段。例如，埃里克詹森在《深度学习的七种有力策略》一书中阐述了深度学习的完整路线。⑤ 迈克尔·富兰则是在新教育学的背景下，把深度学习和核心素养相结合⑥，对新时代的教学改革有重要指导意义。

2. 国内研究现状

国内关于“深度学习”的研究虽然要晚于国外，但是力求理论与实践相结合，对教育教学层面有指导意义。

谢醒认为在深度学习方面存在一些问题，具体表现有四：一是教师解读精

① 董卓．基于深度学习的群文阅读设计策略研究［D］．重庆：西南大学，2021.

② 高东辉，于洪波．美国“深度学习”研究40年：回顾与镜鉴［J］．外国教育研究，2019，46（1）：14-26.

③ 张菊，郭永峰．深度学习研究综述［J］．教学研究，2021，44（3）：6-11.

④ 郭元祥．深度学习：本质与理念［J］．新教师，2017（7）．

⑤ JENSEN E，NICKELSEN L. 深度学习的7种有力策略［M］．温暖，译．上海：华东师范大学出版社，2009.

⑥ 杨艳辉．迈克尔·富兰的深度学习理论研究［D］．重庆：西南大学，2020.

深不等于深度学习；二是把课做成艺术品不等于深度学习；三是学生被深深感染不等于深度学习；四是学生高度活跃不等于深度学习。①

对于深度学习的课堂，可以关注三位学者提出的观点。阎乃胜指出在教学中要创设真实性和批判性的课堂情境，促进问题的解决并指向深度学习的发生。② 安富海以完整教学过程为切入点，认为整合意义联结的学习内容，以及持续关注的评价方式都是促进深度学习的有效策略。③ 郑东辉则是深入研究课堂评价，指出合乎伦理、主体多元且能融入教与学的评价才能真正促进深度学习的进行。④

由此可见，学生需要于课堂上在教师的引领下掌握深度学习的方法，教师需要在教学实践中探究多种策略。

（二）深度学习的内涵与特征

在国内外研究的基础上可知，深度学习和浅层学习截然不同，但二者也具有紧密的联系。浅层学习是简单地重复记忆学科知识，而深度学习则是指学生通过阅读形成高水平认知能力。深度学习必须从浅层学习着手，在浅层学习的基础上，对所学知识进行加工处理，并整合自身学习经验形成个性化理解，在真实情境中迁移应用解决问题，在评价反思中完善自身的知识体系构建，并建立合理的自我认知，从而在核心素养导向下提升综合能力。因此，可以发现深度学习内涵的三点特征：一是信息的加工处理；二是情境问题的解决；三是知识体系的建构。

二、深度学习与群文阅读的关联

深度学习指的是学生能发挥主观能动性，在原有基础上通过批判性学习，实现新旧知识的结合，从而解决学习上的问题。而群文阅读正好训练学生在多文本阅读的学习过程中，通过“读、比、议、统”的深度学习，进行集体建构，达成共识。因此，二者之间有着高度契合之处：其一，学习都是以学习者为中心进行建构的；其二，深度学习的“深”表现在系统结构和教学规律中。深度学习教学活动是一个个有规律的教学活动组成的教学系统。这与群文阅读的核

① 谢醒．实践深度学习要克服的迷思［J］．语文建设，2021（2）：11-13，30.

② 阎乃胜．深度学习视野下的课堂情境［J］．教育发展研究，2013，33（12）：76-79.

③ 安富海．促进深度学习的课堂教学策略研究［J］．课程·教材·教法，2014，34（11）：57-62.

④ 郑东辉．促进深度学习的课堂评价：内涵与路径［J］．课程·教材·教法，2019，39（2）：59-65.

心“结构化”也是相通的。群文阅读是一种深度学习的教学形态，它促进了学生的深度学习；深度学习则是群文阅读的重要理论支撑，它为群文阅读的教学指明了实践的方向。

（一）群文阅读促进深度学习

议题是开启学生思考的基点。议题为群文阅读提供了明确的方向和焦点。在群文阅读中，议题是联结多篇文本的纽带，它引导学生围绕中心问题展开阅读和理解。学生需要对比和分析多篇文本中的不同观点、信息、表达方式等，这要求他们进行深入的思考和判断。议题为学生提供了一个思考的框架和起点，引导他们从不同的角度和层面去理解和评价文本，从而培养他们的独立思考能力。

组文确保对比统整的多元。组文是深度学习发生的重要条件和必备因素，高质量的组文更是群文阅读中进行高效学习的保障。群文阅读组文的本质在于从一个走向一类，从一类走向一群，关注文章与文章间的内在逻辑，以拓展运用知识为起点，使学生通过“读、比、议、统”，改善停留在浅层学习的状态，从整体上建构阅读知识与策略体系，形成多元认知下的深度学习。

（二）深度学习推动群文阅读

深度学习作为一种强调高阶思维、批判性理解和问题解决能力的学习方式，在学生形成这种学习方式后，能够兼容“感性”与“理性”两种截然不同的认知和处理问题的方式。

深入文本，激发学生阅读兴趣。学生通过多篇文本的阅读，养成深度学习的习惯，深刻地感受文本所传达的情感和刻画的意蕴，与文本一起产生联想和共鸣，增强阅读的兴趣和投入程度。

逻辑梳理，改变学生思维模式。在形成深度学习的能力后，即使面对丰富和复杂的阅读内容，学生也能整合多篇文本，进行深度思考和探究。学生的思考不再局限于单篇的字词句段篇，而是通过关联多篇文本的信息进行归纳和分析。

第三节　群文阅读与结构化思维

在传统单篇阅读教学中，学生对语文知识的把握和具体的课文是相关联的，语文知识分散在不同的篇目，会导致知识的僵化、不可用，既不利于学生深入、整体地把握语文知识的架构和统整语言文字运用的规律，也不利于学生在不同的阅读情境中运用丰富多样的阅读策略，以进行有效阅读。在实际教学中，因为教师更习惯于单篇阅读教学的模式，所以在设置问题时比较单薄，或者提出的问题缺乏关联性，这种提问方式虽然对学生理解文章内容具有一定的帮助，但不利于学生对课文内容的深入理解，容易使学生的阅读思维碎片化。要想解决学生思维碎片化的问题，就得了解和运用结构化思维。

一、结构化思维

黎甜编著的《结构化思维》中认为，结构化思维不是某种单一固定的思维模式，而是将各个思考部分系统有序地搭配或者排列组合，按照系统结构搭建思维的过程。①

朱良学在《结构化思维的科学依据和基本原理》一文中对结构化思维进行了阐述：所谓结构化思维是指一个人在进行问题解决时，包括解决难题、记忆、写作等，能站在整体的角度，遵循启发性的原则，充分发挥左右脑的功能，通过对问题的自我理解和分析，充分利用已有的认知结构透彻地认识问题，合理地分解问题，循序渐进，逐步求精，从而进一步完善自己的认知结构，全面完整地对问题进行系统思考和解决。②

王晓超在《"结构化思维"在教学设计中的应用和实践》一文中指出，结构化思维是指将教学内容结构化，并通过对建构结构的思维过程进行了解，帮助学生掌握知识内容的规律。③ 同时还能体现知识内容之间的联系，帮助学生完成对知识内容的学习，让学生在掌握知识的同时，了解如何将知识内容进行互相关联，让学生能更全面地了解知识内容。

吴敏敏的《小学语文结构化思维课堂实践研究》认为，结构化思维方法就是以事物的结构为思维对象，以对事物结构的积极建构为思维过程，力求得出事物客观规律的一种思维方法。④

综合各家所述，语文学科的结构化思维是读者通过对一组文本进行整体性理解，经过收集信息、整理信息、整合信息等过程，从而形成的一种理解结构，它体现了对信息的理解性的整合。

---

① 黎甜．结构化思维［M］．北京：文化发展出版社，2019.

② 朱良学．结构化思维的科学依据和基本原理［J］．科技咨询导报，2007（30）：59.

③ 王晓超．"结构化思维"在教学设计中的应用和实践［J］．高考，2021（6）：145-146.

④ 吴敏敏．小学语文结构化思维课堂实践研究——以统编版小学语文五年级上册《松鼠》为例［J］．中学课程辅导（教师教育），2020（15）：66-67.

二、结构化思维与群文阅读的关联

于泽元、王雁玲、石潇在其编著的《群文阅读的理论与实践》中指出，群文阅读的核心秘密就是结构化，结构化的思维方式能帮助人把生活中的琐碎关联、贯通起来，形成有意义的结构，并按照这样的意义去主动地工作、学习和生活。群文阅读所选择的文本并非单篇文本的叠加。① 所谓群文阅读，是学生围绕议题阅读有关联性和整体性的一组文本。与单篇阅读相比，学生置身于复杂的文本信息中，因此，结构化思维就显得十分必要。学生需要先将各种关键信息提取并辨识，再进行对比统整，形成一个清晰的理解结构。由此可见，结构化思维和群文阅读之间关系紧密。

（一）群文阅读指向思维的结构化

1. 议题与文本组元建构思维框架

群文阅读的议题拟定和文本选择并非随意为之，而是基于一定的逻辑或结构进行组织的。议题决定文本的内容，文本确保集体构建的过程，它们形成一个整体，并为学生提供了一个自然的思维框架。因此，学生在群文阅读过程中，需要识别多文本之间的联系，如共同的主题、相似的情感表达、不同的观点碰撞等，进而在脑海中构建起一个关于该议题的多维度认知网络。这个过程促进了学生结构化思维的形成，使他们能够更系统、更全面地理解和分析问题。

2. 比较与统整培养逻辑思维

群文阅读强调对多篇文本进行比较和统整。学生需要对比不同文本在内容、形式、语言等方面的异同，提炼出共性和个性特征。这一过程锻炼了学生的逻辑思维能力，使他们学会从具体到抽象，从个别到一般，从而能够更准确地把握事物的本质和规律。同时，通过归纳总结，学生能够将零散的知识点串联起来，形成结构化的知识体系。

（二）结构化思维有助于群文阅读

1. 提高阅读效率

结构化思维首先要求在阅读前明确阅读的目标和核心议题。这有助于读者在阅读过程中保持专注，确保所获取的信息与主题紧密相关。通过设定清晰的目标，读者能够更有针对性地筛选、整理和分析文章中的信息，提高阅读效率，

① 于泽元，王雁玲，石潇．群文阅读的理论与实践［M］．重庆：西南师范大学出版社，2021：4.

保证阅读质量。

2. 强化思维的批判性

群文阅读中的文本往往包含多种信息和观点，这为学生提供了丰富的思考素材。学生具有结构化思维以后，在多文本阅读的过程中，会批判性地审视这些观点，分析它们的合理性和局限性。这种思考的批判性就是评价与反思，这不仅提升了学生的思维深度，还培养了他们的创新意识和解决问题的能力。通过批判性思考，读者能够超越表面的文字，挖掘文章背后的深层含义，形成独立的见解和判断。

第四节　群文阅读与学习任务群

在平常的语文学科教学过程中，一线教师能发现这一现状：部分学生的阅读能力滞留在辨识与提取这一低阶层级。此现象促使教育者反思当下阅读教学中的一些弊病：阅读课堂看起来可能热闹，但缺乏实质性的内容，导致学生出现阅读能力低位化的情况。究其根本，原因有三：首先，从教师本身出发，存在定式思维的情况，这部分教师认为阅读教学只需简单总结课文的主要内容和中心思想，注重机械性的段意归纳训练，导致课堂变得枯燥乏味，失去了文本本身的趣味性；其次，就课堂组织形式而言，部分教师过于追求创新，忽略了对课标的深入理解和深度实践，导致阅读教学虚有其表，例如，滥用多媒体教学、无意义的小组合作、牵强附会的学科整合等；最后，就教学过程而言，过于重视教师主导，注重形式表演而忽视学生的感悟，重视对话而轻视朗读，学生缺乏将信息进行结构化处理的训练。因此，在多文本的阅读中，由于缺乏结构化的整合方式，相当部分学生的阅读与思维能力发展呈现低位化的现象。

反观群文阅读，在辨识与提取信息的基础上，通过比较与融合将信息结构化，以评价与反思进行阅读思考的内化，最后通过应用与创新完成阅读后的输出。这一系列过程，都需要结构化地统整，从而达到思维和表达的整体提升。群文阅读是围绕议题选择的一组文本，有着丰富的文本内涵，使学生处于复杂的信息内容之中，保证了学生学习内容的丰盈度。但是，不考虑多文本内容的处理呈现方式、教学组织形式，只是一味地强调填鸭式教学，学生势必会产生畏难情绪，对阅读失去兴趣。因此，群文阅读和“学习任务群”的结合就显得势在必行。

一、结构化与学习任务群

要了解学习任务群，还得回到结构化上面。随着课标的颁布，对语文学科来说，结构化不单指“结构化思维”，它有了更丰富的含义：课程内容的结构化和学习知识的结构化。在《义务教育课程方案（2022 年版）》（以下简称《课程方案》）中强调：“加强课程内容的内在联系，突出课程内容结构化，探索主题、项目、任务等内容组织方式。”因此在课标中，明确强调了课程内容的结构化设计。首先是将课程内容分为不同的主题，如优秀传统文化、革命文化、社会主义先进文化、外国优秀文化等；其次是将课程内容的组织形式变得结构化，通过设立不同的语文学习任务群，让学生在完成任务的过程中掌握语文学科知识、培养语文能力和提升语文素养。在课程方案中指出：“促进学生举一反三、融会贯通，加强知识间的内在关联，促进知识结构化。”这里强调了学生所学要能更深入地探索知识之间的关联，能将学科知识有序地组织起来，形成一个完整的、有层次的知识体系，以便更好地应对各种复杂的问题和挑战。

“学习任务群”在本书中主要是指小学语文学习任务群，《课标》明确提出：“语文学习任务群由相互关联的系列学习任务组成，共同指向学生的核心素养发展，具有情境性、实践性、综合性。”它是在主题的统领下，围绕特定的学习任务组织起来的语文实践活动，由若干相互关联的语文学习任务集合起来，通过综合性的学习活动，让学生在实践中学习和提高，形成系统的知识体系和能力结构。

“结构化”和“学习任务群”两者间有明显的区别：“结构化”侧重于学习内容和学科知识的建构，关注的是课程内容之间的逻辑关系和整体性，而“学习任务群”则侧重于对学生学习活动的组织和引导，关注的是学生通过完成任务来提升自己的语文能力和核心素养。

“结构化”和“学习任务群”两者间有紧密的联系：学习任务群是课程内容结构化的具体体现，学习任务群通过整合、关联知识点设计实践活动，使学习内容形成一个具有内在逻辑关联的整体，这本身就是课程内容结构化的过程；学习任务群是学习知识结构化的有力支撑，学习任务群的任务是相互关联的，学生在完成任务的过程中，会不断地进行知识的积累和整合，从而形成更加完整和系统的知识体系，同时，学习任务群的综合性特点也要求学生进行跨学科的思考和整合，有助于打破学科壁垒，促进知识的融合和结构化。

二、学习任务群中的群文阅读

课标将学习任务群划分为三层六类：基础型学习任务群——语言文字的积累和整理；发展型学习任务群——实用性阅读与交流、文学阅读与创意表达、思辨性阅读与表达；拓展型学习任务群——整本书阅读以及跨学科学习。在“总目标”中的“学段要求”里，将语文实践活动划分为四个板块，即“识字与写字”“阅读与鉴赏”“表达与交流”“梳理与探究”。

六个学习任务群呈现出金字塔状的结构。塔底是基础型学习任务群，塔身是发展型学习任务群，塔尖是拓展型学习任务群。整合程度随着层级的提升而逐渐递增，从语言文字的基础构建逐步发展为阅读与交流、综合与实践的能力培养。它们共同构成了义务教育语文课程内容的结构，为学生提供了一个有机的、系统的学习框架。学习任务群涵盖群文阅读，群文阅读往前再走一步，融入任务和活动就可以转化成学习任务群；群文阅读是学习任务群学习的一种形式，学习任务群需要通过群文阅读来展开学习。

（一）群文阅读与学习任务群的联系与区别

孙自见、张翼提出基于学习任务群的群文阅读教学有三大特点：学习目标的整体化、学习内容的任务化、学习形式的活动化。① 由此可见，群文阅读与学习任务群既有联系也有区别。

群文阅读与学习任务群具有整合性。蔡可认为：一方面，语文是一门高度综合性的课程；另一方面，整合是语文学习的目标，也是语文学习的途径。②群文阅读以多文本阅读的方式整合学习内容，学习任务群整合的范围更广，包括学习目标、学习内容、学习方式、学习任务及活动、学习资源等。

群文阅读与学习任务群都有明确的目标导向。群文阅读围绕议题以多文本的阅读方式进行集体建构并达成共识，而学习任务群通过设定明确的学习目标来统筹学习过程。

学习任务群包含群文阅读。和群文阅读相比，学习任务群是一个更广泛的概念，它统筹了学习的各方面，不仅限于阅读，还包括其他学习活动和任务；而群文阅读则是学生阅读多篇相关联的文本，在教师引领下丰富和深化对议题的理解。

---

① 孙自见，张翼．多维整合：基于学习任务群的群文阅读教学策略［J］．语文教学与研究，2019（13）：66-69.

② 蔡可．基于“学习任务群”的语文教学设计［J］．语文学习，2018（1）：17-22.

（二）群文阅读在学习任务群中的作用

群文阅读是学习任务群的实施途径。李欣荣从群文阅读在学习任务群中的张力表征出发，指出群文阅读是学习任务群得以实施的重要途径，它能够契合学习任务群立体化、多层次的要求。① 群文阅读通过整体性和探究性阅读，要求学生对多文本信息进行准确辨识与提取，这是培养学生深度阅读的开端，而学习任务群通过设计多样化、序列化的学习任务完成教学目标，以此提升学生的核心素养。因此，群文阅读要求对文字的精确理解和准确概括是推进学习任务群的基础。

群文阅读是学习任务群的落地方式。方东流等人认为，学习任务群下的群文阅读教学包括“确立议题”“设计议题”“建构议题”三大环节和“提取任务”“生成议题”“编订文本”“设计任务”“阅读交流”“撰写报告”六个步骤。② 由此可见，群文阅读侧重于执教者前期对议题的思考和对文本的选取及组织，在教学过程中，教师还需要引导学生围绕议题基于文本进行讨论交流、集体建构；反观学习任务群，是在教学过程中，学生通过完成系列学习任务，达成学习目标，而这些任务的完成形式可能包括阅读、讨论、实践、研究等，其中，群文阅读促使学生在讨论交流中进行评价与反思。因此，群文阅读的集体建构是推进学习任务群的关键。

群文阅读通过专题学习服务于学习任务群。“学习任务群—专题学习—群文阅读”，是新课标对教学转型提出的要求，更是课堂响应新课标的需要。③ 教师利用教材的单元主题进行群文阅读，以学习任务群为导向，丰富文本组元，关注知识建构过程中教师、学生和文本之间的互动对话，又重视在合作交流过程中形成多元文化意识和人文价值追求。可见，群文阅读的育人价值是推进学习任务群的核心。

---

① 李欣荣．群文阅读在学习任务群中的张力表征——兼评邵然的《史铁生作品群文阅读》一课教学［J］．教育研究与评论（中学教育教学），2019（10）：29-35.

② 方东流，段增勇，王雁玲，等．学习任务群下群文阅读教学规程——且以设计“战国四君子评说”教学为例［J］．教育科学论坛，2019（13）：49-58.

③ 褚树荣．渗透与介入：学习任务群进课堂的难度化解［J］．语文建设，2018（25）：16-19.

第五节 群文阅读与问题链设计

群文阅读作为一种介于单篇阅读和整本书阅读之间的阅读形式，已经得到广大教师的认可和青睐，其重要性不言而喻。但是在一线教学当中，部分老师认为群文阅读学习内容太多，在有限的单位时间内，学生的集体建构和共识难以达成。究其根本，是由于在群文阅读教学中关于问题链设计的认知方面出现偏差。而群文阅读教学中完整、高效、精准的问题链设计能让学生迅速进入学习状态，进行深度学习，促进思维的结构化和逻辑化，即使在单位时间内学生面对大量的阅读内容，也能有的放矢，抓其根本。

一、群文阅读教学现状分析

（一）议题推进的逻辑层次缺策略

议题是群文阅读教学的核心，问题链能促成学习知识、课程内容以及思维的结构化。群文阅读中问题链的设计使学生进行深入的思考，在连续性问题处理过程中，得到思维深刻性、灵活性等多重训练。但老师们缺乏有逻辑、有层次的问题引领学生深入探讨，致使学生阅读能力发展受限。

（二）意义建构的整合过程缺系统

在群文阅读中，特别强调集体建构。集体建构需要把学生零散的、阶段性的、片面的思维碎片，进行梳理、整合、延展，形成一个系统的理解结构，最终达成共识。这一系统的理解结构，也就是结构化的内容体现。但在真实的群文阅读教学中，老师引导学生集体建构的策略不足，缺乏科学而系统的问题设计方法，导致学生无法整合以形成清晰的理解结构。

由此可见，问题链的设计是文本理解和思维构建的外显过程。设计好群文阅读的问题链，既可以解决教师在教学课例时在选文、问题设计上的困惑，又能帮助学生在思维、知识学习和课程内容理解上实现结构化，同时，还能解决部分教师所认为的教学时间仓促的问题。

二、问题链在群文阅读中的价值体现

问题链是加深群文阅读议题理解的关键。

首先，在教学中，通过巧妙设置问题链，能够根据不同的教学课型、目的要求和学习对象，创设特定的问题情境。通过逐一呈现问题链，学生可以进行独立思考、合作交流和师问生答，共同探讨问题，从而不断推动学生思维的发展，激发他们的学习热情和兴趣。

其次，问题链的设置使学生在学习活动中处于主体地位，鼓励他们独立思考和大胆质疑，培养其思维品质。通过解决问题，学生不仅获得了知识和方法，还提升了自己的思维水平。问题链的存在可以帮助群文阅读课堂变得更有结构性和层次性，从而提升学生学习的深度和广度。

最后，群文阅读教学需要从单一议题设计转向层级化问题群的设计，教师需要具备系统思维和构建框架能力来创设议题。在实际教学中，教师们普遍认为，针对问题链设计和引导学生共同构建议题是群文阅读教学中的最大难点。因此，要提升学生的语文阅读能力，关键在于教师提升文本解读能力，厘清文本结构化框架，创建核心议题并设计有效的问题链。这些措施不仅能够提升学生的群文阅读能力，还可以促进学生核心素养的发展。

第二章

群文阅读问题链的基本认识

杜威认为，只有能唤起学生思维的教学才是好教学，学校必须为学生提供能够引发思维挑战的情境。① 如何唤醒学生思维，需要教师帮助学生开展富有条理性、逻辑性、探究性的学习建构，这离不开教师对问题精心的设计。增强教师问题设计的能力，是语文课堂提质增效的迫切需求。

《课标》指出："思维能力是指学生在语文学习过程中的联想想象、分析比较、归纳判断等认知表现，主要包括直觉思维、形象思维、逻辑思维、辩证思维和创造思维。"② 结构化思维作为一种系统、有序、逻辑清晰的思考方式，能有效提升学生的思维品质。群文阅读将多篇文本的信息整合起来形成一个完整的结构，其精髓在于对多文本的信息进行整合，形成清晰的理解结构。因此，"结构化"是群文阅读以及群文阅读教学中解决诸多问题的锁钥。而问题链要将教学内容及知识目标要求转化为具有关联性、系统性和层次性的问题，在解决问题的过程中达到教学目标③，这是群文阅读培养学生结构化思维的有效路径。以结构化的问题链设计与实践为抓手能解决群文阅读课堂中教与学面临的现实困境：其一，解决学习主体——学生认知浅表化、碎片化、标签化的认知困境；其二，解决教学主体——教师对多文本整合能力弱、议题推进缺教学策略、意义建构缺系统整合的教学困境。聚焦核心议题设计问题链，是群文阅读教学的关键。

---

① 王湘蓉．好的教学必须能唤起学生的思维——专访华东师范大学基础教育改革与发展研究所所长、教授李政涛［J］．教育家，2022（35）：6-9.

② 中华人民共和国教育部．义务教育语文课程标准（2022年版）［S］．北京：北京师范大学出版社，2022：5.

③ 胡森，黄坤．指向核心素养的初中物理问题链及其设计［J］．教学与管理，2023（34）：37-40.

第一节 群文阅读问题链的源流

结构化是群文阅读的基本特征、核心所在，而问题链的设计是结构化的关键体现。围绕群文阅读中问题链展开设计，解决群文阅读教学中意义建构这一核心问题，既能丰富群文阅读教学策略，又能提升学生核心素养。我们在探索中经历了如下历程：在统编教材“要素结构化”的基础上，以“思维结构化”突破问题链设计，通过“视域结构化”丰富问题链的研究内容及方式，用“评价结构化”验证问题链的效果及改进方向。

一、初始阶段：教材体系——要素结构化

2018 年秋季统编小学语文教材陆续投入使用，其教材体系采用人文主题与语文要素双线组元方式，结构化地编排教材内容。因此，聚焦语文要素和关键性知识，进行问题梳理，探索单元整合的有效路径与方式，需要将教学“要素结构化”。

本阶段在教材使用过程中面临两大问题：一是教学碎片化，知识点零散，教师心里缺失清晰的认知地图，以及知识点在整个认知地图上的定位，未能将琐细的知识点与其他的知识点有机结合，导致学生只见树木不见森林，无法建立单元整体概念；二是教学平层化，教学活动停留在同一层面，缺少深度，未能促进学生思维能力的提高，影响学生核心素养的发展。

统编教材体系的研究是“要素结构化”的基础。为找到学生核心素养受到影响的根本原因，以区域综合性教育评估工具 ACTS（学业素质与能力评价系统）、元知矩阵两项数字化手段和基地校自主命题测试数据为基础，考查学生知识理解、技能掌握、思维发展等情况。分析教育质量数据发现：对统编教材中的语文知识点进行“要素结构化”，并运用在群文阅读教学中，能有效解决教师碎片化、平层化教学的现状，提升学生比较与融合、评价与反思的能力。

二、梳理阶段：认知发展——思维结构化

在使用小学语文统编教材过程中，发现依然存在吕叔湘指出的“少慢差费”现象，即阅读量少、阅读速度慢、阅读质量差、阅读费时费力，而群文阅读能突破当下语文阅读教学的现实困境。但群文阅读教学设计和实践研究缺少系统的理论支撑，一线教师在进行群文阅读教学课型设计和授课的过程中，问题往

往支离破碎。学生在学习的过程中缺少系统性的思维训练过程，习得的知识、技能、能力散乱细碎，难以形成思维进阶。

基于课标和统编教材，深入研究核心素养中思维能力的内涵与意义，以结构化思维为群文阅读问题链设计理论依据，在实践中促进学生思维结构化。结构化思维“会把零散、无序的信息，加工成系统、有序的信息”①，是解决上述问题的良方。

三、发展阶段：双线并进——视域结构化

在统编教材更深入地使用过程中，面临研究过程中矛盾的多重聚合——研究体量与教学需求的冲突，研究内容与研究方式的冲突，难以从整体上大面积促进学生思维能力的培养和提升。

伽达默尔指出，人们需要拓展自我视域，使其与其他视域相融合。②“每一种视域都不是独自存在的视野，它是历史的与现在的以及未来的，自己的与他者的视野相交融形成的富有生气的新的共同体。”③ 因此，获取更开阔的视野，拓展内外视域，协同线上、线下双线研究，以解决研究过程中出现的多重矛盾。

围绕结构化问题链设计，以“UTS”协同研究模式（U 是高校教师，T 是教研员，S 是区域基地校），聚焦从理论到实践的一系列群文阅读教学研究：在教学实践方面，定期开展教学研讨，形成多节优质课例；教学评价方面，优化评价量表与课堂评测量表；在理论支撑方面进行专项学习讨论，夯实理论基础；在研究辐射方面，指导相关课题立项成功，提升学校教师教学科研能力。通过“双线并举，循环推进”的方式保证研究的推进：线上“后茶馆式”研讨做好顶层设计，以理论指导实践；线下集中教研以实践推动理论，论证研究结果。

四、运用阶段：以评促教——评价结构化

在问题解决阶段，面临课堂观测记录和评价方式单一、评价对象错位、评价依据浅层的问题。为了更好地了解师生需求，促进对教学方法的反思和改进，我们开展了验证与推广工作。在课堂观测量表 1.0 版的基础上修正课堂观测及评价方式，以观测到的数据做客观分析，保证推广活动的科学和规范。验证研究成果，促成“评价结构化”（详见图 2-1）。

---

① 黎甜．结构化思维［M］．北京：文化发展出版社，2019.

② 姚修杰，刘亚宁．前见、效果历史、文本：伽达默尔“视域融合”的三个维度［J］．哈尔滨师范大学社会科学学报，2024，15（4）：12-16.

③ 程英．阅读教学中的视域融合研究［D］．成都：四川师范大学，2014：5.

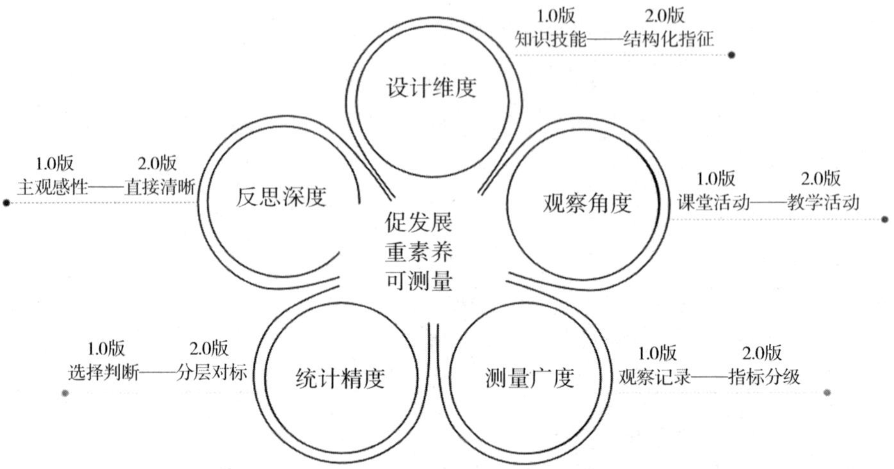

图 2-1 评价量表进阶图

课堂观测量表 2.0 版在客观理性的基础上更注重人的发展。量表设计维度以结构化方式进行关联，对指向结构化思维的群文阅读问题链课堂教学提出观测的分项要求，以分级指标描述和分层对标的方式，使测量的主体更加清晰，等级更加明确，统计方式变得可测量、可计算，将观测重点放置在学生的核心素养上。

第二节　群文阅读问题链的内涵

现阶段，教师对小学语文群文阅读问题链理解不够深刻，为避免在群文阅读教学实践过程中出现盲目性、随意性问题，群文阅读问题链亟待在内涵上做出深入分析。

一、问题链设计发展历程

（一）“问题链设计”的概念

1. 什么是“问题链”

“问题链”源于理科教学，是教师为实现一定教学目标，根据学生已知的知识经验，针对学生学习过程中将要或可能产生的困惑，将教学知识转化为一连串层次鲜明、具有系统性的教学问题。① 殷堰工认为，问题链是教学中围绕某一问题进行渐进式、全方位的设问而形成的一连串问题，具有指向明确、思路清晰、内在逻辑性强等特点。② 王后雄指出“问题链”是教师为了实现一定的教学目标，针对学生在学习过程中将要产生或可能产生的困惑，将教材知识转换成一连串层次鲜明、具有系统性、相对独立而又相互关联的教学问题。③ 裴松认为问题链是指一系列相互联系、环环相扣、层层递进的问题。它能够帮助学生在解决问题的过程中加深对知识的理解，提高思维品质。④ 柏荣认为在一堂语文课上，能够形成“问题链”的内容需要有内在联系，教师需要根据这种内在联系设计出前后连贯、由浅入深的问题讲解，引发学生认知兴趣和探究愿望，促发学生由知识能力到思维方法、认知观念的整体飞跃，同时实现课堂教学在学生探究过程中的推进与提升。抓住问题间的内在关联进行“主问题”的“结构化”，是形成“问题链”的基本条件。⑤

杨慧认为所谓“问题链”，是教师为了实现一定的教学目标，根据学生的已有知识或经验，针对学生学习过程中将要产生或可能产生的困惑，将教材知识转换成为层次鲜明、具有系统性的一连串的教学问题，是一组有中心、有序列、相对独立而又相互关联的问题。⑥ 陈雁指出“问题链”是具有内容独立性和思维跨度的问题，以内在逻辑关系形成相互关联、统一主题的问题系统。⑦ 问题链作为一种有效的教学工具，通过串联一系列由浅入深、由易到难的问题，形成了一条清晰的思维路径。⑧

分析文献可知，从形式上看，“问题链”是一问接一问，一环套一环；从内容上看，它是问问相连，环环紧扣；从目标上看，它是步步深入，由此及彼。⑨ 它的每一问都可使学生的思维产生一次飞跃，它像一条锁链，把疑问和目标紧

---

① 柏荣. 高中语文阅读教学的“问题链”设计浅析［J］. 教育教学论坛，2020（3）：375.
② 殷堰工. 试问问题链在数学教学中的作用［J］. 中学数学月刊，2008（10）.
③ 王后雄. “问题链”的类型及教学功能——以化学教学为例［J］. 教育科学研究，2010（5）：50-54.
④ 裴松. 问题链在高中英语阅读教学中的运用［J］. 山东师范大学外国语学院学报（基础英语教育），2011，13（6）：75-79.
⑤ 柏荣. 高中语文阅读教学的“问题链”设计浅析［J］. 教育教学论坛，2020（3）：375-376.
⑥ 杨慧. 高中数学教学的“问题链”设计研究［D］. 上海：上海师范大学，2012.
⑦ 陈雁. 阅读教学中“问题链”的设计［J］. 语文教学与研究，2017（34）：49-52.
⑧ 苏同安，李晓玲. 基于高中数学思维能力培养的“全景式”数学问题设计研究［J］. 中学数学，2023（21）：3-5.
⑨ 杨慧. 高中数学教学的“问题链”设计研究［D］. 上海：上海师范大学，2012.

紧地连在一起。"问题链"是师生双方围绕环环相扣的问题情境，进行多元的、多角度的、多层次的探索、学习和发现。① 课堂上所设计的一系列问题都指向一个问题核心，各问题都像是核心问题的分支指向并服务于核心问题，各问题在地位上或并列或相互关联。核心问题指向明确，体现阅读学习的主要任务，在设计时考虑学情和教学内容，立足于关键知识、疑难问题、思维发展点、内容矛盾点和认知模糊点等，以形成对学生核心学习任务的突破。②

2. 什么是"阅读教学问题链"

阅读教学问题链，是指教师为达成既定的教学目标、完成规定的教学任务，依据学生的认知水平和学习能力，预判学生学习活动中可能产生或即将出现的各种问题，有目的、有意识、有计划地将文本的知识内容转化为具有知识性、梯度性、逻辑性、系统性的相互关联的问题序列。③

阅读教学问题链是在教学活动中，教师对相关问题进行一定逻辑关系设计的结果，是问题设计的终极目标。教师要完成教学任务、达成教学目标，就要对教学内容中学生疑惑的诸问题，进行符合其认知水平的设计。不仅要遵循问题间的内在逻辑和问题设计的原则，使设计出的诸问题形成问题链，还要灵活地将文本知识转化成一系列有差异、有序列、有梯度、有逻辑、能衔接又各自独立存在的教学问题。形式上，问题链中的诸问题不是系列问题的简单相加，而是一系列线性或链型问题的有机排序，提问根据教学内容有先后顺序之分、有主次之分、有大小之分、有深浅之分。内容上，问题链中诸问题既独立存在又环环相扣，前一问题的解决是后一问题提出的基础，后一问题的解决使得前一问题的存在更为合理，如若没有前一问题，那么后一问题的解决就要耗费更多的精力，从而就显得过于仓促。过程上，问题链中诸问题的解决要经历一个逐步深入的程序，体现着教学由此及彼联系的理念。意义上，对诸问题的解决实际上是对教学目标的最浅性达成，把主问题联系起来形成意义建构才是关键，因此将诸多问题设计成问题链的模式体现着教师的教学智慧。

3. 什么是"群文阅读教学问题链设计"

语文阅读教学问题链设计，是教师根据学生心理认知的特点，结合语文阅读教学中对话理解特点以及语文文本的具体内容，采用同语文阅读教学相符合的问题类型和问题设计原则，运用语文的教学策略、方法，将诸多学习资源以

---

① 李应春．高中数学教学中"问题链"的设计［J］．科教导刊（电子版），2019（13）：169-170.

② 柏荣．高中语文阅读教学的"问题链"设计浅析［J］．教育教学论坛，2020（3）：375.

③ 徐道．中学语文阅读教学问题链设计研究［D］．济南：山东师范大学，2019：5-6.

问题“链接”的方式呈现的设计。问题链教学，有利于教师在阅读教学中创设问题解决的情境，加强师生间的对话交流，增强生生间的合作探究，培养学生解构分析问题、建构生成知识的能力，引导学生打开无限未知世界“链”性认识的窗户。①

群文阅读教学问题链是指针对一组结构化文本，结合学生已有的认知水平和经验，以核心议题为导向，以主干问题和辅助问题为主的具有系统性、序列性、梯度性、逻辑性的问题序列。

综上所述，群文阅读组文的互文性决定了群文阅读的教学建构并不是随意、任意的，而应该思考互文性与教学性的最佳契合点。这就需要教师在解读文本时，解读文本间相关联的链条，以此进行问题链设计，才能更高效地组织学生进行群文阅读。

（二）“问题链设计”的研究现状

“问题链”这一概念于21世纪初提出。研究问题链设计本源，是对问题设计、问题教学或问题解决的研究。目前，国内外研究者已经从阅读教学的“问题设计”“问题教学”“问题解决”方面进行了许多建设性的研究，但专门以“阅读教学问题链设计”为主题的研究较少，还处于理论和实践的摸索期。

1. 阅读教学问题链设计国外研究现状及趋势

目前，国外关于“阅读教学问题链设计”主题的研究总量很少，实践的探索更少。

当然，国外学者也在探索前一问题提出与解决和后一问题提出与解决之间的关系，以期找到一些共性。国外关于问题链的探索最早始于数学学科，并在相关的国际性数学会议上进行了关于“问题解决”的专门探讨。明确提出“问题链”这一说法的是英国心理学家罗伯逊（S. lan. Robertson）。他认为要想使学生能够积极主动学习思考，就要教育并训练学生解决问题的能力，教师在教学当中要设置系列驱动性的问题，并把这些问题设计为螺旋上升的“驱动性问题链”。他还指出依据问题情境设计的“驱动性问题链”应是问题情境的延展和深化，是逐层推进和解决问题的阶梯。他的理论为教师阅读教学带来诸多启示，有利于教师在教学中创设问题推进和解决的系列学习情境。

2. 阅读教学问题链设计国内研究现状及趋势

查阅相关文献，从教学模式、策略方法、阅读效益、类型、设计等角度对国内问题链设计有关研究进行分类叙述，希望能起到管中窥豹的作用。

---

① 徐道．中学语文阅读教学问题链设计研究［D］．济南：山东师范大学，2019：6-7.

(1) 教学模式角度

2005 年，鄢红春、陈雁、李定国共同发文，提出了问题链教学模式，他们认为该教学模式是一种教师系统性设置一连串问题形成问题链，并组织学生解决这一连串问题而进行的共同活动，这种教学模式能够使学生形成问题意识、促进教学的对话由单向转为多向，使学生主动获取知识。他们还指出这种教学模式不仅易于学生掌握所学知识，还能使学生明晓知识获取的过程、方法以及途径，更能强化其问题意识，发展思维的独立性和创造性。2006 年，刘庆昌指出反思性教学有两种问题链，分别是“观念的问题链和操作的问题链”，并阐明了观念和操作的具体呈现模式，为教师进行反思性教学提供了参照模式。

(2) 策略方法角度

2011 年，胡庆芳以新授课教学中对教学内容的多次改进为例，指出了阅读教学的策略——“设计统领全篇的问题链，理清语篇学习的重难点，整合教学的三维目标”①，以此来优化课堂教学的各个环节，实现阅读教学的目标。2016 年，刘风光指出，回归语文本色的课堂应“从‘题目’‘文眼’‘写作意图’等方面入手，巧妙设计‘问题链’，进行语文阅读教学”②。2017 年，罗佳莉和吴�结合具体课例指出说明文阅读教学的方法，强调要运用统筹方法设计问题，以此作为诱导，“关注学生的‘学’，教师教方法，学生用方法，在用方法的过程中学方法”。2018 年，许令周认为在教师阅读教学中要对问题进行整合，“实现基于学生问题解决的阅读教学课堂需做好四个环节的工作：独立阅读，形成个体问题；小组合作，形成小组问题；教师整合，形成教学问题链；在自主合作探究中解决问题”③。可见，形成阅读教学问题链是问题解决的有效方法之一。

(3) 阅读效益角度

2017 年，丁晓东提出用好问题链可以提高课堂教学效率。2018 年，郭丹指出，“高效的阅读教学，不仅要求教师整合课文内容，精准设计教学过程，更要求教师从课堂提问入手，通过构建精准的‘问题链’来组织课堂，达到牵一发

---

① 胡庆芳．优化课堂教学环节的实践策略研究：以一节小学语文新授阅读课为例［J］．教育理论与实践，2011，31（26）：56-58.

② 刘风光．问题链为语文高效课堂助跑［J］．全国优秀作文选（写作与阅读教学研究），2015（6）：62-63.

③ 许令周．设计问题，为学生深度学习创造条件［J］．江苏教育，2021（11）：66-67.

而动全身的效果”①。她还进一步指出精准的“问题链”构建，一方面有助于学生掌握文本解读的技巧；另一方面有助于学生养成阅读的良好习惯，开阔思维并实现个性化的有效阅读。

（4）类型角度

2017 年，陈雁提出问题链有“轮辐向心式问题链、一线贯珠式问题链、拾级而上式问题链、回环往复式问题链”② 等类型。2021 年，陈祺锋认为在语言学习中有四种常见的问题链类型，分别是“解码能力类问题链、语言知识类问题链、阅读理解类问题链和文化意识类问题链”③。

（5）设计角度

2018 年，戎仁堂提出了阅读教学问题链设计的具体要领，他认为“‘问题链’设计要有明确的指向性、内在的联结性、教学的适切性”④，如此可以极大提高阅读教学的效率、质量。

综合以上研究不难发现，研究者们从不同角度进行了多元化的研究，但是研究不够成熟，没有形成理论体系，基本上处于理论摸索阶段，只以期刊文献的形式阐释了相关研究，没有形成专门的理论著作，也没有大范围在学校或区域进行实践推广，因此在可行性上尚且不能得到很好的验证。博硕论文方面，硕士研究生的研究论文也很少，很难寻觅研究的真实情况。根据群文阅读的组文互文性和结构化的特征，以及群文阅读教学的三大要素：议题、集体建构和达成共识，在群文阅读教学中研究问题链设计是很有研究价值和研究意义的，并且在群文阅读研究方面是一次开创性的实践研究。

（三）对群文阅读问题链的思考

通过分析“问题链”的相关文献发现，在教学中，如果教师总能根据不同的教材课型、不同的目的要求、不同的学习对象巧妙地设置“问题链”，创设特定的问题情境⑤，那么随着“问题链”的逐一呈现，学生或独立思考，或合作

① 郭丹．构建精准的“问题链”，助跑语文阅读教学［J］．教育观察，2018，7（24）：28-30.

② 陈雁．阅读教学中“问题链”的设计［J］．语文教学与研究（教研天地），2017（12）：49-52.

③ 陈祺锋．问题链在初中英语深度阅读中的应用［J］．中小学外语教学（中学篇），2021（08）：61.

④ 戎仁堂．阅读教学中“问题链”的设计要领［J］．语文建设，2018（14）：51-53.

⑤ 李应春．高中数学教学中“问题链”的设计［J］．科教导刊（电子版），2019（13）：169-170.

交流，或师问生答共同探讨，将学生的思维一次又一次推向高潮，能极大地激发学生的学习热情和学习兴趣，突出学生在学习活动中的主体地位，鼓励学生独立思考、大胆质疑，不知不觉中既解决了问题，又获得了知识或方法①，还能提升学生的思维品质。在一些群文阅读课上，虽然文本数量和课堂容量增加了，但由于缺乏有序的推进和有效的课堂管理，教学缺乏结构和层次性，最终并没有拓展学生学习的深度和广度。② 对群文阅读来说，文本数量的增加并不是教学的难点，文本组元依托于议题，而议题创设需要系统思维和结构框架。教师需要从单一议题的设计转向核心问题、主干问题和辅助问题层级化问题群的设计，这是群文阅读教学的关键。③ 根据调查研究和访谈发现：一线教师在研究群文阅读教学时，面临的最大的困难是“群文阅读问题设计”和“如何引导学生集体建构议题”这两方面。因此，教师运用结构化思维提升文本解读能力，厘清文本之间的结构化框架，建构核心议题，设计有效的问题链，在提升学生语文阅读能力的同时，促进学生结构化思维的发展。

通过梳理文献发现，对群文阅读结构化思维的研究和群文阅读问题链设计的研究几乎为空白。而在这一过程中，需要进一步厘清群文阅读教学中结构化思维与问题链之间的关联，明确相关研究的重要性。指向结构化思维的群文阅读问题链设计与教学具有创新的理论意义和实践价值。

二、群文阅读问题链的内涵

群文阅读问题链设计与教学的研究以建构主义为心理学基础。建构主义认为，学习是学习者基于原有的知识经验生成意义、建构理解的过程，强调学习的主动性。④ 群文阅读是指个体对同一主题下的多个相关文本材料进行理解、整合的阅读方式。⑤ 其意义在于此类文本资源，既能是数字文本，也能是印刷文本，但均需尊重学生认知发展水平，以有利于学生整体建构。

明晰群文阅读问题链的内涵还依托互文性阅读理论。互文性理论由克里斯

---

① 杨慧．高中数学教学的“问题链”设计研究［D］．上海：上海师范大学，2012.

② 姚姝兰，叶黎明．群文阅读教学的关键：创设结构化议题——以蒋军晶群文阅读教学为例［J］．语文建设，2019（20）：23-27.

③ 姚姝兰，叶黎明．群文阅读教学的关键：创设结构化议题——以蒋军晶群文阅读教学为例［J］．语文建设，2019（20）：23-27.

④ 于泽元，王雁玲，石潇．群文阅读的理论与实践［M］．重庆：西南师范大学出版社，2018：118.

⑤ 林文毅．冲突导致改变——多文本阅读理解对高中生认识论信念的影响研究［J］．心理研究，2019，12（4）：364.

蒂娃提出，指任何文本都与别的文本互相交织。① 群文阅读的多篇文本围绕议题有内在关联，在教学中要从整体文本之间的相互关系入手，课堂教学的架构也就由此产生。

基于以上理论，深度挖掘了群文阅读教学实践中，指向结构化思维进行问题链设计的内涵与意义：以群文阅读问题链设计链接“新课标”的学习任务群，实现结构化的整合育人；以结构化思维为目标指向，提出群文阅读问题链设计的基本主张。

因此，群文阅读问题链的内涵主要体现在其设计和应用上，旨在通过一系列有逻辑关联的问题，帮助学生深入理解和分析文本，从而培养他们的结构化思维能力。

（一）识本质

立足系列研究和探索实践，群文阅读教学中问题链设计和实践的本质指向实现整体育人。在以议题为核心，主干问题和辅助问题的持续解决中培养学生的结构化思维，最终促进语文核心素养的提升。在群文阅读课例《品竹识人》中，选取《竹石》《竹里馆》《咏竹》《於潜僧绿筠轩》（节选）四篇文章，均围绕咏物诗进行组元和设计。刘熙载《艺概》言：“咏物隐然只是咏怀，盖个中有我也。”核心议题为“竹这一意象中寄托了诗人怎样的情志”，主干问题“说现实竹”“读诗中竹”“品心中竹”“明竹中人”，紧密连接、逐层深入；辅以若干辅助问题，引导学生从古诗的关键词句、表达情感、写作背景等多维度理解诗句的内涵，在四首诗歌的读、比、议、统中，感悟“竹”在古诗中独特的意韵，体会咏物诗托物言志、咏物即咏人的特点。教学中教师春风化雨地浸润“竹”文化，提出“品完四种竹，你最敬佩谁?”这一核心问题，学生在交流中对竹所代表的正直、坚韧、淡泊、高风亮节等精神品质展现出强烈的认同感。竹不仅是历代文人高尚人格的化身，更穿越历史长河，打动无数后来人，成为华夏儿女民族精神的写照，使学生自然而然形成高度的文化自信。

（二）明内涵

基于建构主义理论与互文性阅读理论，将群文阅读教学问题链的概念界定为针对一组多文本，结合学生已有的认知水平和经验，以核心议题为目标，以主干问题和辅助问题结构化地持续助推形成的具有系统性、序列性、梯度性、

---

① 于泽元，王雁玲，石潇．群文阅读的理论与实践［M］．重庆：西南师范大学出版社，2018：129.

逻辑性的问题序列。课例《读边塞诗，品家国情》，结合核心议题在边塞诗中品出不同的家国情怀，以统编四年级下册《塞下曲》、六年级下册《马诗》、七年级上册《夜上受降城闻笛》组文。主干问题“走进边塞诗，体会边塞魅力”“比较边塞诗，发现诗词异同”“拓展边塞诗，感受家国情怀”，问题层层推进，学生阅读视野逐步扩大，思维从低阶走向高阶。辅助问题“找边塞景，有何特点”“比边塞景，有何异同”“体景中情，有何发现”“相比《村居》《墨梅》，边塞诗有何独特之处”，辅助问题紧紧链接主干问题，达成对议题的建构。

第三节　群文阅读问题链的价值与意义

问题链设计是群文阅读教学设计的重要组成部分，在教学中对所提出的问题进行有机设计，符合课标对小学语文阅读教学的要求，符合阅读教学中问题设计现状的需求，符合教师阅读教学向课堂要效率的追求，符合以问题启迪学生深度思考的冀求。以结构化的问题链设计与实践为抓手，解决了群文阅读课堂中教与学面临的现实困境。

一、突破学习主体的认知困境

学生是学习的主体，在群文阅读教学过程中，存在认知浅表化、碎片化、标签化的认知困境。其主要是教师教学方式不当、学生不能联系生活实践以及思维惰性与思维惯性等因素造成的，而问题链是突破困境的有效方式。

（一）解决“脱离实际，以点代面”——学生认知广度不够的问题

《课标》指出“语文是一门学习语言文字运用的综合性、实践性课程”。但教学中发现学生实践意识淡薄，仅满足于用学到的知识完成作业、解决考试，多空话套话，少真情实感，对真实生活缺少体察，课内外衔接不畅，与实践相去甚远，认知缺乏广度。

在教学指向写作的群文阅读课例《小观察，大秘密》中，通过前期调查研究发现，学生易出现观察不细致、缺少生活经验、意思表达不清楚、难以写得丰富具体等问题。因此，教师在进行问题链教学时，精心筛选典型文本《小小的苔》《与秋虫为伴》（节选）、《草虫的村落》《童趣》（节选），在纷繁的知识间寻找内在联系，把握本质内容，围绕核心问题“作者如何边观察边想象”设计问题链，搭建文本与生活、生活与习作的脚手架，最终呈现的习作才会有骨有肉。

（二）解决“一知半解，不求甚解”——学生认知深度不够的问题

学生在认知上存在诸多问题：或因思维封闭、僵化，难以发现问题；或因问题意识不强烈，缺乏探究主动性；或因思维惰性，不愿寻根问底，而被阅读规律“拒之门外”；或教师“满堂灌”“满堂问”使学生处于被动状态，思考时间不足，压缩了思维发展空间；或孤立地看待问题、要素、文本，难以洞察其本质联系，而被外在表象迷惑，使语文认知浮于表面。

群文阅读多文本的特质，使教师必须聚焦议题，对教学内容有所取舍，明确教学目标，为此设计出层次清晰、系统性强的一连串的教学问题。问题由浅入深，降低了学生思考成本；问问相连，延续了学生思考热情；问题环环相扣，建构了学生整体认知；文本组合复杂多元，问题开放性强，拓展了学生思维空间。

（三）解决“消极迁移，概念混淆”——学生认知精度不够的问题

语文学科中存在一些概念或知识点，它们抽象、复杂，其中大多数在字面意思上相近或因果联系密切，又或者内涵、外延上相似，易被混淆，而形成消极迁移。例如，学生易混淆修辞手法、说明方法、表达方式、表现手法等。

群文阅读的核心阅读行为是“比较与整合”，有助于概念的厘清。在课例《太阳的秘密》中，选取三篇与太阳有关的说明文，以问题链“太阳有什么秘密”“怎么写出太阳的秘密”“如何运用说明方法写出事物的特点”层层深入，在“怎么写出太阳的秘密”中让学生发现说明方法的特点，如字数为三、都是动宾结构，再对比修辞手法，发现异同。问题链使课堂以思代教，培养了学生的思维能力，学生能更明晰相关概念。

（四）解决“穿靴戴帽，不知其里”——学生认知标签化的问题

标签化意味着事物本身的丰富性被一个或几个标签掩盖。① 这样固定而概括的认识，忽视了个体差异。在课例《青史留名多俊杰》中，当学生认识文本中的俊杰时，脱口而出孔子是伟大的教育家、张仲景是医圣、林则徐是民族英雄，这些其实是学生给他们贴上的“标签 ”。这种片面的理解，是学生学习过程中的重大损失。而问题链能让学生回归文本，在细嚼慢咽中浸润对人物品质的理解，在思辨中理解青史留的究竟是美名还是恶名，以及何为俊杰（见下表2-1）。

① 孙小凡．弹幕标签化的审美文化研究［D］．济南：山东师范大学，2024：9.

表 2-1 《青史留名多俊杰》问题链设计

主问题	辅助问题
俊杰为何青史留名？	俊杰是何身份？
	哪些品质打动你？
	后人如何评价？
	比较人物后有何发现？
青史留名的都是俊杰吗？	何为俊杰？

二、改善教学主体的教学困境

教师在群文阅读教学中面临着多文本整合能力弱、议题推进缺教学策略、意义建构缺系统整合的困境。问题链的设计要求教师对学本、学情、学堂有更深入的认识。

（一）提升教师对多篇文本的整合能力

问题链由系列强关联性、多层次性且直指核心议题达成的问题串组成，设计问题链要求教师真正深入文本内容，将多篇文本读透，从庞杂的知识之间寻找内在关联，注重知识点的整合。

（二）优化教师推进议题的教学能力

在群文阅读教学中进行问题链设计，要求教师打破传统阅读教学模式，优化教学环节，不断精进问题设计，突破传统语文阅读教学局囿。主要体现在以下三方面：1. 优化设计启发式或感知式问题链的能力。2. 优化设计发散式或聚合式问题链的能力。3. 优化设计迁移式或运用式问题链的能力。

启发式或感知式问题链通常设计在起始位置。启发一词出自《论语》“不愤不启，不悱不发”，“启发式问题链”是指教师在课堂教学中，运用一定的教学策略，设计引导学生积极思维、主动探索的一环扣一环的问题。感知式问题链是使学生的感知结构从单一的视觉经验扩展至综合的联觉体验，调动学生丰富体验、层序分明的问题组合。在启发式或感知式问题链中，问题的引入能为后续教学做铺垫或激发学习兴趣。在群文阅读教学问题导入时，教师可以紧紧围绕核心问题，多样化（视频、声音、图文、体验等）创设情境，引导学生初步感知多文本，增强学习意愿。导入式问题链需要链接课内外，唤醒学生已有认知，循序渐进地提升思考难度，引导学生主动探索。例如，在一年级下册的群文阅读课例《有伙伴，真快乐》中，首先回顾课内文本《小公鸡和小鸭子》，引入议题“有伙伴，真快乐”，教师再采用游戏化、情境化的教学方式，插入“叽叽叽”“嘎嘎嘎”的音频激活学生生活经验，走向新文本的学习。

发散式或聚合式问题链通常设计于问题探究的部分。发散式问题链是以主干问题为核心，从不同角度设计若干的辅助问题和子问题，形成发散式结构脉络。聚合式问题链是指课堂上设计的一系列问题都指向同一问题核心，各个问题像是核心问题的分支，指向并服务于核心问题，各个问题在地位上并列并相互独立。① 两种问题链均需要同时观照整体、兼顾逻辑。在三年级《昆虫的秘密》群文阅读教学中，围绕核心问题“昆虫中蕴含了什么秘密呢?”，从观察对象、方式、结果三个维度引导学生探究昆虫的秘密，感受昆虫世界的多样性与奇妙性。

迁移式或运用式问题链，指有利于实现对知识的迁移、运用、内化的紧密连接的系列问题，通常在结尾出现。在课例《古诗中的志向》教学中，学生针对《从军行》《梅花绝句》《过零丁洋》《茅屋为秋风所破歌》（节选）四首古诗隐藏的价值取向与诗人的情感态度，知人论世，关联写作背景，开展比较与整合、评价与反思、推理与论证、想象与创造等活动。“寻志”“明志”“辨志”，多角度看待诗人的选择，更深刻地理解其志向，从诗歌中浸润诗人的理想与追求，最后“立志”，促进能力向素养转化。

（三）提高教师在课堂教学中的建构能力

课堂教学具有生成性，问题链在实际运用中，学生的回答可能超出教师的预设范围。此时需要教师认真倾听，抓住学生在回答问题时透露出的闪光点，有效进行课堂理答，将学生的智慧搭建成系统的理解架构，在保护学生好奇心和探索欲的同时，使教学始终指向主干问题的解决。

三、攻克课程改革的现实难题

问题链展现完整的课堂教学思维进程，帮助教师反思课堂，使课堂教学质效双增。群文阅读课堂教学与所有课堂教学相同，是一个有机的整体。从初始问题到回顾反思，是系统、完整的思维过程，它体现了问题结构特征。问题链设计需要围绕核心议题设置三至四个主干问题，如此，结构化议题才能初具雏形，师生才能根据层级化的议题，围绕多文本有条不紊地展开研读。教师在反思教学时，也会有清晰的节点和完整的链路。

群文阅读问题链有效践行课标精神。课标提出的学习任务群，是围绕特定

---

① 柏荣．高中语文阅读教学的“问题链”设计浅析［J］．教育教学论坛，2020（3）：376.

教学目标设计出的一组有关联性和逻辑性的探究问题和学习活动。结构化视域下的群文阅读问题链设计，正是基于群文阅读的核心议题，通过设计主干问题、辅助问题，实现对课标中“学习任务群”在课堂中的有效实践。此外，课标提出的学科核心素养之一是思维能力，问题链为学生提供思考支架，让学生抽丝剥茧地发现问题、解决问题，培养思维的深刻性、灵活性、独创性、批判性和敏捷性。

问题链使“以学生为本”的课堂教学改革进一步明确。吕达在《课程史论》一书中将“知识、儿童、社会”列为“制约学校课程的三大要素”，他认为三者密切联系，不可偏废。若不重视甚至忽视儿童这一重要因素，“这样的课程都不可能实现学校培养目标所规定的任务，甚至导致失败”①。课标强调真实情境，教学活动中的情境专为儿童学习创设，自然应从儿童出发，尊重学习的主体。真实情境能有效驱动学生主动学习，进行深度学习，发展高阶思维，培养核心素养。核心素养的提升体现于在复杂情境中解决真实问题的能力，所以需要学生浸入文本、深入思考、迁移运用。群文阅读结构化的特点，使“问题链”的设计更加紧扣教学重难点，有力把握学生生长点，而文本与文本之间、问题与问题之间的内在关联给学生提供了清晰的思考脉络和广阔的建构空间，真正适应学生发展的需要，使阅读教学改革理念有效转化为教育教学行动。

第四节　群文阅读问题链的主要特征

“部分老师在课堂上能意识到问题设置的重要性，但在提问具体的问题时，并没有重视突出重点，问题数量多、杂，且无序，毫无层次。”② 群文阅读的问题链是为推进对核心议题的讨论和理解，根据学生的已有知识或经验，针对学生学习过程中将要产生的困惑（难点）和完成核心议题的探究（重点），将议题转化为层次鲜明的一连串的教学问题。它应当具有“四性”：程序性、阶梯性、开放性、策略性。

一、程序性

程序性指群文阅读问题链教学中所需要的认知技能和认知策略，特点是能

① 项贤明．基础教育课程改革如何从理念转化为行动：基于我国70年中小学课程改革历史的回顾与分析［J］．课程·教材·教法，2019，39（10）：41-51.

② 王文海．初中语文如何通过设计问题链提高教学效果［J］．课外语文，2021（21）：25.

够用步骤表示出来。①

问题链的横向与纵向的层级指引着教师的教学步骤。在群文阅读课例《奇妙的中心句》中，根据议题“如何抓中心句理解文章主要内容”，提炼出本篇群文阅读问题链，包含两个主问题：中心句在不同位置有什么作用？如何串联中心句理解文本的主要内容？五个子问题：谁是中心句？中心句的位置在哪儿？中心句能不能乱跑？中心句的作用是什么？中心句的变身是什么？还有若干辅助问题。

二、阶梯性

“阶梯”一词在《辞海》里的意思是指台阶和梯子，或比喻向上的凭借或途径。阶：①台阶。②区分高低的等级。梯：①便利人上下的用具或设备。②作用跟楼梯相似的设备。③形状像楼梯的。基于此，群文阅读问题链中“阶梯性”一词的意思是根据群文阅读教学实际情况，随着学生认知水平的提高，设计一系列有梯度的问题。

课例《幽默的手指》中，以统编教材中的篇章《手指》《杨氏之子》《两茎灯草》组文，主干问题“谁的手指”考查辨识与提取能力，是基础；“谁最幽默”考查比较与整合能力，是进阶；“谁的智慧”考查评价与反思能力，是深化。主干问题环环相扣，尊重学生认知规律，使思维螺旋上升。

程序性和阶梯性体现在主干问题的序列安排上，主要考虑成分技能的多少以及难易程度，由简到繁、由易到难排序。激活已有经验，学习知识技能；应用知识技能，将知识技能迁移到新的议题探究中。

三、开放性

群文阅读教学中问题链设置的开放性，体现在达成对议题理解的过程中，所设计的问题具有答域广、思考深、答案个性化的特点，学生无法用“对”或“错”来回答，且没有标准答案。开放性指要具有整体视野，在问题链教学中，教师要增强与学生的互动度，鼓励学生大胆发表自己的意见，根据学情灵活处理学生的问题，关注学生的思维进阶。

需要特别注意的是，开放性问题不是对封闭性问题的抛弃或颠覆，群文阅读中辨识信息、提取信息便是封闭性问题，它是开放性问题的前提和基础；比较与整合、应用与创意是开放性问题，它是封闭性问题的发展与延伸。二者逻

---

① 李晓东. 教育心理学［M］. 北京：北京大学出版社，2008：129.

辑互为支撑，在教学中需要使二者达成平衡。

群文阅读课例《中国民间爱情故事里的秘密》中，选用经典文本《牛郎织女》《白蛇传》《梁山伯与祝英台》《孟姜女哭倒长城》。以探究“中国民间爱情故事中蕴含的秘密”为核心议题，通过聚焦阻挠者，分析阻挠者身份，发现其象征神权、王权、父权，以开放式问题“阻挠者不出现行不行”，学生自主思考得出秘密之一是强权势力的阻挠能凸显爱情的力量。反思阻挠者初衷，有想维护天庭秩序，有自以为是伸张正义，有一意孤行让女儿出嫁，有想巩固政权，学生在群文阅读与思辨中明白人物形象是丰富多面的，人处在不同立场会有不同选择。再观照故事的最终结局（见表 2-2），都有令人感到慰藉的地方，这也是民间故事的秘密之一，反映人们追求真善美的美好愿望。阅读民间故事的方法，可以迁移到学生阅读类似的童话故事、神话故事中来。

表 2-2　民间故事最终结局表

故事名称	最终结局
《牛郎织女》	每年七夕相会
《白蛇传》	18 年后重逢
《梁山伯与祝英台》	化蝶成双
《孟姜女哭倒长城》	生离死别

四、策略性

问题链的策略性是教师在群文阅读教学过程中，为最终达成共识，完成教学任务，运用问题链教学策略对教学活动进行调控的一系列具有指导性、可操作性、计划性的动态执行过程。

以课例《读父母爱，品百般味》来说明，议题源于统编小学语文教科书五年级上册第六单元。为深化对人文主题“舐犊情深”的认识，从单元语文要素“体会作者描写的场景、细节中蕴含的感情”出发，进行课外组文。选取《大地的耳朵》《苦瓜》《离别》《有太阳味的童年》四篇文本，调动视觉、嗅觉、味觉、触觉、听觉，品父母之爱的滋味。问题链的设计以“读、比、议、统”四种关键策略贯穿其中。读：依据议题“父母之爱的滋味”，请学生自读文本，找到写滋味儿的段落，谈谈“主人公”初尝的滋味，在初次阅读中，训练学生的辨识与提取能力。比：统整比较“滋味有什么异同?”，训练学生比较与整合的能力，这也是群文阅读的关键能力。议：探究滋味背后的情感，以一篇带多篇，训练评价与反思能力。统：再次观察表格说异同，充分交流后达成共识——父母爱的方式多元，但都对孩子产生了积极正面的影响，都有一颗拳拳爱子之心。最后交流生活中父母之爱的场景细节，迁移运用。

开放性策略还要注意对辅助问题细化深入。在群文阅读教学中，教师需要结合具体的文本材料，引导学生以“有料之物”言之有据。同时，辅助问题应该具有开放性，激发学生认知冲突，引导学生习得反思和批判的策略。

第三章

群文阅读问题链的设计

群文阅读问题链的设计，以建构主义和互文理论为基础，链接课标理念，立足课堂教学实践，直面当下学生阅读浅层化、思维碎片化、能力低位化的学习问题，以及教师文本组元的内在联结缺方法、议题推进的逻辑层次缺策略、意义建构的整合过程缺系统的教学困境。从群文阅读教学中的问题链设计介入，能够发挥以教启学、以教助学、以教促学的最大效用。

群文阅读问题链的设计过程包含前置性思考、过程性运用、后置性评价三个阶段。其中，前置性思考指的是问题链设计之前，教师应首先思考此次群文阅读的议题是什么，该如何组文，如何立足文本聚焦议题，在课堂教学中大致从哪些角度提问。由此可见，前置性思考是问题链设计的基础环节。过程性运用是对前一设计环节更为理性和规范的指引，主要包括明确问题链设计的原则、模式以及策略的运用。环节如下：首先基于问题链设计原则，对前置性思考中的问题进行筛选；其次结合问题链设计模式，对课堂问题完成链条式建构；最后对已探索出的问题链设计策略进行有效运用。可以看出，过程性明确和运用是群文阅读问题链设计的关键环节。后置性评价侧重在问题链构建后，运用并完善已有的问题设计策略，结合课堂教学设计和课堂观察量表，促进学生思维进阶的同时，实现问题链设计策略不断优化。由此可见，后置性评价是问题链设计的优化环节。以下是对群文阅读问题链设计过程“三阶段”的详细阐述。

第一节　前置性思考：链接议题、组文与问题

议题是可供学生议论思考的话题，是从组文中提炼概括出的核心论点；组文围绕议题进行选择，是议题得以形成的根本和载体；问题是议题的衍生，一个个课堂问题的提出指向议题的理解和解决。因此可以说，议题是核心，组文是基础，问题是桥梁。问题链的设计是促使学生在理解组文的基础上，深刻领

悟议题内涵的关键。因此，教师需要在前置性思考三者关系的基础上，进一步认识到群文阅读议题、组文和问题设计的内涵和方法。

一、明确议题概念，了解议题结构

（一）议题概念

于泽元教授在《群文阅读的理论与实践》一书中指出：“议题是群文阅读的DNA，不仅选文需要议题贯穿，在课堂教学中，也需要围绕议题来展开。”① 基于此，议题可理解为一组文本中所蕴含的可供师生展开议论的话题，一组选文中可以具有一个或者多个议题，它们具有贯通性、关键性和开放性。此外，议题还须具有可议性，才能锚定方向、统整文本、驱动任务，以其丰富的内涵保证深邃的探究空间。值得注意的是核心问题是整个议题系统的立足点，是群文阅读课最终要解决的问题，其指向的是学生的最近发展区。

（二）“三阶六类式”议题结构

“语文是人文性与工具性的统一”，从语文学科特点出发，关注学生精神发展，依据叶澜“生命·实践”教育学派提出的认识性价值、智慧性价值、教养性价值，可以构建出指向学生结构化思维的“三阶六类式”议题结构。其中，语文知识与概念认知归为认知层，言语实践与策略方法归为智慧层，情意品质与文化素养归为教养层。三个类别层级递进的同时，互为补充，互相关联。

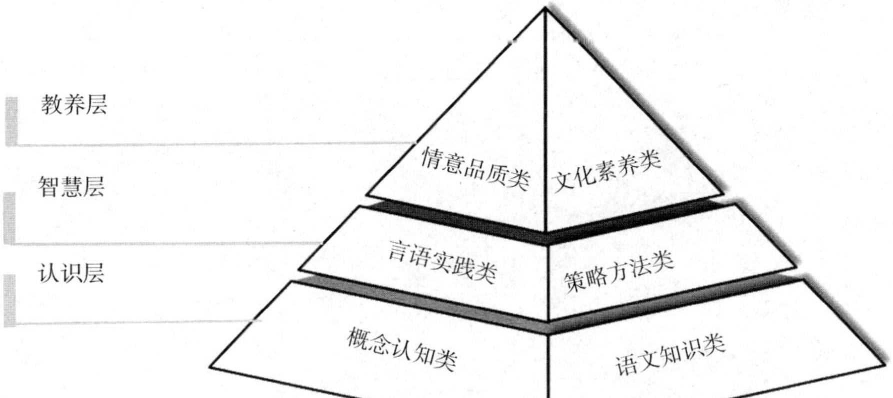

图 3-1 群文阅读“三阶六类式”议题结构图

---

① 于泽元，王雁玲，石潇．群文阅读的理论与实践［M］．重庆：西南师范大学出版社，2018：78.

1. 以语文知识为中心构建议题

语文知识包括语法、逻辑、修辞、写作知识和文学常识等。课标中提出："引导学生热爱国家通用语言文字，在真实的语言运用情境中，通过积极的语言实践，积累语言经验，体会语言文字的特点和运用规律……"① 语文学科四个核心素养中，语言运用是思维能力、审美创造、文化自信的前提和基础。语文知识只有在运用中才能被掌握和巩固，因此可聚焦语文学科知识进行议题构建。课例《故事可以不断改写》中，聚焦写作知识改编故事。通过学习《龟兔赛跑（伊索）》《兔子和乌龟第二次赛跑》《龟兔赛跑（拉封丹）》三个故事，探索寓言写什么的知识。学生尝试使用快读、默读、寻读等群文阅读方法，以"故事的改写"为核心议题，发现其主人公不变、情节变、结局变等写作密码，充分感受寓言故事的特点，发挥想象，积极进行改写寓言故事的语言实践。

2. 以概念认知为中心构建议题

概念是人们在认知具体事物的过程中，把对事物所感知到的本质特征抽象出来加以概括形成的。② 认知是指人们获得知识或应用知识或信息加工的过程，它包括感觉、知觉、记忆、思维、想象和语言等。③ 统编教材中编排了多个概念认知的要素单元，如三年级上册第三单元"有趣的童话"、三年级下册第二单元"寓言故事"、四年级上册第四单元"神话故事"等。学生通过阅读文本，在教师的点拨、同学的交流中获得启发，形成自己的观点和认知，对作品观点的把握需要以学生的思考作为前提。因此，这类议题有利于促进学生的思维发展。在群文阅读课例《美誉与恶名齐飞：不一样的狗》中，学生通过阅读一组有关狗的文本，以思考和交流的方式认识到，狗除了有忠诚勇敢的刻板印象，还可以有自私、凶狠、贪婪、不自量力、虚荣等性格特征，丰富了学生对狗的多元化认知。

3. 从言语实践的角度构建议题

《课标》指出："语文课程应引导学生热爱国家通用语言文字，在真实的语言运用情境中，通过积极的语言实践，积累语言经验，体会语言文字的特点和

---

① 中华人民共和国教育部．义务教育语文课程标准（2022 年版）［S］. 北京：北京师范大学出版社，2022：1.

② 李金海，闫梦宇，徐伟华，等．概念认知学习的若干问题与思考［J］. 西北大学学报（自然科学版），2020，50（4）：502.

③ 彭聃龄．普通心理学［M］. 4 版．北京：北京师范大学出版社，2012：58.

运用规律，培养语言文字运用能力。"① 根据语文学习中学生应具备的语言及书面表达能力，设置言语实践类议题。这一类议题重在开展言语实践性活动，如仿写、改写、练写等写的能力训练；复述、讲故事、表演等说的能力培养；调查、分析、综合报道等做的能力锻炼。以《巧学比喻句》为例，选择一组典型文本，引导学生先发现比喻句的奥秘，再仿写比喻句，最后实现习得比喻这一修辞手法的言语实践目标。

4. 以策略方法的语文要素构建议题

这类议题指向教会学生运用阅读策略来解决语言实践活动中遇到的真实问题。统编教材从预测、提问、阅读速度等方面提出了具体的阅读策略。梳理教材关于阅读策略的要素，如表 3-1 所示。

表 3-1　统编版教材阅读策略单元梳理表

策略	册次	语文要素
预测	三上四单元	一边读一边预测，顺着故事情节去猜想。学习预测的一些基本方法
提问	四上二单元	阅读时尝试从不同角度去思考，提出自己的问题
批注	四上六单元	学习用批注的方法阅读。通过人物的动作、语言、神态体会人物的心情
阅读速度	五上二单元	学习提高阅读速度的方法
有目的阅读	六上三单元	根据不同的阅读目的，选择恰当的阅读方法

以《1+X 群文读本》中四年级上册第二单元《在阅读中学会提问》的设计为例：针对四上二单元提问策略进行设计，先通过一组文本学习，引导学生运用课文中学到的提问方法进行提问。例如，从范围上可针对部分文本或者全文提问；从角度上可针对课文内容、写法、生活经验提问；再梳理问题，最后根据事实、推论、评价三个层次给问题分类，总结提问方式，丰富提问策略和维度。

5. 以情意品质的语文要素构建议题

梳理统编教材三到六年级的语文要素发现，涉及"情意品质"的单元主要集中在四至六年级，共安排了 8 个单元的学习。通过此类议题的群文阅读教学，

① 中华人民共和国教育部．义务教育语文课程标准（2022 年版）[S]．北京：北京师范大学出版社，2022：1.

旨在培养学生形成高尚的道德品质及健康的审美情趣，具有合作创新精神，逐步形成积极的人生观、世界观和价值观。在课例《俗世奇人》和《作家笔下的小人物》中，选择一组对“小”人物的描写内容，去凸显他们的“大”人生观。学习作者运用了哪些人物描写方法来突显人物性格品质，让学生既有情感的体验、品质的浸染，又能习得写作方法。

6. 从文化素养的角度构建议题

课标在课程目标中提出文化自信这一核心素养的具体要求，文化自信指学生认同中华文化，对中华文化的生命力有坚定信心。在历史长河中，中华民族形成了伟大的民族精神和优秀的传统文化，这是中华民族生生不息、长盛不衰的文化基因，也是实现中华民族伟大复兴的精神力量。学习中华优秀传统文化，不仅有助于传统文化的积淀、传承、创新，而且能提升学生的文化自信。在课例《数字与诗境》中，教师引导学生通过求同比异发现古诗中数字营造的环境、心境和意境的不同，由此增强学生对古人言语表达智慧的崇敬，以及对历史文化涵养的尊崇；在《杜诗中的历史画卷》中，教师通过指引学生联系杜诗的创作背景，发现杜诗中藏着的历史事件，从而知道杜甫被称为“诗圣”的原因，并激发对这一伟大现实主义诗人的热爱和尊敬之情。

“三阶六类式”议题结构对现有群文阅读议题提出了结构化归类的方法，是对议题分类的创新，启发教师们学会从不同层级提炼不同类别的议题。我们研读统编教材发现，议题与单元主题和语文要素可以相互贯通，因此议题的提出应与教材密切相关。根据上述“三阶六类式”议题分类方法，可将与统编教材相关的议题进行同样的分类，有利于实现课标理念下阅读教学的探索和转型。

二、明确组文概念，知悉组文方法

（一）组文概念

于泽元认为，与单篇阅读相比，群文阅读与文本互织理论有更紧密的联系。① 群文阅读是基于文本互织理论进行组文。组文是指将同质文本或异质文本围绕一个议题进行筛选后，形成的一组文本。值得注意的是，群文阅读将多篇文本的理解融会成一个有机的整体，而并非多个单篇简单叠加。

（二）“三点式靶向”组文方法

关于群文教学，于泽元教授认为其大致分为五个层级：第一个层级以教材

① 于泽元，王雁玲，黄利梅．群文阅读：从形式变化到理念变革［J］．中国教育学刊，2013（6）：62-66.

为主，在强调单元整合中增加语文教学的整体性；第二层级突破教材，重在强调以课内、教材内文本为主，增加课外、教材外的语篇阅读；第三层级把范围扩展到整本书阅读；第四层级提出群文阅读教学应围绕主题展开，强调一篇带多篇、一本带多本；第五层级把课内外阅读打通，引导学生走向更为宽广的阅读世界。①

对上述五个层级的群文阅读进行梳理概括后，将其引入群文阅读组文之中，由此探索出了“三点式靶向”组文方法，以供一线教师学习如何组文。“三点”主要指基于单元任务群主题点、1+X 文本关联点、指向课内外阅读拓展点。“靶向”指通过以上三点组文，完成对核心议题的探索和解决（详见图 3-2）。

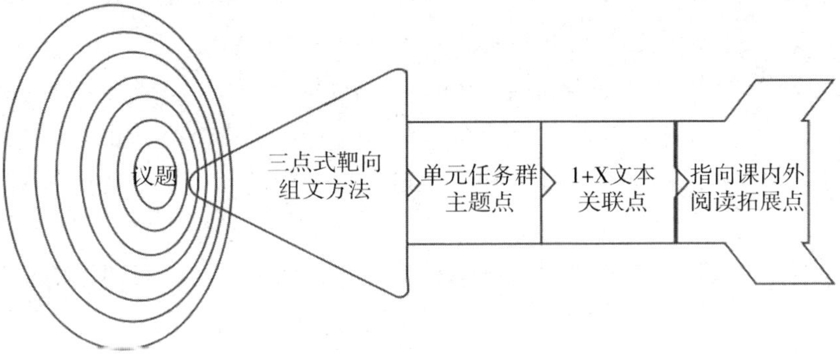

图 3-2　“三点式靶向”组文方法

1. 基于“单元任务群主题点”组文

统编教科书各个单元的多个文本都围绕统一的“单元人文主题”进行编排，人文主题是承载文化特质的主题。群文阅读在进行大单元、任务群教学时，可以将单元人文主题和语文要素设为文本间的联结点，从这一主题点出发进行多文本组文。以四年级下册一单元为例，将《乡下人家》《天窗》《三月桃花水》进行组文，进行大单元教学。本单元文章有共同人文主题，表达自然之趣，但趣中也有不同：《乡下人家》充满了乡村景致的自然与生活之趣，《三月桃花水》中描写春水的审美情趣，《天窗》中孩子们通过天窗进行想象，充满奇幻色彩与盎然童趣。《乡下人家》《三月桃花水》是写景散文，《天窗》是抒情散文，虽然文体一致，亦同中有异，能求同比异。可通过精心设计的问题链，提升学生结构化思维。

---

① 于泽元，王雁玲，黄利梅．群文阅读：从形式变化到理念变革［J］．中国教育学刊，2013（6）：62-66.

2. 基于“1+X 文本关联点”组文

统编版语文教材总主编温儒敏先生说：“所谓‘1+X’的办法，即讲一篇课文，附加若干篇泛读或者课外阅读的文章让学生自己读”，“其中‘1’是指统编教材中的每一篇课文。”① 1+X 文本关联点的组文方式是基于统编教材中语言文字运用能力螺旋上升的特点，以统编教材为出发点，根据一篇文本与多个文本在体裁、主题、方法或情感等方面的不同关联点进行组文，进而有序列、可推进地提升学生的学习能力。以四年级上学期《英雄神话》为例，采用从课内“1”到课外“X”组文形式。本课例以文体—神话故事为议题，以现有的教学内容《大禹治水》为“1”，将英雄神话《夸父追日》《鲧禹治水》《刑天舞干戚》作为“X”进行组文。通过重新编排、取用、调整文章，最大限度优化教学资源，感受神话中的神奇和鲜明的人物形象，帮助实现教学目标。

3. 基于“课内外阅读拓展点”组文

围绕语文学科核心素养文化自信、语言运用、思维能力和审美创造四个维度，教师在教学过程中要突破只囿于教材进行教学的束缚，根据课内阅读的知识点、方法点、思维点或活动点等与课外阅读进行拓展，在此过程中注重学生培养和获取发展语文学科必需的基本知识与关键能力。在学习四下四单元“体会作家是怎样表达对动物情感的”时，可以进行如下拓展设计：以《善“变”的动物》一课采用课外拓展阅读的组文形式。围绕议题“善‘变’的动物”，将《蝙蝠与黄鼠狼》《老鹰重生》《狼的智慧——正确的时机（节选）》三篇课外文本进行组文，从动物们变外形、变品种、变策略的不同变化中，体会它们不变的智慧，启发学生向动物学习，做有智慧的人。

三、解读所选组文，定位提问角度

（一）组文解读方法

随着课堂阅读教学的不断深入发展，互文阅读产生的同时，也衍生出了不同的阅读形式，群文阅读成为其中一种重要的形式。结合互文理论，群文阅读中文本间的关联解读成为关键，这种阅读形式在发现文本间联系，拓宽学生阅读视野，丰富其阅读审美体验的同时，还有助于对多文本深层内涵的理解。为促使学生对群文的理解由浅层次向深层次转换，可以引入三层级阅读教学理论，为学生深入挖掘文本间的关联提供新视角。该理论从释义、解码、评鉴三个层

① 杨伟．尊重新教材 理解新教材 用好新教材：统编本语文教材总主编温儒敏教授访谈［J］．语文建设，2018（7）：4-9.

级出发，递进式地实现对文本的深度解读。教师在确定所选组文之后，可采用以上三个层级进行文本解读，以方便后期课堂问题的提出。

释义，简而言之就是解释文本意义，主要明晰文本“是什么”的问题，它是构建文本关联的逻辑起点，可称为“基础层阅读”。将其运用到组文解读时，可通过逐一阅读，明白篇章释义，以此实现精确捕捉文本内容精髓，然后进行关联性解读，这一层次的阅读主要是在微观层面实现对不同文本含义的初步理解，初步揭示文本间潜在联系。

解码，字面意思可理解为解密文本密码，它是在释义的基础上探寻不同文本的艺术特色。教师在解读的过程中，主要可以通过聚焦文本的修辞手法、叙述方式等主要方面进行对比分析，解读出不同文本在写作手法和叙事特色上的共通性和差异性。此时，群文的解读已由文本的表层开始向内部过渡，也就是“核心层阅读”，它从中观层面实现对文本的进阶式解读。

评鉴，是教师可对不同的文本进行评价和鉴赏性的解读，它是继“核心层阅读”之后的“高阶层阅读”。教师在解读时，可对不同的文本进行评价、议论、审辨、借鉴、鉴赏，由此实现从宏观角度对文本的价值与意义的掌握。教师在意义理解和技法体会的基础上，会进一步比较出不同文本在主题、思想、艺术等方面的异同，最终对不同文本间的关联性认识也会更加深刻。

如何更好地实施群文阅读教学，关键在于教师在文本解读过程中挖掘出不同选文的共通点、关联处以及差异处，以此作为教学主线，串联多篇选文进行阅读教学。三层级阅读教学理论为组文的多层次文本解读提供了有力的工具，能够更清晰地揭示文本间的内在联系和差异之处，这为群文阅读教学的有效实施提供了理论框架。

（二）“三点式”问题提问角度

根据三层级阅读教学理论对组文的解读方法，教师的课堂提问角度也可从释义、解码和评鉴这三个层级进行锁定。

释义困惑点：特指学生在阅读群文过程中不理解和有疑惑的地方，他们不能精准捕捉到文本内容的精髓，也未能敏锐识别出多个文本间的关联之处，教师可通过预学单或问卷调查的方式进行了解和统计，然后针对性地对学生在文本内容释义层的困惑处进行课堂问题设计。

解码困难点：主要指学生对文本内容能够理解，但是在对比分析多个文本的过程中，难以发现它们的共同点和差异处。此时，教师可以设计寻找文本异同的核心问题，然后分别围绕叙述方式、写作手法以及情感表达等方面设计不同的辅助问题，由此帮助学生进入多个文本内部，发现它们具体的异同点，达成解码阅读层级目标。

评鉴提升点：主要建立在释义层和解码层困惑点、困难点的问题解决上，此时更多表现为对文本的评价分析、主题的把握理解、思想的层级程度仅停留在浅层面，较难自主实现进阶理解和解读。此时，教师就可设计一些启发提升性问题对学生加以引导，促使其在助推进阶型、评价分析型、探究创造型的问题解决中，实现对群文的深度阅读理解。

第二节　过程性运用：问题链设计原则、模式和策略

群文教学聚焦议题建构，围绕教学目标及重难点，以辨识与提取、比较与融合、评价与反思、应用与创新四个能力为纵向维度，以主问题、子问题和辅助问题串、学生活动和设计意图为横向维度，根据“议题—组文—问题链—意义建构”设计结构化的问题链，多维度推进议题的理解，促进学生对议题意义的建构。

群文阅读中结构化的问题链于学生而言，是一种基本的学习策略，能够帮助其建立正确的思维路径；对教师来说，是一种教学手段，能够在单位时间内提高课堂效率。问题链设计的“五原则三模式”可以达成群文阅读的问题串联，在问答交互中引导学生进行信息的辨识提取，通过比较整合进行评价与反思，在内化理解的基础上实现建构应用，促进学生文化自信、语言运用、思维发展、审美创造核心素养的整体发展。问题链设计“四策略”的运用，使一线教师面对群文阅读教学课堂时，避免了没有方向，无从下手的教学困境，对于策略及方法的介绍及使用，在使教学课型丰富多样的同时，也拓宽了学生的学习视野。

一、问题链设计五原则

（一）目的明确，层次鲜明

指向结构化思维的群文阅读教学问题链需要纵横设计达成目标。纵向上，群文阅读问题链中辅助问题的设计用于落实子问题，子问题的设计在于解决主干问题，主干问题最终指向核心议题的达成，各级问题间逻辑紧密。横向上，主干问题、子问题、辅助问题各条问题链之间也应该体现清晰的层进、并列等关系。通过纵向的贯穿和横向的链接，将琐碎的问题进行结构化的处理，从而

推动群文教学不断走向深入（详见图 3-3）。

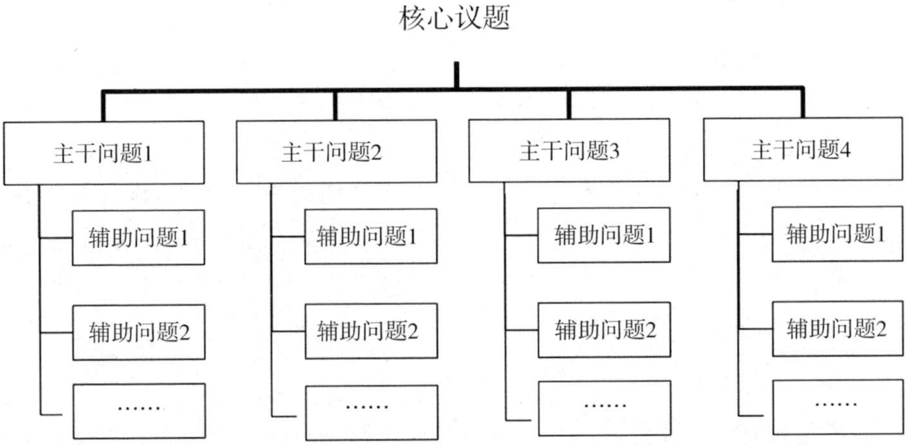

图 3-3 群文阅读结构化教学问题关系图

（二）数量合适，难度适当

一个群文阅读设计至少为核心议题配备三至四个主干问题，每一个主干问题又可以根据对学情的预设或现场生成，设计多个辅助问题，辅助问题一般不超过三个，以帮助学生在讨论中深入思考，落实核心议题的集体建构。以《从诗词中“笑”看人生》为例，执教者围绕“如何像诗人一样笑看人生”这一核心议题设计了四个主干问题。辅助问题则从《责子》的父母之爱、《约客》的朋友之谊、《六月二十日夜渡海》的人生境遇、《西江月·遣兴》的家国情怀等各个角度，挖掘作者积极向上的人生价值观，以此引导学生思考“笑”字的深层含义，从而体会诗人、词人的人生态度。

表 3-2 《从诗词中“笑”看人生》结构化问题链设计表

课题	核心议题	主干问题	辅助问题
《从诗词中“笑”看人生》	如何像诗人一样笑看人生？	诗人的愁是什么？	为谁愁？
			愁什么？
			何以解愁？
		诗人的愁谁大谁小？	谁的愁大？谁的愁小？
		诗人的愁到底解了没有呢？	哪些是有解之愁？
			哪些是无解之愁？
		面对人生的忧愁，我们可以怎么做呢？	我们可以怎么解愁呢？

（三）表述准确，开放易懂

问题链中问题表述得是否准确，直接影响着学生对于问题的理解和作答的质量，最终影响核心议题是否能够达成。因此，教师提出的问题首先应该结合学生年龄特点和认知水平准确表述。其次要减少机械式问答，如教师经常口头出现“对不对?”“会不会?”这样的问题，学生仅需要回答“是”还是“否”，教师应设计开放性的问题，才有可能获得更丰富的回答。最后，设计的问题要简洁易懂、贴近学生生活，能够吸引学生注意。例如，《动物名字里的秘密》核心问题是“动物名字里藏着什么秘密?”，如果改成“偏旁、生字以及动物之间有什么联系?”就会变得晦涩难懂，削减学生学习兴趣。

（四）深刻有效，螺旋上升

群文阅读的核心是结构化，结构化的群文阅读将知识、能力、思维和教学方式、学习方式以问题链这一显性结构呈现。设计问题时要有层次性，从整体上考虑生成系统化的问题链，体现学生思维能力进阶发展的要求，从具体到抽象，从简单到复杂，让学生的认识通过问题链的解决逐渐深入，螺旋上升。以《诗中物语皆情语》一课为例，这一课中四级主干问题逐层深入，对学生能力要求逐步提高，从低阶思维到高阶思维，形成能力训练结构。学生逐渐深入文本，形成清晰的理解结构，突破核心问题，实现对托物言志这一表达方式的掌握。这样的课例既能够帮助学生习得学古诗的一般步骤，也能通过迁移这种类型的诗的学习方法，自主学习此类诗，或者更多类型的古诗，实现知识和能力的迁移。

表 3-3　《诗中物语皆情语》结构化问题链与能力训练设计表

课题	核心议题	主干问题	能力层级
《诗中物语皆情语》	诗人是如何通过事物表达情感和志向的?	诗中所咏之物是什么?	信息的辨识与提取能力
		诗中所咏之物有什么特点?	分析、理解能力
		诗人借所咏之物表达了什么情感?	分析、整合、评价等高阶思维能力
		咏物诗的表达特点是什么?	学习方法和概念的迁移运用

（五）明确学段，把握重点

指要明确单元和学段的学习任务，规划阶段性的学习内涵。低段、中段、高段语文教学内容各有侧重。在明确单元和学段的学习任务，规划阶段性的学习内涵之后，还要通过学习任务群进行整合，设计这一堂课的问题链。以目标为导向打破“逐篇教”的低效格局，以“学方法+用方法”的模式确保学生能掌握方法并用方法顺利把握课堂重点知识。以《古诗词中的快乐童年》一课为例，核心议题是“通过插图，理解关键词句和古诗大意，感受古代儿童的快乐童年”，在这个核心议题下，设计了两个主问题：“古代的小朋友玩什么?”“古代小朋友会帮家里干些什么活呢?”为让学生理解和解决核心问题，基于文本和插图，设计了一系列的辅助问题达成目标，整个过程让学生“学方法—用方法”，实现学习方式的迁移运用和能力的提升。

在课标学习任务群的理念倡导下，群文阅读教学要更多地指向课时目标、单元目标、学段目标来重新整合，在把握教学中重难点的基础上设计问题链，提升教学效率。

二、问题链设计三模式

群文阅读中指向结构化的“问题链”是具有内容独立性和思维跨度的一系列问题，以内在逻辑关系形成相互关联、统一议题的问题系统。教师需要根据这种内在联系设计出前后连贯、由浅入深的问题序列，抓住问题间的内在关联进行“主干问题”的“结构化”，是形成“问题链”的基本条件。现根据群文阅读课型的差异、课例研讨和梳理，提炼出以下三种群文阅读课堂教学的问题链结构模式。

（一）向心聚合式

这一问题链设计主要适用于习得一组文本中的同质性内容。课堂教学中设计的主干问题指向核心问题，各主干问题都是核心问题的分支指向并服务于核心问题。主干问题指向明确，体现阅读学习的主要任务，在设计时考虑学情和教学内容，立足于知识关键、思维发展等，以达成对学生核心问题的突破。《不一样的狐狸》以核心问题为引领设计了四个主干问题，前三个并列的主干问题在信息提取和分析的基础上指向最后一个问题的达成，整个设计体现了思维聚合的过程（详见表3-4）。

表 3-4 《不一样的狐狸》问题结构设计表

篇名	核心问题	做了什么事?	目的是什么?	怎样的狐狸?	道理
《狐狸和乌鸦》	狐狸给你留下了怎样的印象?	讨好乌鸦	吃乌鸦嘴里的肉	坚持、狡猾	站在不同的角度看问题，才能看到事情的全貌
《火焰》		救孩子（逃脱猎人追赶）	解救自己的孩子	伟大、勇敢	
《尾巴上的大气球》		尾巴上的气球上写“你好”	和动物们友好相处	友好、乖巧	

（二）往复对照式

这一问题链设计主要用于多篇文本理解主要文本，进行比较、求证，进而形成最终的意义理解。往复对照就是核心问题在不同的文本中和环节中反复出现，使学生在比对、议论、统整中形成新的认识。此种“问题链”教学看似重复，实则自有理趣。例如，有的文章说鲁迅是伟人，有的文章说鲁迅是普通人，有的文章说鲁迅尖酸刻薄，有的文章说鲁迅亲切随和。六年级上册八单元“借助相关资料，理解课文主要内容”，可以以“鲁迅的形象”为主题，构建群文《不同人眼中的鲁迅》。在教学《我的伯父鲁迅先生》后，借助一组表现不同形象的鲁迅的文本，以“文中的鲁迅什么样”为核心问题，让学生从不同文本中提取不一样的鲁迅形象，再将信息进行统整，从而对鲁迅先生形成一个丰满的、立体的认识。

（三）发散比较式

这一问题链设计主要用于找出文本的同异，以这种同异作为切入点，引导学生找出文本的同异，这种同异或许是事实的差异，也可能是情感、观点的同异，抑或是表达方法的同异。问题设计时，将核心问题贯穿课堂，主干问题和辅助问题以核心问题为线索进行串联，使得教学环节如串珠般成为整体，凸显出教学设计的思路与主题。此外，问题设计还有一种作用，即通过补充相关内容，使课内外知识实现有效拓展。在课例《数字与诗境》中，选择《山村咏怀》《望庐山瀑布》《九月九日忆山东兄弟》《江雪》四首古诗。以核心问题“数字入诗有什么不同作用”串联整个课堂，学生在比较、分析中进行集体建构，探究数字入诗的不同作用（详见表 3-5）。

表 3-5 《数字与诗境》问题结构设计表

古诗	有什么共同点？	表达了什么情感？	有什么不同作用？
《山村咏怀》			
《望庐山瀑布》			
《九月九日忆山东兄弟》			
《江雪》			

三、问题链设计四策略

通过群文阅读问题链的设计与实践研究，提炼出“向心聚合式”“往复对照式”和“发散比较式”三种模式下的问题链设计策略，在基于问题链设计的群文阅读教学实践中发现：针对不同的文本，应使用不同的方法来进行求同比异。有的文本适合单个议题进行循环、反复的方式求同比异；有的文本适合多个议题并列、递进求同比异。关注文本特色，合理制定议题，才能在深度求同比异的过程中，对文本产生深入的认识，训练学生思维。现总结出以下适用于群文阅读的问题链设计策略，教师可在前置性思考和中置性明确之后，结合组文特点，加以灵活运用。

（一）比较策略

群文阅读本质上就是比较阅读。比较策略是指在多文本阅读教学过程中，教师运用结构化的问题链引导学生通过比较、对照同质文本，寻找文本之间的异同，探究这种异同的成因，从而建构起对文本更加深刻的理解。因此，比较策略主要包括“求同比较”和“寻异比较”两种策略。

“求同比较”即在设计时找出群文的共同点。有的是写作手法相同，有的是表达情感相通，有的是语境氛围相似。教师在教学设计时，可结合发散比较式问题模式，采用“核心问题—主干问题—辅助问题”这一问题链进行结构化教学，核心问题体现在“求同”，主干问题围绕手法、情感或语境等主要方面展开，辅助问题可采用细化提问、深入提问、辅助提问等不同方式进行设计。

例如，阅读语体相同的文章，可以通过对比阅读，设计问题链发现多篇文本的共同之处，并总结出这一类议题的文章言语表达形式的规律。在课例《诗中物语皆情语》中，文本选择《墨梅图题诗》《竹石》《石灰吟》三首借物喻人的古诗，运用一篇带多篇，设计课堂问题链核心问题“诗歌写法是否相同”，主干问题“三首古诗在表达情感上有什么共同之处”，辅助问题“《墨梅图题诗》

《竹石》《石灰吟》三首古诗中，作者是怎样表达自己情感的”，以此引导学生梳理出所写事物的特点和表达的感情，发现物和情的共同之处，在集体建构的过程中领悟物可以寄寓情感的缘由。

“寻异比较”即在设计时找出文本的差异，以这种差异作为切入点，并引导学生找出文本的差异。这种差异或许是事实的差异，也可能是情感、观点的差异，抑或是表达方法的差异。同样，寻异策略的运用依然适用于发散比较式的问题模式，以“核心问题—主干问题—辅助问题”层层递进，在解决问题过程中启发学生思维。

例如，在课例《数字与诗境》中，文本选择《山村咏怀》《望庐山瀑布》《九月九日忆山东兄弟》《江雪》四首古诗。这四首古诗的相同点是诗句中都有数字，不同点是数字的表达形式和意思及传达的情感不同。教师要引导学生具体发现不同之处，可通过核心问题“四首古诗可有不同之处”，主干问题“你发现这四首古诗中数字背后有什么秘密以及有何不同”，辅助问题“《山村咏怀》《望庐山瀑布》《九月九日忆山东兄弟》《江雪》四首古诗究竟借助数字分别在表达着什么”这一结构化的问题链寻得不同。

（二）批判策略

批判式策略在群文阅读问题链设计中的运用，能有效助推学生批判性思维能力的提升。要采取针对性的策略就需要对批判性思维这一教学目标进行清晰的认识。1910 年杜威提出“反省性思维（reflective think-ing）”，这种建立在科学方法基础上，包含情感、目的与行动的“反省性思维”，标志着“批判性思维”研究的起源。① 史密斯对批判性思维进行了更加宽泛的定义，他指出，如果我们明白与理解了某个陈述或主张的含义，并通过缜密的思考寻找用以支撑是否接受或相信它的证据，那么此刻我们就是在从事批判性思维活动。② 美国哲学联合会的一个研究成果报告中指出，“批判性思维是有目的的思考”，并通过列出批判性思维的心智技巧（认知技能 cognitive skills）和思维习惯（习性 dispositons）清单来代替原有对批判性思维的定义。其中，批判性思维的认知技能的核心技能包括阐释（interpretation）、分析（analysis）、评估（evaluation）、推理（inference）、解释（explanation）和自我调整（self-Regulation）。批判性思

① DEWEY J. How We Think［M］. New York：Cosimo , Inc，2008：6-9.

② SMITH B O. The Improvement of Critical Thinking［J］. Progressive Education，1953（30）：129-134.

维的习性包括好奇、自信、思想开放、探索真理、分析性、系统性。① 虽然学术界对于批判性思维还未形成一个统一且清晰的界定，但根据以上表述可以明白培养学生批判性思维的大致方向。批判策略在于启发学生有目的地进行思考，培养他们阐释、分析、评估、推理和自我调整等核心认知技能。

在群文阅读中，以批判性思维看待议题对培养学生思维大有裨益。将批判策略运用于群文教学中，体现为可以在授课伊始抛出具有思辨性的议题，然后结合议题模式，设计核心问题，接着针对核心问题，设计出三到四个并列式的主干问题，帮助学生在问题链指导下进行辩证批判性的思考，这些主干问题一起指向核心问题的解决。例如，四年级下册四单元“体会作家是如何表达对动物的感情的”这一主题单元，可以以“老鼠在大众心中的形象能否平反”为议题，对《倒立的老鼠》《田鼠阿佛》《老鼠嫁女儿》进行组文，然后设计出问题链：三篇文章分别描写出什么样的老鼠？生活中，老鼠给你留下的印象是什么？读了文章后，你对老鼠的印象是否有改观？说说理由。可以看出，后续问题指向核心议题“老鼠在大众心中的形象能否平反”。由此，在这一向心聚合式的问题链解决过程中，学生不仅能分析文学作品中老鼠丰富的性格特征，还能对比生活，获得对老鼠不一样的认识和思考。当然，在同类型题材的文本中也可以迁移运用批判策略，提高学生的阅读能力，培养批判性思维。

（三）联结策略

联结策略的运用建立在对“联结”概念的认知基础上。何为联结？加拿大的阿德丽安·吉尔在《阅读力：文学作品的阅读策略》中认为，联结就是在阅读的过程中，有意识地联想到与之相关的信息，这种能力就是联结力。② 对于语文教学中的联结，沈月芬进行了更为清晰的界定，她认为，“汉语表达重‘意合’，语文学习的本质是建立‘言意’之间的内在关联。用联结的方式学语文，可以把文脉‘理’出来，使结构‘显’出来，将主旨‘剥’出来，让文心‘长’出来，实现‘言’与‘意’的顺畅转化”，此时联结侧重指言与意之间的相互转化。③

由此，联结策略可以看作读者在阅读过程中把文本与其他文本资料、阅读经验或日常生活经验等相联结的一种阅读策略。在实践中运用联结策略，不仅

① FACIONE P A. Critical Thinking：What It Is and why It Counts [M]. Los Angeles：California Academic Press，1998：4-9.

② 吉尔. 阅读力：文学作品的阅读策略 [M]. 岳坤，译. 南京：接力出版社，2017.

③ 沈月芬. 联结：用语文的方式学语文 [J]. 语文建设，2022 (10)：41.

有助于学生结构化知识体系的构建，而且拓宽了他们的阅读视野，还能在不断切换和联结资源的过程中感悟作者表达的主旨，实现对“言”与“意”的双重收获的同时，促使其成为一名视野广、思维深的阅读者。

联结策略在问题链设计中的运用，可以借助往复对照这一问题模式加以实现。

上文中指出往复对照就是核心问题在不同的文本和环节中反复出现，让学生在比对、议论、统整中形成新的认识。在群文阅读的问题链设计上，联结策略主要包含文与言、文与意、文与生活经验、文与阅读经验四方面的联结，不同的联结问题以指向核心问题的形式在不同文本和环节中反复出现，由此实现策略与模式的相互协调。例如，六年级上册四单元“小说”单元，可以以“出人意料的小说结局”为议题，运用联结策略展开教学。《桥》这一课的结局既出乎意料又在情理之中，通过核心问题“故事的结局有什么特点”，让学生结合文本和阅读经验反复猜测。《在柏林》《窗》《雪夜》《最后一只乌鸦的最后一句坏话》几篇文本的结局，可以进一步深化学生对议题的理解，对小说产生更加浓厚的兴趣。

（四）迁移策略

在小学群文阅读中，“一篇带多篇”和“一篇带一类”是常见的阅读方式，学生在阅读迁移中学会举一反三，逐步把握学习内容的本质。这种基于课堂的“举一反三”的阅读，即阅读迁移，具体包括阅读内容、技巧的迁移以及对阅读策略的理解、分析与组织，主要分为以下两大类。

1. 同类型迁移

同类型迁移，顾名思义指群文组文的构成要素为同种类型的文本，具体表现在或是文章体裁类型相同，或是文本主题内容相同，抑或是文本写作特点相似等。迁移侧重指教师通过设计课堂教学问题链指导学生能够在理解一篇文章的基础上，运用相同的方法，学会自主阅读同类型的文章，即以一类带同类。

例如，教学统编五年级下册《梅花魂》时，其中一个教学目标是学生需要了解“借物喻人”的写作方法和表达方式，此时可以先让学生回忆已学过的五年级上册《落花生》一课，然后设计以下迁移问题：两篇课文仅仅是介绍花生或梅花吗？它们的共同点是什么？作者使用了什么样的写作手法呢？还有哪些文章运用了相同的写作手法？由此实现同类型文本阅读方法的迁移和运用。

2. 同文体迁移

文体不同，相应的文本特色、写作特点、行文规律及阅读方法也不尽相同。读神话故事，主要引导学生感受想象的神奇和鲜明的人物形象，领会古人丰富的想象；读诗歌主要感受语言文字的凝练之美，以及声律抑扬顿挫的节奏之美；读小说，主要抓住人物、情节和环境三要素感受理想与现实世界交织生成的魅力。文体类型虽不同，但教师可在群文阅读中关注学生文体类型的学习，在归纳总结和迁移运用中实现“一篇带多篇”的学习效果。学习过程中，可通过设计相关问题引导学生关注不同文体运用的写作方法，帮助其意识到文体学法的习得和应用，最终在不同文本的学习背景之下，达成学习一篇，联结多篇文本的阅读教学目的。

教学统编教材五年级下册的写人文章，在课例《人物描写一组》中，教师可先带领学生通过解决学生问题的方式细读《摔跤》一文，接着总结本课人物描写方法，随后在剩下的两个文本片段中实现学法的迁移。课堂问题可设计如下：文中哪些地方最能体现小嘎子和小胖墩的特点？你看到了一个怎样的小嘎子和小胖墩？想想这个片段作者是怎样描写的？请运用刚刚学到的写作方法，小组合作学习《他像一棵挺脱的树》和《两茎灯草》，由此达到以一篇带多篇的学习效果。

第三节　后置性评价：群文阅读问题链课堂评价

针对课堂评价，主要设计了两个量表，一个是指向群文阅读问题链课堂教学设计的量表，另一个是指向群文阅读问题链课堂教学观察评价的量表。

群文阅读问题链课堂教学设计表主要包括教材解读、教学设计和教学评价三个板块。其中，教材解读围绕所选文本及文本组元的特质，如主要内容、情感主旨、语言特点等与文本和议题之间的关系进行分析说明。教学过程以群文阅读四个关键能力层级：辨识与提取、比较与融合、评价与反思、应用与创新为纵向维度，以主问题、子问题和辅助问题串、学生活动和设计意图为横向维度，着重记录教师课堂教学中关于问题链教学实操过程。教学评价从手段方式和教学效果两方面进行定性评价，从教学设计和执教过程进行自主综合评价（详见表 3-6）。

表 3-6 《指向结构化思维的群文阅读问题链设计与实践研究》教学设计表

<table>
<tr><td colspan="2">课题</td><td colspan="4">（可与议题名称相同）</td></tr>
<tr><td colspan="2">授课教师</td><td colspan="2"></td><td>年级及班级</td><td></td></tr>
<tr><td colspan="2">授课时间</td><td colspan="2"></td><td>授课地点</td><td></td></tr>
<tr><td rowspan="6">文以载道</td><td>议题及分析</td><td colspan="4">（请在本部分填写以下内容：1. 议题名称；2. 对议题的解读，可以包括对本课议题内涵、价值以及延伸的解读。）</td></tr>
<tr><td rowspan="5">选文篇目
选文来源
文本解读</td><td colspan="2">选文篇目</td><td colspan="2">选文来源</td></tr>
<tr><td colspan="2"></td><td colspan="2"></td></tr>
<tr><td colspan="2"></td><td colspan="2"></td></tr>
<tr><td colspan="2"></td><td colspan="2"></td></tr>
<tr><td colspan="4">（请在本部分填写对本组选文的解读。可以从以下角度进行阐述：1. 所选文本及文本组元的特质，如主要内容、情感主旨、语言特点等；2. 文本与议题之间的关系。）</td></tr>
<tr><td rowspan="2">以文传道</td><td>学情分析</td><td colspan="4"></td></tr>
<tr><td>教学目标及重难点</td><td colspan="4"></td></tr>
<tr><td colspan="6">文以传道—教学过程</td></tr>
<tr><td colspan="2">教学环节主问题</td><td colspan="2">子问题、辅助问题串</td><td>学生活动</td><td>设计意图</td></tr>
<tr><td colspan="2">板块一：
辨识与提取</td><td colspan="2"></td><td></td><td></td></tr>
<tr><td colspan="2">板块二：
比较与融合</td><td colspan="2"></td><td></td><td></td></tr>
<tr><td colspan="2">板块三：
评价与反思</td><td colspan="2"></td><td></td><td></td></tr>
<tr><td colspan="2">板块四：
应用与创新</td><td colspan="2"></td><td></td><td></td></tr>
<tr><td>板书设计</td><td colspan="5">（请在本部分填写预设板书样式，可以是文字，也可以采用图片张贴。）</td></tr>
</table>

续表

以道化人	手段方式评价	是否有生生互评、教师点评 是否了解学生学习情况 是否有前置、过程、后置检测评价 是否结合教学活动创设情境
	教学效果评价	是否提升学生阅读量 是否开阔学生视野，发展学生思维 学生是否掌握阅读方法，并进行迁移运用 教学设计及经验可否被普遍借鉴
	评价综述	

关于群文阅读问题链课堂教学观察评价量表主要设计了三级指标，以教材解读、教学设计和教学评价为一级指标。其中，“价值取向”和“文本解读”为教材解读的二级指标；“学情分析”“主题把握”“逻辑主线”和“认知发展”为教学设计的二级指标；“手段方式”和“教学效果”为教学评价的二级指标，最后对应二级指标进行详细的指标描述和分数量化。设置此量表旨在观察结构化的问题链设计在实际教学中的有效性（详见表 3–7）。

表 3–7　群文阅读问题链课堂观察评价量表

评价指标	指标描述	分值
价值取向（10 分）	1. 作品呈现正确的世界观、人生观、价值观（5 分）	
	2. 文本内容为古今中外优秀文化成果，有利于学生提升思想文化修养，建立文化自信（5 分）	
文本解读（20 分）	1. 分析文本与教材的关联，准确把握多个文本在内容、主题、结构、表达等方面的内在逻辑，准确解读其主题（10 分）	
	2. 以议题为主线，梳理整合文本信息，揭示议题含义（10 分）	
学情分析（10 分）	1. 关注学生的年龄、学习环境、心理需求，开展教学（5 分）	
	2. 议题、文本符合学生认知水平，根据学生最近发展区设计教学环节（5 分）	
主题把握（10 分）	1. 主题具有开放性、思辨性、发展性等特点（5 分）	
	2. 围绕议题，以问题链形式推进对主题的理解（5 分）	

续表

评价指标	指标描述	分值
逻辑主线（10分）	1. 依据文本内在逻辑展开教学（5分）	
	2. 问题链聚焦议题，形成意义建构（5分）	
认知发展（10分）	1. 引导学生逐步形成正确的世界观、人生观、价值观（5分）	
	2. 围绕议题，以问题链的形式，引导学生思维从浅层走向深入，从单一走向丰富（5分）	
手段方式（15分）	1. 评价主体多元，有教师评价、自我评价和同伴评价等（5分）	
	2. 重视过程性评价，有阶段性评价和终结性评价等（5分）	
	3. 评价方式多样，有口头、书面、量表等（5分）	
教学效果（15分）	1. 激发学生主动学习的动力，提升了阅读兴趣（5分）	
	2. 扩大学生阅读量，丰富学生对世界的认知（5分）	
	3. 帮助学生综合运用多种阅读方法，提升思维的发展（5分）	
总分（100分）		

第四章

群文阅读问题链设计的区域教学实践

第一节　指向主题单元的群文阅读问题链设计

小学语文教材的主题单元是指将相关联的课文、活动和练习组织在一起，围绕一个或多个核心主题进行编排的教学单元。这种编排方式形成一个相互联系、相互促进的学习体系，旨在帮助学生系统地学习和掌握与主题相关的语言知识、阅读技能以及人文素养等。通过主题单元的学习，学生不仅能够加深对主题的理解，还能够在语言能力、情感态度、审美情趣等方面得到全面发展。主题单元是界定教学的主要形式，在教材中扮演着至关重要的角色，它将相关联的知识点归类，使学生能够从整体上把握某一领域的知识结构，形成系统的知识体系。通过将知识点按照主题进行组织，学生可以更容易地理解和掌握各个知识点之间的内在联系，从而提高学习效率。学生在学习过程中需要将不同知识点融会贯通，进行深入思考和探究，这种学习有助于学生对学习主题形成深层次的理解。随着教育改革的不断推进，主题单元的教学模式逐渐被广泛应用。它符合新课程标准的要求，有助于培养学生的综合素养，也可以使教师在教学过程中更加明确教学目标和重点，帮助教师设计合适的教学活动，提高课堂教学效率。同时，主题单元在教学实践中存在一些待解决的问题。

第一，教师教学整合理念需要加强。“单元整合”是课标提出的理念和操作方式，可供借鉴较少，实施整合教学，要求教师自身的阅读有一定的广度和深度，并能敏锐地挖掘课文文本之间的可整合因素。“整”什么，怎么“整”？这成了问题的关键。传统教学中单篇教学效率低下，学生的学习方式也缺乏整合，难以促进阅读能力和语文素养的整体提升。基于教材本身，尊重教材编排特色，尝试运用群文阅读方法创造性地使用好教材，是突破单元整合的有效方式。

群文阅读是教师在单位时间内指导学生阅读相关联的、多个文本的探究性教学的阅读方式。为学生提供了更为丰富的阅读资源，多篇有关联的文章的阅读，使学生掌握并运用阅读方法，在阅读实践中使其素养得到不断提升。单元整合的需求导致教师需要运用群文阅读的方式去重新审视课文，在教学实践中紧扣人文主题和语文要素，凸显文本之间的整合与关联，使学生学习的目标更有层次性和发展性。当然，我们也在教学实践中发现：单篇教学的习惯性思维导致不能围绕多个文本的关联点确定有价值的议题，一节课的时间总想面面俱到，结果反而导致教学目标不明确、教学内容冗杂、教学环节拖沓等问题。

第二，学生学科核心素养需要提升。当下教师更多的是单篇、单课时碎片化教学，导致学生学习碎片化，知识浅表化，学科核心素养能力浅层次提升。而学生是学习环节中最重要的部分，无论是学习材料还是教学方法，都要通过学生的学习结果来检测是否合适。目前的群文阅读教学材料丰富、形式多样，在打开学生学习视野增强阅读能力方面起到很大作用。以教材主题单元为依托开展群文阅读教学，教师能将单元主题、学科知识、教学内容等进行有效整合，既实现了保底教学又促进了学生知识拓展、方法渗透和学科核心素养的提升。

一、基本理念

（一）主题阅读

主题阅读是一种针对特定主题或话题进行深入阅读的方法，可以帮助读者更好地理解和掌握某个领域的知识。在小学语文教学中，主题阅读可以作为一种有效的阅读策略，帮助学生提高阅读能力。

主题阅读教学是以教材单元主题为核心，整合课内外阅读资料，将教师、学生、课内外阅读资源和教学环境有机地结合起来的一种整体性阅读教学方法。它具有两个特点：主题引领和大量阅读。主题引领的阅读围绕教师、学生、教材和拓展文本等要素展开，强调思想内容的变化，而不仅仅是增加阅读量。主题阅读教学基于教材单元整合教材内外的阅读材料，扩展与主题相关的多个文本和经典诵读内容，从而大幅增加学生的阅读量。主题单元教学能够克服传统教学模式的弊端，明确教学目标，体现以学生为本的教育理念，不但能提升课堂教学效率，也能显著增强学生学习语文的成就感。

在我国，窦桂梅老师最先提出这一理论主张。她认为主题阅读通过课内文章的核心主题，与课外阅读串联起来，强调由课内拓展到课外。她倡导的主题概念，主要是精神文化主题、生命哲学主题、重视服务学生生命成长的主题。她主张从一篇文本中提取主题、深挖主题，围绕同一主题拓展课外阅读资源。

新语文主题阅读的代表人物刘宪华、陆恕、于永正等老师认为，主题阅读是以教材单元为主线，以单元主题为引领，进行整体设计、整体施教。他们认为单元主题好比一根藤，课文好比藤上的瓜，以“藤”串“瓜”，进行整体设计。以单元主题为核心，将课内阅读与课外阅读有机联系起来，将阅读方法由课内迁移运用到课外，旨在解决我国阅读教学中学生的阅读数量和阅读质量不达标的情况。这一主题阅读与窦桂梅老师倡导的主题阅读有所区分。窦桂梅老师的主题阅读强调生命哲学的主题选择，多是从课文内部生发出阅读主题，重视学生的内在精神成长，如“友谊”“母爱”“珍惜生命”等词眼，而新语文主题阅读倡导在单元整体内容上归纳主题，以单元形式，依据单元教材文章生成主题，主题是从教材单元处归纳出来的。拓展的课外文本上，主题阅读是从单篇文本的深度主题带动其他类似主题的文本，而新语文主题阅读是以教材单元为整体，带动课外阅读与之相关的经典诵读等（详见表4-1）。

表4-1 主题阅读对比表

阅读类型	概念界定	主要特征
窦桂梅主题阅读	窦桂梅主题阅读主张从一篇文本中深挖主题、提取主题，围绕同一主题拓展课外阅读资源，以一篇带多篇，增强学生对主题的认识和理解，重视服务学生生命成长的主题阅读。她倡导的主题是文化主题、生命哲学主题	从一篇文本中提取主题，强调文化主题、生命哲学主题、服务学生生命成长的主题，以一篇带多篇
新语文主题阅读	新语文主题阅读强调以教材单元为主线，以单元主题为引领，拓展与单元主题相关的课外阅读资源，进行整体阅读、整体施教。以单元主题为核心，将课内阅读与课外阅读有机联系起来，将阅读方法由课内迁移运用到课外	一篇带多篇 单元课文归纳一个主题 教材单元为主线 单元主题为核心 阅读方法由课内迁移到课外
群文阅读	群文阅读围绕着一个或多个议题选择一组文本，课上围绕这组文本展开阅读教学，围绕这组文本进行整体建构，最终达成共识	围绕一个或多个议题选择一组文本展开教学，最后形成新的认识

从上述概念的界定中，能清晰地发现以上三种阅读的目的都在于改变阅读教学数量和质量不达标的情况，让学生在主题引领的大量阅读中，增强学生的阅读能力，丰富学生的生命体验。而区别在于窦桂梅老师的主题阅读是从单篇文本入手，进行深层次剖析，选定的主题与学生的生命成长息息相关；新语文主题阅读强调以单元为整体组织教学；而群文阅读是围绕一个或多个议题中的组文进行整体建构，形成新的认识。

（二）主题单元阅读

主题单元特指基于教材主题单元的教学，在阅读教学中以问题链设计的形式来达成文本之间的结构化和学习者能力的提升。主题单元既是教材的编排形式，又是主流的教学形态。小学语文教材分单元组织教学，在特定的主题下组成教学单元，围绕人文主题和语文要素这两条线索组织教学。这种主题单元的设置，既能体现人文精神培养，又能落实语文知识，促进人的全面发展。语文主题单元阅读教学是对过去零碎的教学内容进行整合，是在一定语境下发现、探索、解决问题的过程。传统的课堂教学注重每一篇课文的立体化教学目标，忽视单元文本的整体性和综合文本价值。①

统编教材根据语文课程标准要求编写，体现工具性、人文性、典型性、创新性与开放性等特点。与以往教材最大的不同在于，从“主题单元统筹安排”变化到“双线组织单元结构”，结构化典型，凸显人文主题和语文要素的同时培养学生学习能力（详见图 4-1）。

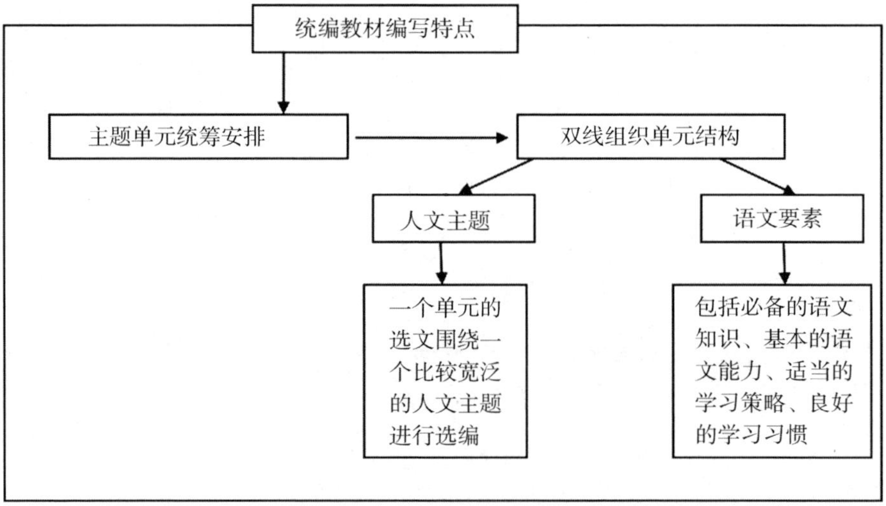

图 4-1　统编教材编写特点

统编教材的编写符合主题单元的理念构想。双线整组的教材编写讲究人文主题和语文要素的双线合一，采用主题单元的编排方式，首先确定贯穿一至六

① 林长焕．关于语文主题单元教学策略的研究［C］//中国国际科技促进会国际院士联合体工作委员会．现代化教育国际研究学会论文集（二）．北京：中国国际科技促进会国际院士联合体工作委员会，2022：85-87.

年级的主题领域，然后确定每个年级、每册的主题单元。每个主题单元一般有两三篇主体课文和一个语文园地，包括巩固与扩展的练习、课堂与课外的活动、学习习惯、方法、策略的提示等。这种编排方式使语文教学能够向课外延伸，有利于学生持续保持学习的兴趣。统编教材阅读篇目在“双线”组织下成为一个整体，单元整合教学以单元主题为线索将相关的教学资源整合到一起，并渗透到学习中，实现 1+1 ＞ 2 的目标（详见图 4-2）。

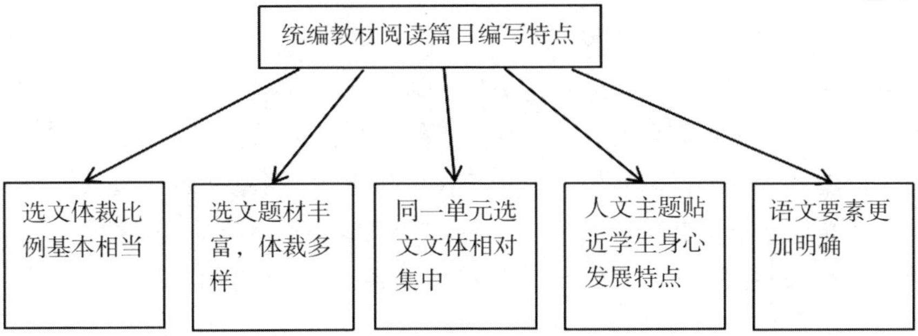

图 4-2 统编教材阅读篇目编写特点

教师在不断的教学实践中，总结出主题单元在教材中具有以下特点：

1. 重要性，侧重指体现本册语文要素重点或核心的单元。

2. 鲜明性，主要是在体裁、结构等方面有鲜明特点的单元。

3. 有延续性的单元，体现在单元文本之间内在联系比较紧密或者和所学过的人文主题单元有关联和延续性的单元。

4. 教学挑战性的主题单元。其指学生必要学习的，但篇幅较长、文章包含的知识能力点较多、单篇教学不能解决困惑以及学生阅读理解起来有难度的单元。

教师选取这些典型的单元，围绕人文主题和语文要素设计具体教学活动，设置阅读情境帮助学生提高阅读兴趣与积极性，引导学生积极主动阅读与钻研文本。① 从符合学生的认知水平及教学实际出发，让教师站在更高的角度、用更广阔的视角，冲破教材原来的编排顺序，将教学内容跨单元、跨年级地进行有效迁移和整合，重新构建一个符合学情、贴合实际的教学模式，使得课堂教学更高效，学生能够全面发展。教学内容的选取可以是某一个学段整体，也可

① 陆亚南．小学语文主题单元教学策略［J］．全国优秀作文选（写作与阅读教学研究），2022（5）：63-65.

以是同类知识组合在一起的某个主题，以学生为本，从学生出发，达到总—分—总的教学效果。①

（三）主题单元下的群文阅读

主题单元阅读是通过人文主题整合，形成认知和发展的结构。群文阅读是形成单元主题认识的前提。群文阅读将相关联的几个文本或者将以前单一的文本形成整体的认知结构，在意义的建构中对主题的认知更富有层次性。群文同样有议题、话题、文本情境等，将文本整合，从认知结构出发，强调对事物的整体感知，多个文本之间在形成意义建构的同时达成对主题的深入理解。主题单元下的群文阅读强调整体性、情境性、实践性，在对话协作中形成意义建构，最终达成的目标也是对单元主题的深入理解，以及对单元语文要素的认知深入。因而可以用群文的形式，将单一的碎片化的实施形成整体的意义建构。

在主题单元群文阅读教学中，教师和学生在一定单位教学时间内，围绕议题展开多文本的比、读、对、议等整体性、系统性、有序性的阅读过程，在教学中提升教师和学生的结构化思维，培养学生语文学科的核心素养。主要采用以下方法（详见图 4-3）。

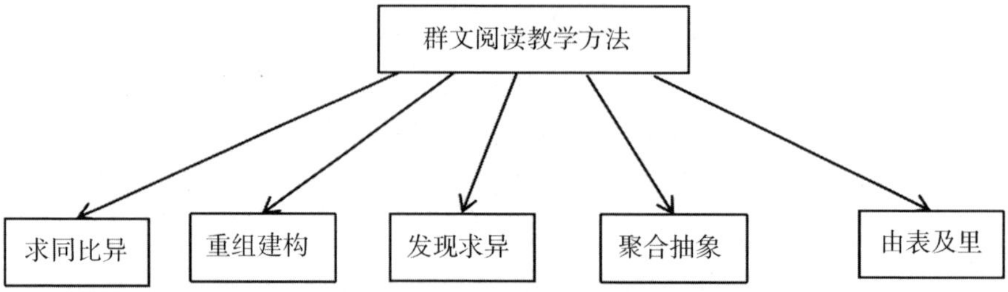

图 4-3　群文阅读教学法

依托统编教材，从年段、单元等方面划分，从选文的编排方式、数量篇幅、体裁、题材、人物形象、国别等方面入手，结合学生生活，选择合适的主题单元开展群文阅读教学研究。梳理统编教材阅读篇目特点，明晰各年段各单元教学目标和编排意图，进行主题单元群文阅读教学，提高教师教学水平和课堂教学效率，提升学生的阅读能力。形成不同年段、不同类型的主题单元群文阅读教学模式和群文阅读教学策略，开发有价值有推广性的主题单元群文阅读课程

① 温儒敏．“部编本”语文教材的编写理念、特色与使用建议［J］．课程·教材·教法，2016，36（11）：3-11.

资源，通过主题单元群文阅读教学，提升教学质量，逐渐培养学生的思维能力和阅读兴趣，拓宽学生阅读视野，促进学生核心素养的发展。以主题单元为依托的群文阅读教学，强调学生学习方法和内容的完整性，将各章节联系起来，将学习内容根据主题单元进行划分，可显著提升课堂教学效率，充分激发教师利用和开发课程资源的主动性，营造良好的课堂氛围。因此，对小学语文主题单元教学的有效策略进行研究具有重要意义。①

二、教学操作

（一）梳理主题单元

梳理教材内容对课程内容进行整合，确定适合用于教学的主题单元，发现教材中每一册都有能开展主题单元群文阅读的课程内容（详见表4-2、表4-3）。

表4-2 “家国情怀”主题单元梳理

单元	主题	篇目
四年级上册第七单元	家国情怀	《出塞》《凉州词》《夏日绝句》《为中华之崛起而读书》《梅兰芳蓄须》《延安，我把你追寻》
五年级上册第四单元	家国之殇	《无名岛》《圆明园的毁灭》《少年中国说（节选）》《已亥杂诗》《题临安邸》《示儿》
五年级下册第四单元	家国情怀	《从军行》《送元二使安西》《秋夜将晓出篱门迎凉有感》《清贫》《军神》
六年级上册第二单元	革命岁月	《七律·长征》《狼牙山五壮士》《开国大典》《灯光》
六年级上册第八单元	走近鲁迅	《少年闰土》《好的故事》《我的伯父鲁迅先生》《有的人——纪念鲁迅有感》
六年级下册第四单元	志向与心愿	《古诗三首 马诗》《石灰吟》《竹石》《十六年前的回忆》《为人民服务》《金色的鱼钩》

① 孔庆敏．小学语文主题单元教学的有效策略研究［J］．天天爱科学（教育前沿），2022（6）：42-44.

表 4-3 “成长亲情”主题单元梳理

单元	主题	篇目
四年级下册第六单元	儿童成长	《小英雄雨来》《我们家的男子汉》《芦花鞋》
五年级上册第六单元	舐犊之情	《慈母情深》《父爱之舟》《“精彩极了”和“糟糕透了”》
五年级下册第一单元	童年往事	《古诗三首》《四时田园杂兴》《 稚子弄冰》《村晚》《祖父的园子》《月是故乡明》《 梅花魂》

这些革命主题以及成长主题的文本含义深刻，具有很强的历史感和时代感，却不容易在课堂中引发学生共鸣，进而出现学习浅表化或标签化的现象。而将多篇文章一起进行细节比对，会更容易使其深刻感悟文本主题。

例如，统编小学语文教科书二年级上册第六单元围绕人文主题“革命先辈”，编排了《八角楼上》《朱德的扁担》《难忘的泼水节》《刘胡兰》四篇课文，都是讲述革命先辈的英雄故事。但是学生对当时的情境并不能感同身受，为什么毛泽东主席在大冬天只穿着单衣，真的有那么冷吗？扁担真的有那么重要吗？为什么参加泼水节就代表周恩来总理对人民的牵挂呢？刘胡兰为什么要就义？因为相隔年代的久远和生活环境的差距，学生的认知也会产生巨大的差异。在此基础上，教师从学生实际出发，围绕“革命先辈”的人文主题和“借助词句，了解课文内容”的单元语文要素，设置任务情境“把先辈的故事讲给你听”，以“找找他的特点，比比他的不同，说说他的故事”为问题链和设计依据，将几篇文章放在一起提炼、比较，让学生抓字词——品味人物特点，读句段——感受人物形象，讲故事——产生时代共鸣。

根据课程内容梳理整合后的主题单元教学内容，结合课标和义务教育教科书教师教学用书中单元课时要求，对人物主题和语文要素进行整合，明确各年段主题单元群文阅读教学目标（详见表 4-4）。

表 4-4 各年段主题单元群文阅读教学时的目标

年级	主题	教学目标
四年级	家国情怀 儿童成长	关注主要人物和事件，学习把握文章的主要内容；从人物的语言、动作等描写中感受人物的品质；感受童话的奇妙，体会人物真善美的形象

续表

年级	主题	教学目标
五年级	家国之殇 家国情怀	体会课文表达的思想感情；注意体会作者描写的场景、细节中蕴含的感情；通过动作、语言、神态的描写，体会人物的内心。在指导学生去理解、把握文章内容，体会文章表达思想感情的同时，还要指导学生去探索和把握作者的思路，了解作者是怎样表达思想感情的
	成长主题	阅读叙事性作品，了解事件梗概，能简单描述自己印象最深的场景、人物、细节，说出自己的喜爱、憎恶、崇敬、向往、同情等感受
六年级	走近鲁迅 志向与心愿	了解文章是怎样点面结合写场面的；借助相关资料，理解课文主要内容；关注神态、言行的描写，体会人物品质

（二）明确文体议题

“1+X”是群文阅读的一种教学模式，它指的是在语文教学中，教师选择一篇重点课文作为核心文本（“1”），然后选择若干篇与核心文本相关联的辅助文本（“X”），通过比较、分析、讨论等方式，引导学生深入理解文本，帮助学生在整体中理解各个文本之间的联系和区别，形成对文本的全面认识，培养阅读能力和思维品质。“1+X”的群文教学围绕一个共同的主题或议题，选择相关的文本进行教学，使学生能够从不同角度深入探讨主题，拓宽视野。在“1+X”模式下，教师基于教材单元主题、语文要素、文体、语言风格、主题、思想表达形式等明确议题。

小学语文统编教材中涉及小说、诗歌、童话、神话、说明文等不同文体，常规教学中教师在单元框架下更多的是一篇一篇地教学，如一篇精读、一篇略读、一篇自读，这样的教学很难调动老师以及学生的积极性，学生的学习方式碎片化，教学的效果和效率也大打折扣。在单元统整理念下，以主题衍生出典型单元的群文议题，可有效打破传统教学模式。教师可突破单元框架的束缚，以核心议题为引领，通过一篇带多篇的方式，达成目标明确、流程清晰的教学效果。

以小说文体为例，小学教材中的小说部分选择了语言通俗易懂、有一定思维价值、接近于学生最近发展区的中短篇小说作为教学内容。要求学生能够理解并分析小说情节、人物、主题和艺术特色，培养批判性思维和情感态度，通过鉴赏和创意写作提高表达与文化意识，从而全面提升文学素养，形成正确的价值观和世界观。小说文体群文阅读教学，紧扣单元人文主题，挖掘小说独特的叙事艺术和丰富的情感表达，提炼出具有深刻人文关怀的核心议题。教师执教六年级小说群文教学时选取《桥》《童年》《穷人》三篇文章，在文本的比对中发现都以曲折的情节凸显鲜明的人物特色，通过围绕核心议题“聊小说，识形象”设计问题链，比较几篇小说的情节曲线，如有什么发现？主人公在不同情节中有怎样的表现？不同的表现反映出主人公怎样的性格特点？学生在角色扮演、情节分析、主题讨论等互动式学习活动中，感受人物特色，深入体验小说的魅力。整合后的小说单元群文阅读教学，可以帮助学生系统、高效地发现小说的文体特点，领会作者的写作意图，感受人物形象。这样不仅显著提升了学生的文学鉴赏能力和创新思维，而且通过小说特有的情感力量和叙事魅力，深化了学生对人性和社会的理解，对培育学生的情感智慧、文化素养和批判性思维具有不可替代的教育价值。

在小学阶段同样典型的文体还有说明文。说明文是小学语文教材中的特殊文体，其表达方式和效果都有鲜明特点。说明文教学在不同年段有不同的主题和要素，明确主题之后教师需要着重思考核心议题，以议题为核心实现文本组元。其侧重在教学中以说明文文体为载体，通过对相关文本的深入解读，提炼出具有人文内涵的主题，进而形成核心议题，其内涵在于引导学生关注现实生活，培养批判性思维和创新能力。操作方法包括以下几点：一是精选具有代表性的说明文文本，构建群文阅读体系；二是引导学生从文本中提炼人文主题，形成核心议题；三是设计多样化的教学活动，激发学生思考和探究。这种教学单元有助于提高学生的阅读素养，深化人文素养，促进全面发展，同时为学生的终身学习和可持续发展奠定基础。以下是一些教学片段。

教师在执教五年级上册五单元课文时，对教材进行深入解读后发现，说明文的语言风格可以根据说明对象的特点进行选择，因而设计以下问题链：几篇文章中的说明对象分别是什么？针对不同的说明对象分别用了哪些说明方法？作者的说明语言有什么样的风格？学生在讨论、交流、朗读中得出结论：像蝙蝠和雷达这样的事物，离我们很远，我们并不熟悉；而像蟋蟀、荔枝这样的事物是我们生活中常见、很熟悉的事物。有的事物离我们的生活很近，和我们有接触，这样的事物，我们可以用活泼有趣的语言风格；而有的事物离我们的生活很远，用平实的说明风格能更好地将事物说明白。

设计这样的教学环节，是为了让学生在最真实的阅读环境中，通过比较、辨析、归纳，发现说明文的语言风格和说明对象的关系。学生有真实的思考和探究的过程，抽丝剥茧，层层深入，这样才能促进学生思维能力的发展，从而形成阅读能力。

（三）实现集体建构

集体建构是一个学习的展开过程，在群文阅读教学过程中，教师根据教学目标和学生特点，选择一组与某个主题或议题相关的文本，引导学生共同建构对一组文本的理解和认识。学生在教师的指导下，对文本进行分析和比较，找出文本之间的相似之处和差异，理解文本之间的内在联系。围绕文本所涉及的主题或议题，进行研讨，分享自己的观点和想法，相互启发，形成对主题的深刻理解。学生在集体建构的过程中，逐步深入地理解文本，探究文本背后的意义和价值，提高自己的阅读能力和思维品质。在集体建构的过程中，教师引导学生总结提炼出文本的核心思想和主题意义，形成对整个文本组元的全面认识和深刻理解。

通过群文阅读集体建构的教学方法，可以帮助学生在相互启发和交流中，形成对文本的全面理解，培养学生的阅读能力和思维品质，提高学生的语文学科核心素养。

1. 建构问题链

主题单元群文阅读中，教师引导学生围绕文本所涉及的主题或议题，共同构建一系列具有思考价值和探究意义的问题链，通过回答这些问题，帮助学生深入理解文本，培养学生的阅读能力和思维品质。

具体来说，主题单元群文阅读教学中，教师围绕单元文本所涉及的人文主题和语文要素明确议题，提出一系列具有思考价值和探究意义的问题。将提出的问题进行分类梳理，形成一个问题链，帮助学生系统地理解和回答问题，形成对文本的全面认识和深刻理解；围绕问题链中的问题进行讨论和交流，形成对文本的全面理解；引导学生总结提炼出文本的核心思想和主题意义，最终实现思维的提升。

以五年级上册五单元为例，该单元以“说明文以‘说明白了’为成功”为人文主题，以“了解基本的说明方法，并用恰当的说明方法介绍一种事物”为语文要素。教师以群文阅读的方式，聚焦议题“列数字对说明事物的作用”，设计了问题链。问题链一：回顾五单元这四篇说明性文章，用到了各种说明方法，请看看这些说明方法，你发现了什么？问题链二：找一找、说一说，《太阳》和《风向袋的制作》两篇课文中有数字的句子，这些句子都说了什么？问题链三：

比较《太阳》和《风向袋的制作》中的数字，有什么发现？学生在不断比对学习中发现列数字的不同作用：有的可以用来说明事物的特点，有的可以用来表示顺序，只有当这个数字在说明事物特点时，才是列数字的说明方法。单篇的教学更注重对说明方法的理解，群文比对后学生不但明白了什么是列数字的说明方法，还能更加明确其在不同文本中的不同作用。

2. 求同比异

主题单元的群文教学需要用求同比异的方式整合学习。通过求同比异整合教学的方法，学生在阅读和思考多篇文本的过程中，能够深入理解文本，培养阅读能力和思维品质。同时，这种方法也有助于培养学生的比较分析能力、批判性思维能力和创造性思维能力，促进学生的全面发展。

以古诗教学为例，有时同一单元或者同一课中会出现咏物诗、写景诗、送别诗、边塞诗等不同类别的古诗。对于单篇古诗，我们可以通过字词的理解、意象的品味来感受古诗的韵味；而将同一类别或不同类别的诗放在一起，通过求同比异的方式，则更能体会不同类别诗词的特殊之处。例如，边塞诗是古诗中的一大类别，分布在小学语文教材的不同年段，执教老师为了让学生感受“边塞诗”的独特魅力，以四年级的《塞下曲》和《凉州词》为主体，围绕“感受家国情怀”的人文主题，明确议题“镜头中的边塞诗”，开展群诗阅读。课堂由《中国诗词大会》引入，激发学生学习兴趣，引出边塞诗话题。聚焦边塞诗中的典型意象，以琵琶为代表，引导学生结合生活经验、提取关键信息，体会琵琶具备的鲜明特点以及寄托诗人独特情感的作用，建构边塞诗典型事物——边塞意象的概念。老师再指导学生圈画诗中意象。整堂课通过“何为边塞诗？”“有何特点？”“有何感受？”等问题链的引导，让学生通过辨识边塞诗意象，强化意象概念，了解意象类别，发现边塞诗共性特点——诗中有典型意象。最终建立判断边塞诗的基本标准。

3. 迁移运用

在人文主题和语文要素的引导下，教师结合主题单元情境拓展阅读，展开多文本的比、读、对、议等整体性、探究性学习，以帮助学生发散思维、个性表达，发挥学生学习主体性，在多元解读中迁移运用，达成共识，实现语文阅读素养的提升。以单元首篇精读课文为基础，围绕语文要素和主题夯实双基；第二篇教学深入方法；三篇、四篇运用群文阅读方法。整合课时与结构，做相应的比重调整。提升教学效益的同时，扩大学生阅读量。

例如，在围绕“智童”进行组文时，《杨氏之子》《两小儿辩日》《王戎不取道旁李》《司马光》这四篇文本篇幅都较为短小，内容浅显易懂，文字精简有趣，通过比较阅读，可以梳理出文言文中几个智童的共同特点：思维敏捷、观察仔细、勤于动脑，学生在阅读时从中获得启迪，在生活中也要试着做一名“智童”。《两小儿辩日》从观察现象表明观点，《杨氏之子》以智慧的语言反驳对方并进行调侃，《司马光》通过逆向思维救了小伙伴，《王戎不取道旁李》也是通过逆向思维没有从众。这四篇文本不仅讲儿童的智慧，更从侧面讲述了不同的思维方式。群文传达给孩子一种明确的信息：不能只背零碎知识，而要看到事物之间的关联，实现在生活中的迁移运用。

4. 探究实施

有时一个主题单元的文本难以形成有效的议题，这就需要教师围绕单元人文主题，精读教材，拓展选文范围，设计有效的议题，从而实现教学目标。例如，统编教材五年级下册八单元的人文主题是“风趣和幽默是智慧的体现”，语文要素是“感受课文风趣的语言”，风趣的语言并不是学生通常理解的搞笑，更重要的是其中的语言风格、人生态度和生活智慧，而风趣和幽默的背后是智慧。如何让学生更好地感受风趣区别于单纯的搞笑、低俗的幽默之处，成为教学的难点。本单元安排的三篇文章分别是《手指》《杨氏之子》《童年的发现》。在授课过程中，老师们发现，这些选文难以聚焦议题，突出幽默的表现。于是，老师们通读本册教材，力争找到能体现“幽默与智慧”的小切口。最终，在同册第五单元找到了能实现单元目标的课文《两茎灯草》。再结合《手指》和《杨氏之子》，抓住这三篇课文的共同点，进行重新建构：文本比对，找到“手指”这个议题切口，以“有趣的手指”为议题，在情境中设计问题链：谁的手指（写了什么）？有什么特点（怎么写的）？谁最幽默（为什么这样写）？这样层层剖析，通过文本的对比阅读，让学生感受到手指在不同文本中的不同呈现形式，再通过对手指背后幽默技巧的分析，使学生认识到幽默是一种智慧，理解幽默是智慧的闪现，从而感受到幽默在生活中的意义。最终使学生学会在多文本阅读中进行辨识提取、比较整合、批判创新，实现在阅读中学会阅读的目标。

三、教学成效

（一）教学提升点

1. 认知点拓展

教师确立主题单元并拓展群文阅读的组文教学点。主题单元大多落脚在单元中具有相似情感表达的文章中，而容易忽略单元主题中所蕴含的其他元素。

主题单元下，教师不局限于单元内的教材组织教学。以五年级上册的说明文的群文阅读单元为例，教师在进行群文阅读《说明文的语言风格》教学时，不仅选择本单元的三篇文章，还用上了统编版四年级上册的《蟋蟀的住宅》，北师大版五年级上册的《只有一个地球》。为达成教学目标，突破重难点，教师在教学时将单元进行重组，重新建构文本，找到新的切入点，更灵活地使用教材，充分发挥教材的典范性作用，在有效达成教学目标的同时提升学生的学科核心素养。

2. 知识点整合

“双减”背景下，高效的课堂教学可有效实现减负提质。通常情况下，在常规语文教学中，教师教课文时会形成一个固定套路，即解决生字词、梳理文章内容、解决课后题。有一定思考力的教师会有文体意识，会关注学生语文关键能力的提升。主题单元下的群文阅读教学，教师不再只从单篇思考，而是会考虑和研究：这个单元能不能从整体上进行设计？文本之间有什么相同和不同之处？教师的意识和行为都在发生改变。例如，在五年级上册习作单元的教学中，单元的目标是让学生学习写作说明文。执教老师发现这是一个典型单元：文体一致，文章的特点明显。因此，教师果断放弃了一篇一篇教学的方式，尝试用群文的教学思想进行单元教学。将单元文章从说明文的说明方法、说明顺序、说明语言的风格等不同方面进行教学设计，课堂知识点整合意识很强。

例如，在六年级上册习作单元的教学中，语文要素就是学习围绕一个中心意思来写。执教老师同样抓住这个单元文章的共性，给学生搭建学习支架，从整体上建构单元教学（详见表 4-5）。

表 4-5　单元整体建构

课时	内容
第一课时	梳理课文中的音难字、形难字，了解两篇文章的大概内容。结合学生作业，梳理文章的一级提纲
第二课时	进一步优化梳理课文的二级提纲和三级提纲，发现两篇文章不同的选材
第三课时	学习《夏天里的成长》具体的表达方式，怎样用这些材料来体现中心
第四课时	学习《盼》，抓住文章写作手法，思考如何围绕中心来写
第五课时	将两篇习作例文进行比较学习，并和主题课文进行对比
第六课时	完成自己的习作提纲

续表

课时	内容
第七课时	完成习作

对单元知识进行整合和结构化设计可让知识的学习更系统化，更能够直接触及核心的教学内容，让课堂教学更有效。教师有意识在教学前进行课程内容整合，打破以“一节一篇、多节一篇、深探细究”为主要特征的精讲模式，走向以“一节一群”为特征的群文阅读教学形式，实现由“教教材”到“用教材教”、由重视识字教学到重视理解教学、由精熟学习到策略学习、由单篇阅读学习到群文阅读学习、由讲授教学到合作学习的转变。

3. 内涵点推进

教师进一步理解主题单元群文阅读教学的内涵。主题单元的整体教学并没有额外增加教师的备课负担。相反，教师群文阅读教学的理念和意识得以加深。从备课到反思，从课堂到课后，都以单元语文要素为本，合理运用求同比异，大胆结合单元主题对教材内容进行重新整合，以教材内容为基点，采用辐射拓展阅读训练的方式，让学生在教师引导下掌握阅读方法，提升阅读能力。同时，以阅读能力训练为中心开展听说读写的综合练习，最终提高学生的思维能力。从学生的作业反馈和课堂效果来看，群文理念下的主题单元教学可以在有限的课堂中达成教学目标，调动学生学习的积极性。学生逐步形成通过横向、纵向比较进行深入思考的阅读习惯，在学生积极参与中，结合合作、交流的学习形式，更多地引导学生思考问题，落实任务过程。学生通过比对、讨论、教师的适当点拨，就可以有所发现、有所启迪，从而深入研究，灵活运用，以达到阅读和思维的同步发展，形成“发现至上”的探索性教学。教师也通过群文阅读教学，结合议题，认真把握课标，深度挖掘教材，并发现相关阅读资料，而后精心备课，以实现一两个重点教学目标在多个文本呈现，引导学生发现、讨论、研究、运用，逐步提高课堂教学效果，从而循序渐进地深化学习知识建构。最终通过群文阅读教学，建构“整合—连接—对比—建构”的课堂模式，促进学生语文素养的提升。

（二）学生学习力

1. 学生结构化思维能力得到提升

群文阅读教学有效地提升了学生对文本的整体认知，改变了碎片化的语文知识的学习，不仅有助于提高学生的阅读理解能力，还有助于培养学生的结构化思维能力。结构化思维能力的提升使学生能够有条理地、系统地分析问题。在课堂学习中具体体现为能将复杂的问题分解成若干个相互独立的部分，对各个部分进行分类和归纳；运用逻辑思维方法，从已知的信息中推导出未知的信息；抓住事物的本质特征，从具体的事例中抽象出一般性的规律；最终将多个信息点整合起来，形成一个完整的知识体系，并将这个体系应用于解决实际问题当中。

例如，通过依托主题单元的群文阅读学习，学生能更敏锐地感受文学作品里的幽默与讽刺，体会人物态度和想法的改变对情节发展的影响，更深刻地感知文化习俗对故事情节的影响。故事里的主角与配角、故事的高潮、日记和信在文学中的运用、事物的象征意义等，都在群文阅读中更集中、更结构化地呈现，学生感受并学习这样独特的表达方式，以此发现故事的密码，发现文学的奥秘。

2. 学生辩证化思维得到发展

一千个读者就有一千个哈姆雷特。文章的阅读需要通过读者的想象、思维、情感的参与来进行再认识、再创造。培养学生的辩证思维，可以激发学生的创造力，让学生从多角度、多方位去思考问题，有自己的独立见解，不人云亦云。让不同的学生都能够从不同的角度去认识同一个问题，有效提升辩证化思维能力，进一步认识事物的普遍性和特殊性。四年级下册第四单元以“动物”为主题，文章都是大家之作，也是学生学习写作的好范本。教师以“称呼”作为一个很小的切入口开展教学。课堂教学中，让学生对几篇课文中的称呼进行分类。在试讲中发现，学生没有出现相同分类方法，并且理由独特，这就是课堂的精彩呈现，学生在思考、在发现，教师辩证思考能力也得到进一步发展。

3. 学生迁移创造能力得到发展

主题单元群文阅读教学，教师在课堂中抓住主题单元的关联性进行拓展，将不同领域、不同题材、不同体裁的文本根据特定任务进行组文。学生视野不仅投射到传统篇章，而且关注到现实生活，涉及各个领域。此时，群文阅读课堂不单是教师讲授的过程，更是学生在迁移中实现自我建构、自主创造的过程。

第二节　指向语文要素的群文阅读问题链设计

语文要素是统编版语文教材能力训练体系的训练目标，由语文学科的基本方法、基本能力、基本学习内容和学习习惯等组成。① 统编小学语文教材中语文要素占有重要地位，其中与阅读有关的语文要素可以借助群文阅读的方式有效达成，而达成的路径就是设计指向语文要素的群文阅读问题链。针对各年级阅读训练的具体语文要素，在教学操作上应选定合适的议题，精心设计结构化的问题链，有效提升学生的语文阅读能力和综合素养。

一、基本理念

（一）语文要素在语文教学中的重要地位

1. “语文要素”概念

语文要素是统编语文教材能力训练体系的训练目标，由语文学科的基本方法、基本能力、基本学习内容和学习习惯等组成，通过对其进行有深度的学习，培养学生的语文能力。语文要素体现了语文学科的基本规律，围绕阅读与表达两大系列进行组织和规划。语文要素主要包括以下几方面。

（1）基本方法：在语文学习中使用的基本技巧和方法。

（2）基本能力：在语文学习中需要掌握的基本技能，如阅读、写作、口语表达等。

（3）基本学习内容：语文课程中的核心知识点和学习材料。

（4）学习习惯：在语文学习过程中需要培养的良好学习习惯。

语文要素作为单元语文训练的主线和明线，帮助学生系统掌握语文知识和技能。统编小学语文教科书统筹规划语文要素，尝试建立语文训练体系，使得语文学习更加系统化。教科书的编排以语文要素为核心，围绕阅读与表达两大序列，构建小学语文教科书的能力体系。群文阅读问题链的设计与阅读相关的语文要素密切相关。对统编教材三至六年级语文要素中关于阅读的语文要素进行梳理，形成年段梯度系列，根据研究选取适合群文阅读教学的语文要素。由于一、二年级没有明确提出语文要素，根据学生年龄特点和新课标的要求，可结合教参和课后习题对小学中高段有关阅读的语文要素进行提取梳理，为群文阅读教学的开展搭建议题框架结构（详见表 4-6、表 4-7、表 4-8、表 4-9）。

① 魏怡佳．基于语文要素的小学语文学科大概念提炼研究［D］．成都：四川师范大学，2022.

表 4-6 三年级统编教材阅读训练语文要素梳理

单元	阅读训练语文要素	单元	阅读训练语文要素
三上 1	阅读时，关注有新鲜感的词语和句子	三下 1	试着一边读一边想象画面。体会优美生动的语句
三上 2	运用多种方法理解难懂的词语	三下 2	读寓言故事，明白其中的道理
三上 3	感受童话丰富的想象	三下 3	了解怎么围绕一个意思把一段话写清楚
三上 4	一边读一边预测，顺着故事情节去猜想。学习预测的一些基本方法	三下 4	借助关键语句概括一段话的大意
三上 5	体会作者是怎样留心观察周围事物的	三下 5	走进想象的世界，感受想象的神奇
三上 6	借助关键语句理解一段话的意思	三下 6	运用多种方法理解难懂的句子
三上 7	感受课文生动的语言，积累喜欢的语句	三下 7	了解课文是从哪几个方面把事情写清楚的
三上 8	学习带着问题默读，理解课文的意思	三下 8	了解故事的主要内容，复述故事

表 4-7 四年级统编教材阅读训练语文要素梳理

单元	阅读训练语文要素	单元	阅读训练语文要素
四上 1	边读边想象画面，感受自然之美	四下 1	抓住关键词句，初步体会课文表达的思想感情
四上 2	阅读时尝试从不同角度去思考，提出自己的问题	四下 2	阅读时能提出不懂的问题，并试着解决
四上 3	体会文章准确生动的表达，感受作者连续细致的观察	四下 3	初步了解现代诗的一些特点，体会诗歌的感情
四上 4	了解故事的起因、经过、结果，学习把握文章的主要内容。感受神话中神奇的想象和鲜明的人物形象	四下 4	体会作家是如何表达对动物的感情的
四上 5	了解作者是怎样把事情写清楚的	四下 5	了解课文按一定顺序写景物的方法

续表

单元	阅读训练语文要素	单元	阅读训练语文要素
四上 6	学习用批注的方法阅读。通过人物的动作、语言、神态体会人物的心情	四下 6	学习怎样把握长文章的主要内容
四上 7	关注主要人物和事件，学习把握文章的主要内容	四下 7	从人物的语言、动作等描写中感受人物的品质
四上 8	了解故事情节，感受人物形象。简要复述课文，注意顺序和详略	四下 8	感受童话的奇妙，体会人物真善美的形象

表 4-8 五年级统编教材阅读训练语文要素梳理

单元	阅读训练语文要素	单元	阅读训练语文要素
五上 1	初步了解课文借助具体事物抒发感情的方法	五下 1	体会课文表达的思想感情
五上 2	学习提高阅读速度的方法	五下 2	初步学习阅读古典名著的方法
五上 3	了解课文内容，创造性地复述故事	五下 3	感受汉字的有趣，了解汉字文化
五上 4	结合查找的资料，体会课文表达的思想感情	五下 4	通过课文中动作、语言、神态的描写，体会人物的内心
五上 5	阅读简单的说明性文章，了解基本的说明方法	五下 5	学习描写人物的基本方法
五上 6	注意体会场景和细节描写中蕴含的感情	五下 6	了解人物的思维过程，加深对课文内容的理解
五上 7	初步体会景物的静态美和动态美	五下 7	体会景物的静态美和动态美
五上 8	阅读时注意梳理信息，把握内容要点	五下 8	感受课文风趣的语言

表 4-9 六年级统编教材阅读训练语文要素梳理

单元	阅读训练语文要素	单元	阅读训练语文要素
六上 1	阅读时能从所读的内容想开去	六下 1	阅读时，分清内容的主次，体会作者是如何详写主要部分的

续表

单元	阅读训练语文要素	单元	阅读训练语文要素
六上 2	了解文章是怎样点面结合写场面的	六下 2	了解作品梗概，把握名著的主要内容，就印象深刻的人物和情节交流感受
六上 3	根据不同的阅读目的，选择恰当的阅读方法	六下 3	体会文章是怎样表达情感的
六上 4	读小说，关注情节、环境，感受人物形象	六下 4	阅读时，关注神态、言行的描写，体会人物品质。查阅相关资料，加深对课文的理解
六上 5	体会文章是怎样围绕中心意思来写的	六下 5	体会用具体事例说明观点的方法
六上 6	抓住关键句，把握文章的主要观点	六下 6	学习整理资料的方法
六上 7	借助语言文字展开想象，体会艺术之美	六上 8	借助相关资料，理解课文主要内容

2. 语文要素与学生发展方向

长期以来，部分教师对“教什么”和“怎么教”并不清楚，存在语言训练点模糊不清，语文课低效甚至无效的现实情况。而语文要素的提出为解决困扰语文教师“教什么”和“怎么教”的问题指明方向，为语文教师开展教学提供依据，让学生核心素养的发展更聚焦方向。“语文要素”作为统编教材中频繁出现的核心概念，引领教师跳出“人文主题”的思维框架，成为深入理解和使用统编教材的关键所在。这一概念指的是语文素养的多种基本因素被细化为若干个具体的“点”，这些点按照由浅入深、由易及难的逻辑顺序，巧妙地融入各单元的课文导引和习题设计中。通过群文教学的形式落实语文要素，能系统地促进学生语文综合素养的提升，具体表现在以下方面。

（1）丰富语言积累：群文阅读提供了多样化的语言材料，学生在阅读过程中自然而然地接触到丰富的词汇、句式和表达方式，通过反复阅读和模仿，可以有效增加语言积累，提升语言表达的丰富性和准确性。

（2）提升阅读理解能力：通过对比阅读多篇文本，学生需要学会提炼信息、归纳总结、比较分析，这个过程极大地锻炼了他们的阅读理解能力。同时，问题链的设计也引导学生关注文本的深层含义和作者的意图，进一步提升阅读深度。

(3) 强化写作与表达能力：群文阅读中的讨论、交流和写作练习，为学生提供了将阅读所得转化为书面表达或口头表达的机会。在回答问题的过程中，学生需要组织语言、构建逻辑、清晰表达观点，从而在实践中不断提升自己的写作与表达能力。

(4) 培养跨文本阅读策略：问题链设计注重引导学生掌握跨文本阅读策略，如信息整合、对比分析、主题提炼等，这些策略不仅适用于语文课堂，也是学生未来学习和生活中不可或缺的重要能力。

在《诗中物语皆情语》的课例中，教师通过对比分析不同诗歌中的语言运用，学生可以积累更多元化的表达方式，这对于提升他们的语言运用能力和丰富语言积累大有裨益。教师的问题设计注重引导学生深入理解诗歌内容，如“诗中的蝉仅仅是蝉吗？它触动了诗人怎样的情感？”这样的问题促使学生超越文本表面，深入挖掘诗歌背后的深层含义，从而提升其阅读理解能力。通过对比阅读多首诗歌，教师提出“这三首诗有什么不同点？”促使学生对诗歌的主题、意象、情感等方面进行比较分析，进一步锻炼学生的阅读理解能力。在小组合作学习中，学生需要分享自己对诗歌的理解和感悟，这要求清晰、准确地表达自己的观点，从而锻炼口头表达能力。

3. 群文阅读与语文要素的关联

目前，统编教材已经在小学各年级投入使用。温儒敏就小学生浅阅读的现状，建议教师采用“1+X”的办法实施教学，即讲一篇课文，附加若干篇泛读或课外阅读文章。① 第一，“1+X”以现行统编语文教材的学习为宗旨，它的“1”来自教材，必须先保证统编语文教材的学习。第二，“1+X”以提升学生的阅读素养为目的，不是泛泛而读，而是必须有助于提升学生的阅读素养。第三，“1+X”是以精读课文有效延伸或单元主题有效延伸为主要路径并进行文本组元的群文阅读方式。第四，“1+X”是一种群文阅读的方式，它需要把几篇有着内在关联的文本整合起来，形成一个有机的整体，为学生提供有内在规律可循的阅读机会，而不是几篇课文的简单叠加。② 温儒敏这番言论的最大价值在于找到了一条增加学生阅读量的有效路径，连接课内与课外阅读，共同为学生的发展服务。

因此，群文阅读作为一种以议题学习为任务驱动，通过多个文本的交互作

---

① 温儒敏．如何用好“统编本”小学语文教材［J］．课程·教材·教法，2018，38（2）：4-9，17．

② 于泽元，王雁玲，陈际航．基于统编语文教材的“1+X”群文阅读教学研究［J］．新课程评论，2019（6）：66-72．

用，实现问题解决和意义建构的阅读方式，其阅读行为和过程高度契合阅读教学“1+X”精神。① 它并非别具一格的创新，而是以教材为“1”，从语文要素出发，确立群文议题，构成组文的“X”是从“1”拓展开来的文体、内容和方法等。统编教材的编排方式便于群文阅读在小学教学中的实施，每个单元紧扣语文要素进行编排，为教师整合课内外资源提供了便利。在群文阅读教学中，教师可根据小学生的认知特点，借助文本之间的互文性关联，为小学生提供适合的文本。在有限的教学时间内，带领小学生掌握更多的知识。例如，在统编语文教材三年级上册第一单元中，该单元的语文要素之一为“阅读时，关注有新鲜感的词语和句子”，教师在统整教学资源时，就可围绕“新鲜感”进行群文教学，从理解何谓“新鲜感”、发现课文中“新鲜”的词句，再到主动探索教材篇目以外的具有新鲜感的词句，围绕语文要素达成教学目标。

（二）指向语文要素的群文问题链意义

1. 教学认知更新

（1）从知识传授到能力培养的跨越

语文要素是首次出现在统编版语文教材中的一个关键概念，其出现是为了改善语文课堂中语文知识体系被忽视、语文基本能力的训练难以落实而导致的“语文味”不足的困境。语文要素包括语文学科的基本方法、基本能力、基本学习内容和学习习惯等，是语文素养的基本构成因素。② 将语文要素有组织地融入各个年级的单元中，构建出既遵循语文学科基本规律，又符合学生认知发展水平的语文能力发展训练体系。由此可知，语文要素的出现是为了培养学生的语言文字运用能力。具体而言，群文阅读问题链的设计，便是围绕这些语文要素展开的深度实践。群文阅读的探究性和开放空间为学生思维发展，尤其是高阶思维发展提供了广阔的沃土。因此，指向语文要素的群文教学要求教师在设计教学活动时，不仅要关注知识的传授，更要注重通过问题引导学生进行深度思考、批判性阅读和创造性表达，从而真正提升学生的语言文字运用能力，实现从“学会”到“会学”的转变。

（2）从教师主体到学生主体的角色转变

传统语文课堂中，教师往往扮演着知识传授者的角色，而学生则更多处于

---

① 方东流，王雁玲，黄利梅．基于语文教材群文阅读的“1+X”教学建模：浅谈“1”的定位和“X”的功能［J］．教育科学论坛，2018（13）：51-57.

② 陈先云．课程观引领下统编小学语文教科书能力体系的构建［J］．课程·教材·教法，2019，39（3）：78-87.

被动接受的状态。然而，随着教育理念的进步，特别是指向语文要素的群文阅读问题链的引入，这种教学模式发生了根本性的变化。问题链的设计强调以学生为中心，通过一系列层层递进、环环相扣的问题，激发学生的好奇心和探索欲，促使他们由被动接受转为主动探索。

这种转变不仅体现在学习方式的变革上，更深刻地影响着师生关系和教学氛围。在群文阅读的问题链驱动下，教师成为学习活动的引导者、促进者和合作者，而学生则成为学习的主体。他们在解决问题的过程中，不断建构自己的知识体系，提升自我学习的能力。这种以人为本的教学理念，不仅符合新时代教育的要求，也为学生的终身发展奠定了坚实的基础。

2. 语文要素与群文阅读相辅相成

（1）以统编教材的语文要素为依托丰富了群文阅读教学的议题

统编教材以单元为整体，构建有关联的、整体的教学模块，单元结构的整体性和系统性与群文阅读教学理念有着相似之处，都是由一个或多个可讨论的主题和多个文本组合，形成有机的整体。所以，依托统编教材语文要素的群文阅读在议题设计上就有了体系，有了梯度。

（2）指向语文要素的群文阅读教学是落实统编教材语文要素的重要途径之一

群文阅读是一个跨文本的阅读，教学中有对文本之间的比较、整合、应用，能在有限的时空里提升学生的思维品质，激发学生的思维潜能。依托统编教材语文要素的群文阅读教学在师生交流、生生对话中进行深度求同比异，促进师生对语文要素从初步的认识走向深入，并进行迁移运用。

（3）以统编教材语文要素为依托的群文阅读教学实现了学科整体育人

“单篇精读—群文阅读—整书阅读—群书阅读”的阅读形态是当代阅读教学新生态。群文阅读是在重视阅读素养和重视思维发展的双向动力下发展起来的一种课型，强调“在阅读中学习”，围绕“善于阅读思考的人”的育人目标，确定议点为支撑，聚焦议题组文，选择教学策略进行教学设计，借助思维可视化工具，实现群文阅读的育人目标，最终实现学科整体育人。

（三）指向语文要素的群文阅读问题链设计的优势

在语文教学实践中，群文阅读作为一种高效的教学方式，通过整合多篇相关文本，引导学生深入阅读与比较分析，不仅能够拓宽学生的阅读视野，还能有效提升其语文素养。而针对语文要素设计的群文阅读问题链，更是这一教学策略中的精髓，其优势显著，有力推动了师生在新课标背景下的教学转变，具体体现在以下几方面。

1. 学习目标：从零散碎片到系统整合

问题链设计紧扣语文要素，使学习目标变得清晰而系统。在教学之初，教师便依据语文要素的内在逻辑，精心构建问题链，确保每个问题都服务于明确的学习目标。这种系统化的设计，不仅帮助教师把握教学方向，也让学生从一开始就明确阅读的目的与任务，从而避免了盲目阅读，提高了学习效率。语文要素作为教学的核心线索，其系统有序、前后衔接、逐层递进的特点，在问题链的引导下得以充分展现，促进了学生语文素养的全面发展。

以统编六年级下册四单元的古诗教学为例，在以前的教学中，教师往往会为每一首古诗确定学习目标。例如，《古诗三首》中《石灰吟》一诗的教学目标为，学习于谦的《石灰吟》，知道“千锤万凿、若等闲、浑不怕、清白”等词的意思；能用自己的话来解释古诗；体会石灰历经艰辛却不改变其本色的形象；联系诗人生平，体会诗人不畏艰难、不怕牺牲、正气凛然的崇高品质。这样的教学目标固然清晰，具备一定的学习价值，但每一篇课文的目标设定局限在文本视域、作者视域和执教者的视域，容易忽略新课标下的编者视域及学生的发展需求，课文与课文之间缺乏有机的联结与整合，对学生思维发展的规划不够清晰。而在指向语文要素的群文阅读问题链教学模式下，这样的缺陷能得到极大的弥补。以同册同单元群文课例《古诗中的志向》为例，教师将《从军行》《梅花绝句》《过零丁洋》和《茅屋为秋风所破歌》四首古诗组合起来，通过精心设计的问题链，实现以下教学目标：运用对比阅读的方式，阅读有关“志向”的古诗，借助资料体会诗人在不同境遇下的家国情怀、人生抱负，丰富学生对“志向”的多元认识；联系个人的生活实际，述说自己的志向，形成自己对“志向”的认识或看法。学生从探讨“志”字的演变和内涵开始，逐步深入分析《从军行》中“黄沙百战穿金甲，不破楼兰终不还”所体现的保家卫国和建功立业的壮志；再到分析《梅花绝句》中陆游“高标逸韵君知否？正是层冰积雪时”所表达的乐观不屈和忠贞爱国的复杂心理。教学中，教师通过问题链将学生的思维引向深入，如探讨王昌龄在盛唐时期为何会有如此志向，陆游在南宋动乱时期如何矢志不渝，以及文天祥在国家存亡之秋写下的“人生自古谁无死，留取丹心照汗青”所反映的宁死不屈的忠诚。这种教学模式让学生在理解古诗文字面意义的同时，联系个人生活实际，思考如何将自身志向转化为实际行动，并表达自己的志向，从而在情感、认知和行为层面实现自我成长和发展，最终使学生的语文素养得到全面提升，学会如何在多元文化背景下理解和表达个人的情感和价值观，同时也培养学生的爱国情怀和责任感。

对比可见，基于语文要素的群文阅读问题链设计，引导学生深入探讨古诗中的志向主题，不仅让学生理解古诗文的深层含义，而且促进了学生跨文本的联系和比较，能使语文阅读教学在目标设定上更加系统整合。

2. 教学方式：从被动接受到主动探究

问题链以其独特的魅力，激发学生的探究兴趣与主动性。通过一系列紧密连接、层层递进的问题，教师引导学生从浅入深、由表及里地探索文本。从简单的信息提取，如“找出文中所有提及该意象的句子”；到深入的分析与比较，如“分析这些句子中意象的异同点”；再到对文章主题的深刻思考，如“思考这些意象如何共同服务于文章主题”。学生被逐步引导至文本的核心地带，享受解决问题的乐趣与成就感。这种教学方式，尊重学生的主体地位，培养了其主动思考与探索的能力，同时实现了教学方式的根本性转变。

在课例《青史留名多俊杰》的教学过程中，教师首先链接教材和谈话导入，激发学生对历史人物故事的兴趣。其次，引导学生合作阅读，通过填写人物身份表格，激活学生的背景知识，并鼓励学生主动发现并概括故事情节。例如，在《仲尼授徒兴学》的阅读中，学生不是简单地接受教师的讲解，而是要主动寻找、勾画并批注孔子的教学精神和品质，如“有教无类”和“不愤不启，不悱不发”。学生在学习张仲景研制的“祛寒娇耳汤”和林则徐的虎门销烟行动时，需要分析文本中的具体行为和后果，理解这些行为背后的高尚品质和社会贡献，最终弄清每个历史人物名留青史的原因。这种探究性学习方式不仅帮助学生理解故事情节，而且加深了他们对人物美好品质的认识和思考。最后，通过比较与整合，求同比异中找出孔子、张仲景和林则徐的共同点和差异，这种交流进一步推动了学生的主动思考和深层次理解。教学的结尾部分，教师引导学生联系当下，思考如何在自己的时代做出贡献，这种应用创新的活动使学生能够将所学知识与现实生活相联系，实现从课堂到生活的延伸。学生置于探究的中心，学习方式由被动接受转变为主动探究，有助于培养学生的批判性思维、分析能力和创新能力。

3. 教学视角：从狭隘局限到开阔多元

群文阅读问题链的设计，不仅拓宽了学生的阅读视野，更促进学生教学视角的开阔与多元，学生得以跨越单篇文本的局限，从更宏观、更全面的角度审视文学作品。指向语文要素的问题链，进一步引导学生深入文本内部，进行批判性思考与创造性解读。这种深度学习方式，不仅锻炼了学生的高阶思维能力，如分析、综合、评价等，还培养了他们的跨文化交际能力、审美鉴赏能力以及对文化传承与创新的深刻理解。教学视角的开阔与多元，为学生未来的学习与发展奠定了坚实的基础。

例如，在课例《明贬实褒表心意》中，教师从体会贬义词的感情色彩开始，逐步过渡到在语段和篇章中体会“明贬实褒”的表达方式，再到梳理学习活动单，总结作者情感。整个教学过程由浅入深、层层递进，有助于学生深入理解并掌握“明贬实褒”的表达手法。教师多次安排学生自读、探究和汇报，让学生在实践中学习知识，在应用中巩固知识。特别是在“小组共学”环节，学生需要在四篇选文中找出运用“明贬实褒”方式的语句，并通过朗读的方式交流汇报，这种实践应用的方式有助于加深学生对知识的理解和记忆。通过链接作者资料，让学生体会作者的情感，理解“以我观物，故物皆著（着）我之色彩”的深意，从而深化对“明贬实褒”表达手法的理解。同时，通过朗读等方式，让学生进一步体会文本中的喜爱、怀念之情，实现情感的升华和内化。

二、教学操作

（一）指向语文要素的问题链设计的基本原则

1. 强调系统性和发展性

系统性和发展性是语文要素问题链设计的重要原则之一。系统性要求问题链在横向上覆盖语文学科的各个领域，在纵向上贯穿不同学段和年级，形成连贯、有序的知识与能力体系。发展性则强调问题链应随着学生年龄的增长和认知能力的提升而不断深化，促进学生语文素养的持续发展。

在群文阅读背景下，问题链的设计需更加注重文本间的关联与比较，通过跨文本的问题设置，引导学生发现不同文本之间的共性与差异，进而深化对某一语文要素的理解。例如，统编教材重视对学生观察能力的培养，从三年级上册五单元的“体会作者是怎样留心观察周围事物的”，四年级上册三单元“体会文章准确生动的表达，感受作者连续细致的观察”，五年级上册七单元的“初步体会景物的静态美和动态美”，再到五年级下册七单元的“体会景物的静态美和动态美”，这体现语文要素的系统性和发展性。因此，问题链在设计中要承前启后，确定合适的深度与广度。

2. 注重情境性和应用性

新课标背景下，指向语文要素的问题链设计应强调情境性和应用性。这意味着要将问题设计融入具体的语言使用情境中，促使学生在实际问题解决的过程中，自然而然地学习和运用语文知识。这样的设计不仅能够加深学生对知识点的理解和记忆，还能显著提升语言实践能力和综合运用能力。

情境性要求问题设计贴近学生生活实际或文本情境，通过角色扮演、小组讨论等形式，让学生在模拟的真实环境中运用语言，从而增强学习的趣味性和实效性。例如，在阅读教学后，可以设计情境问题，引导学生根据文本内容进行角色扮演，通过对话、表演等方式加深对文本内容的理解和感悟。

应用性则体现在问题设计要能够引导学生将所学知识应用于实际生活中。无论是课堂上的问答、书面练习还是综合性学习，都应设计贴近学生生活实际的任务，让学生在完成任务的过程中，体验到语文学习的价值和乐趣。

3. 倡导多元化和个性化

语文要素问题链的设计还应倡导多元化和个性化原则，以满足不同学生的学习需求和特点。多元化体现在问题类型和活动形式的多样上，包括封闭式问题、开放式问题、选择题、填空题、讨论题、辩论题等多种问题形式，以及朗读、演讲、表演等多种活动方式。这样的设计能够激发学生的学习兴趣，提高他们的参与度和积极性。

个性化则强调针对不同学生的学习特点和需求，设计差异化的问题和活动。教师需要了解每个学生的兴趣爱好、学习风格和认知水平，然后有针对性地设计问题链，让每个学生都能在自己感兴趣的领域和适合的难度上得到发展。同时，鼓励学生自主提问、合作探究，培养他们的批判性思维和创新能力。

多元化和个性化的问题链设计有助于构建以学生为中心的课堂，让每个学生都能在课堂上找到属于自己的位置和角色。这种设计不仅提高了学生的学习效果，还促进了他们的全面发展和个性成长。

（二）指向语文要素的问题链设计基本流程

1. 依据语文要素，建构群文阅读议题

议题是群文阅读的中心问题，好的议题会有很多联系点，可以根据与此相关的小问题进行解决。而议题的选择是教师在实践操作中最为棘手的问题。统编教材中的语文要素明确提出了不同年段学生所必须掌握的各项知识及能力要求。对统编版教材三至六年级语文要素中关于阅读的重要语文要素进行梳理，形成年段梯度系列，进行要素结构化，选取适合群文阅读教学的语文要素，为群文阅读教学的开展搭建议题框架（详见图4-4）。

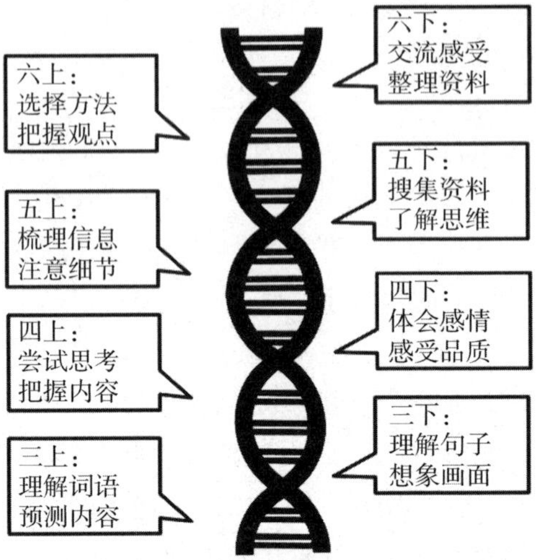

图 4-4　要素结构化图

统编教材的语文要素由语文知识、语文能力、学习策略、学习习惯以及写作、口语训练等方面的要素组成，分成若干“点”分布在各个单元的课文或习题设计之中。在进行群文阅读教学前，深挖教材中每个单元课文中的语文要素，以及教材中每一处出现的语文要素，并对其进行一一解读。深入思考探讨如何选适合群文阅读的语文要素，对相应的语文要素进行螺旋式序列排布。通过梳理统编教材中的语文要素，发现其中“阅读策略”单元 5 个，“想象”单元 5 个，“观察”单元 5 个，“人物品质”单元 8 个，“表达感情”“文章观点及主要内容”单元多达 15 个。以上述语文要素为议点，构建出群文阅读六大议题体系（详见图 4-5）。

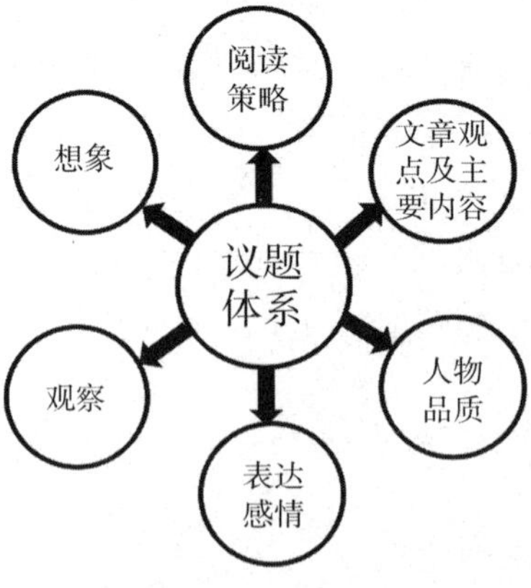

图 4-5　指向语文要素的“六大议题体系”

（1）以“阅读策略”为议题的群文阅读议题体系

统编教材从预测、提问、阅读速度等多方面提出了具体的策略。小学阶段是学生阅读能力得到锻炼的最好时期，只有掌握各种阅读策略，才能提高阅读速度和阅读效率。以“阅读策略”为议题能实现学生学习能力从课内到课外的迁移运用（详见表 4–10）。

表 4–10 “阅读策略”语文要素梳理表

策略	册次	语文要素
预测	三上四单元	一边读一边预测，顺着故事情节去猜想。学习预测的一些基本方法
提问	四上二单元	阅读时尝试从不同角度去思考，提出自己的问题
批注	四上六单元	学习用批注的方法阅读。通过人物的动作、语言、神态体会人物的心情
阅读速度	五上二单元	学习提高阅读速度的方法
有目的阅读	六上三单元	根据不同的阅读目的，选择恰当的阅读方法

（2）以“观察”阅读要素为议题的群文阅读议题体系

学生观察能力的高低，直接影响着学生的语言表达和文字表达能力。因此，语文教师在课堂中培养学生的观察习惯，引导学生的观察视线，从而在观察中学到知识，获得学习的乐趣。以“观察”这一阅读要素为训练点是小学语文教学中培养学生观察能力的重要依托。所以，以这一要素作为群文阅读议题，能帮助学生梳理总结观察方法，积累语言并作用于习作表达（详见表 4–11）。

表 4–11 “观察”语文要素梳理表

册次	人文主题	语文要素
三上五单元	有趣的童话	体会作者是怎样留心观察周围事物的
四上三单元	自然之美	体会文章准确生动的表达，感受作者连续细致的观察
四下五单元	美景奇观	了解课文按一定顺序写景物的方法
五上七单元	四季之美	初步体会景物的静态美和动态美
五下七单元	异国风情	体会景物的静态美和动态美

（3）以“想象”阅读要素为议题的群文阅读议题体系

统编教材对同样的阅读要素要求也分出了具体的层次，如想象力的训练。

对中年级的学生来说，主要是对一些具体事物的想象或是脱离实际的幻想。而对高年级的学生来说，需要他们根据文字对一些抽象的内容想象并体会，这样的策略安排既符合实际又帮助学生逐步学习和掌握阅读要素。因此，以“想象”为议题的群文阅读能建立起想象的整体框架结构，让学生系统地掌握这一能力（详见表4-12）。

表4-12 “想象”语文要素梳理表

册次	人文主题	语文要素
三上三单元	有趣的童话	感受童话丰富的想象
三下一单元	动物植物	试着一边读一边想象画面
三下五单元	习作单元：想象	走进想象的世界，感受想象的神奇
四上一单元	自然之美	边读边想象画面，感受自然之美
四上四单元	神话故事	感受神话中神奇的想象和鲜明的人物形象
六上一单元	触摸自然	阅读时能从所读的内容想开去
六上七单元	艺术之美	借助语言文字展开想象，体会艺术之美

（4）以“表达感情”阅读要素为议题的群文阅读议题体系

体悟文章表达的情感，培养学生的表达能力也是小学阶段的重要内容。在统编教材中，从中段开始每一册中都有体会情感的训练要素。单篇文本中可以习得具体的阅读方法，以群文阅读展开教学，能让学生在比、对、读、议中更加深刻地领悟情感，进一步学习和运用表达情感的方法（详见表4-13）。

表4-13 “表达情感”语文要素梳理表

册次	人文主题	语文要素
四上六单元	童年生活	学习用批注的方法阅读。通过人物的动作、语言、神态体会人物的心情
四下一单元	田园生活	抓住关键语句，初步体会课文表达的思想感情
四下三单元	与综合性学习结合：现代诗	初步了解现代诗的一些特点，体会诗歌的情感
五上一单元	动物朋友	初步了解课文借助具体事物抒发感情的方法
五上六单元	万物有灵	注意体会场景和细节描写中蕴含的感情
五下一单元	童年往事	体会课文表达的思想感情

续表

册次	人文主题	语文要素
六下三单元	习作单元：写出真情实感	体会文章是怎样表达感情的

(5) 以“人物品质”阅读要素为议题的群文阅读议题体系

小学语文阅读教学对文学作品中人物形象的把握提出了初步的要求，因此，加强学生对人物感知和评鉴能力的培养，对其阅读能力的整体提高和进入高层次的阅读有着不可忽视的作用。运用群文阅读则可以帮助学生更好地把握人物形象，如多维把握同一人物形象；准确把握同类人物特点；深入体会人物间类似的情感等（详见表 4-14）。

表 4-14 “人物品质”语文要素梳理表

册次	人文主题	语文要素
四上四单元	神话故事	感受神话中神奇的想象和鲜明的人物形象
四上六单元	童年生活	学习用批注的方法阅读。通过人物的动作、语言、神态体会人物的心情
四下七单元	人物品质	从人物的语言、动作等描写中感受人物的品质
四下八单元	中外经典童话	感受童话的奇妙，体会人物真善美的形象
五下四单元	家国情怀	通过课文中动作、语言、神态的描写，体会人物的内心
六上四单元	小说	读小说，关注情节、环境，感受人物形象
六下二单元	外国名著	了解作品梗概，把握名著的主要内容，就印象深刻的人物和情节交流感受
六下四单元	志向与心愿	阅读时，关注神态、言行的描写，体会人物品质。查阅相关资料，加深对课文的理解

(6) 以“文章观点及主要内容”阅读要素为议题的群文阅读议题体系

小学阅读教学中，学生对作品的观点内容的把握都需要高阶思维能力作为支撑，而群文阅读不仅通过其基本性质和要素特点为学生的高阶思维培养提供了可行性，同时也通过具体教学过程使高阶思维水到渠成（详见表 4-15）。

表 4-15 “文章观点及主要内容”语文要素梳理表

册次	人文主题	语文要素
三上六单元	祖国山河	借助关键语句理解一段话的意思
三下三单元	综合性学习：传统文化	了解怎么围绕一个意思把一段话写清楚
三下四单元	留心观察	借助关键语句概括一段话的大意
三下七单元	大自然的奥秘	了解课文是从哪几个方面把事情写清楚的
三下八单元	有趣的故事	了解故事的主要内容，复述故事
四上四单元	神话故事	了解故事的起因、经过、结果，学习把握文章的主要内容
四上五单元	习作单元：把一件事写清楚	了解作者是怎样把事情写清楚的
四下六单元	儿童成长	学习怎样把握长文章的主要内容
五上三单元	民间故事	了解课文内容，创造性地复述故事
五上八单元	读书明智	阅读时注意梳理信息，把握内容要点
六上五单元	习作单元：围绕中心意思写	体会文章是怎样围绕中心意思来写的
六上六单元	保护环境	抓住关键句，把握文章的主要观点
六上八单元	走进鲁迅	借助相关资料，理解课文主要内容
六下一单元	民风民俗	阅读时，分清内容的主次，体会作者是如何详写主要部分的
六下二单元	外国名著	了解作品梗概，把握名著的主要内容，就印象深刻的人物和情节交流感受

依托语文要素，确立群文议题，联结课内与课外，训练学生对语文要素的把握，也对能力训练点进行延伸，从而提高学生高阶思维能力，提升教师对群文阅读的认识和把握，促进课堂教学的深入。

2. 指向语文要素的问题链设计

（1）根据教学需求，细化群文议题

通过前面对语文要素的梳理，我们不难发现在不同年级，类似的语文要素反复出现，但这种出现不是重复，而是进阶型的再现。其对应的单元各篇课文的教学目标，以语文要素为引领，同时借助助学系统、篇目特点和教师的教学需求来共同确定。因此，教师除了要设置既有围绕语文要素的群文议题之外，还要在群文阅读教学设计中，根据语文要素、所选篇目本身的特点及教师的教学需求等因素来细化确定具体的教学内容。以“人物品质”为议题的群文阅读教学为例，在《英雄是怎么炼成的》群文阅读课例中，教师以《夸父追日》《鲧禹治水》《刑天舞干戚》组成群文文本，三篇同为英雄神话题材，体会英雄的形象无疑是重中之重。英雄们可以有很多的品质，但身上一定具备责任感、使命感、牺牲精神。英雄的牺牲精神是把握形象的要点。而这不仅符合文本特点，也紧扣单元语文要素——感受神话中神奇的想象和鲜明的人物形象。因此，核心议题定为“神力、阻力、心力相较，哪种力量最大?”在议题的探讨过程中，引导学生发现英雄身上最打动人的内心力量。

（2）根据群文议题，分层设计问题链

在群文阅读教学过程中，问题链的设计是引导学生深入思考、逐步解析文本内容的重要手段。针对已建构的群文阅读议题，教师应精心设计一系列由浅入深、逐层递进的问题，形成问题链。问题链的连接要有明确的思维逻辑关系，以主问题为引领，子问题促进主问题的解决。这些问题不仅要紧扣群文议题的核心，还要能够激发学生的阅读兴趣，引导他们从不同角度、不同层面去理解和分析文本。例如，《英雄是怎么炼成的》课例中的问题链，就很好地呈现了以议题为中心、以层次分明的问题链为抓手的问题链设计之道（详见图 4-6）。

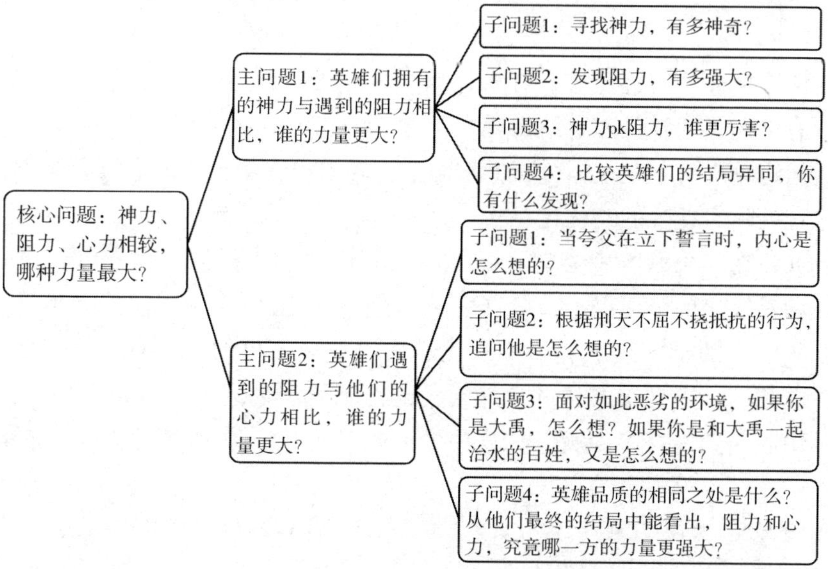

图 4-6　《英雄是怎么炼成的》的问题链设计

3. 围绕问题链进行集体建构

（1）引导学生提出问题

在群文阅读教学中，教师可以通过预习、导读等方式，鼓励学生自主阅读文本，并提出自己的问题。这些问题可以是对文本内容的疑惑，也可以是对文本之间关系的思考。教师应及时收集并整理这些问题，为后续教学提供素材。

（2）围绕问题链进行深度探究与集体建构

群文阅读作为一种复杂的心理活动，其核心在于通过问题链引导学生进行深度探究与集体建构。问题链的设计不仅关联了群文内部的逻辑与关联，还促使学生在不断质疑与解答的过程中，逐步汇聚认知质点，形成对群文的整体性理解。这一过程不仅强调学生自主探究的重要性，还突出集体建构在意义形成中的关键作用。①

议题是群文阅读教学的主轴线，教师需要通过情境创设，为学生提供一个有序、有效、目的明确的阅读环境。教师可以利用多媒体、实物展示等手段，营造与议题相关的氛围，激发学生的阅读兴趣和探究欲望。接着，引导学生围绕问题链进行自主探究，鼓励他们运用已有的知识和经验，对文本进行深入解读和比较。同时，通过小组合作、讨论交流等方式，促进学生的思想碰撞和观点交融，形成更加全面、深入的理解。在自主探究和合作学习的基础上，教师组织学生进行集体建构。② 集体建构过程中，主要包括以下三个步骤：

①质点锚定：引导学生识别出文本中的关键意义质点，如行为、目的、品质等。

②汇聚贯通：通过比较、分析、综合等方法，将各个质点汇聚成一个逻辑贯通、意义融通的整体理解结构。

③结构化理解：在逻辑分析的基础上，渗透内在的情感、态度及文化传承，形成稳定的、可迁移的结构化意义。

例如，在《奇妙的中心句》这一群文阅读课例中，教师首先以“找领袖”的游戏激发学生的学习兴趣，接着呈现《专心的玛丽娅》《小而美的澳门》《梧桐树》《庐山的云雾》四篇文本，让学生寻找文本里的“领袖”——中心句。其次，老师围绕中心句的特点设计问题链，引导学生进一步认识中心句：一篇文章的中心句到底有多少呢？把这些中心句都去掉，你觉得可以吗？你能快速

① 于泽元，边伟，王雁玲．锚定叙事与群文阅读：内在的共通与理解的深入［J］．课程·教材·教法，2020，40（7）：63-71.

② 于泽元，边伟，黄利梅．指向深度学习的群文阅读：生成逻辑与实践路径［J］．课程·教材·教法，2022，42（10）：130-137.

地概括出这篇文章在讲什么吗？现在你们觉得中心句可以去掉吗？中心句都藏在文章的什么位置呢？中心句的位置顺序能不能变呢？学生们围绕这些问题，运用已有的阅读技巧和知识，对文本的中心句进行了细致解读和对比分析。在探究过程中，老师鼓励学生进行小组合作和讨论交流，促进了不同观点之间的碰撞和融合，加深了学生对中心句作用及其表达效果的理解。在自主探究和合作学习的基础上，老师进一步引导学生进行了集体建构。首先帮助学生锚定文本中的关键意义质点，如《庐山的云雾》中的云雾姿态和变化，《梧桐树》中的四季景象等。这些质点是理解文本和中心句的基础。其次，学生发现两篇文章都是通过具体的描写来支撑中心句的，只是描写的对象和角度不同。最后，在逻辑分析的基础上，渗透内在的情感、态度及文化传承。例如，学生可以感受到《庐山的云雾》中对自然美景的赞美之情，《梧桐树》中对校园生活的怀念之情。这些情感和文化元素与中心句紧密相连，共同构成了文章的结构意义，让学生深入体会文本背后的文化内涵和情感价值。

（3）问题链的课堂应用策略

①重视提问有效性，强化问题链意识

提问是小学语文教师课堂教学活动中一种不可或缺的语言形式和重要环节，是教师引导学生学习语文知识，培养能力，进而达到语文教育教学目标的一种教学手段和方法。① 如何设计提问这一操作过程的方式，体现了教育者不同的教育理念和教学水平。使用科学的提问策略，针对教学目标，将问题有机整合在问题链中，可以有效控制教师提问的数量，提升教师提问的质量，有效防止教师滥提问、乱提问、无意义提问等现象的发生，使优化后的提问覆盖课堂教学活动的各结构组成部分，以确保问题的系统性、逻辑性和连贯性。这不仅有助于教师精准把控课堂教学的节奏和方向，还能有效促进学生的思维发展和深度理解。

洪松舟建构的有效课堂提问评价标准为问题链的设计与应用提供了思考方向。他认为，提问的有效性由四个一级指标构成：提问方式的有效性、提问内容的有效性、教师理答的有效性和提问效果的有效性。② 这些指标的达成，既需要教师不断地学习反思与积累经验，也需要教师在问题的设计上下功夫。在课例《读父母爱，品百般味》中，教师精心设计了一系列提问来引导学生深入

① 魏薇．透视小学语文课堂提问策略——新任型与熟练型教师的差异研究［D］．长春：东北师范大学，2007.

② 洪松舟．有效课堂提问评价标准的应用研究——兼谈语文教学如何有效提问［J］．教育测量与评价（理论版），2011（1）：30-34.

思考和感悟父母的爱。开场提问“父母之爱到底是什么味道?”简洁而引人入胜，迅速吸引了学生的注意力，有效激发了他们的思考兴趣。在深入讨论文本时，教师进一步提问“你发现父母之爱都藏在了哪里?”这个问题巧妙地结合了文本内容和学生的生活经验，不仅促使学生在文本中寻找答案，而且鼓励他们联系实际生活，体现了提问内容的深度和广度。面对学生的答复，教师没有简单地给予评价，而是通过如“具体表现在哪儿”的追问，进一步推动学生进行深层次的思考和更丰富的表达，这种理答方式极大地提升了学生的思维深度。整个教学过程中，教师的提问和理答策略有效地促进了学生对父母之爱的理解，帮助他们体会到爱的不同表达方式，进而在情感态度和价值观上得到了积极的发展（详见表 4-16）。

表 4-16　洪松舟建构的有效课堂提问评价标准

一级指标	二级要素指标	三级表现指标
提问方式的有效性	发问方式有效	教师表述清晰；能根据情境调整发问；创设问题情境，以对话态度提问
	提问语言多样	提问时语言表现情感；语言多变；适时幽默
	叫答方式有效	留有候答时间；给学生同等回答机会；考虑个体差异；叫答时认真倾听、直面学生
提问内容的有效性	提问内容有效	问题具有逻辑性和层次性；提问从文本、学生及其生活出发；要能检测推理和评价能力
	问题类型丰富	多样化问题类型；开放性情境引导学生提问；现场生成与核心内容相关的问题
教师理答的有效性	理答方式有效	及时反馈，公平对待；鼓励提问、创新和探索；跟进学生思路
	学生回答有效	答问积极有深度；回答能作为新的教学资源进行现场生成；答案指向教学内容
提问效果的有效性	促进学生的全面发展	学生对所学知识有更深刻的掌握；问题意识和主体意识增强；学会质疑、探究和对话，发展批判和创新思维
	提高教学质量和发展教师的教学技能	一定量的开放性问题；增进互动和对话质量，能对学生是否理解教学内容进行监控；教师的教学技能得以发展，教育智慧和个性得以生成

强化问题链意识，走的是问题链设计要“少、精、活”的教学路子。① 教师要从丰富提问种类、优化提问质量、改进问题结构等方面下功夫，以便提升问题链设计应用的质量。《英雄是怎么炼成的》课例中的提问在种类、质量和结构上可以称得上是“少、精、活”。提问种类上，包含理解性问题，如神话故事中哪些地方让你觉得很神奇？分析性问题，如神话故事中，为什么要想象他们有这些神奇的能力呢？评价性问题，如你最敬佩夸父、刑天、大禹三位英雄中的哪一位？为什么？综合性问题，如通过这三篇神话故事，你如何理解“英雄是怎么炼成的?”开放性问题，例如如果你能与夸父、刑天、大禹中的任何一位对话，你会问他们什么问题？从提问质量上，教师提问针对性强，教师的问题紧密围绕核心议题展开，即讨论英雄神话中的“力”——神力、阻力、心力，以及这三种力量之间的关系。每个问题都指向这一核心议题，并层次递进，启发思考，帮助学生进入角色的内心世界，进行情感共鸣和思维发散，逐步深入理解文本。同时，提问内容结构化呈现，有助于学生形成清晰的知识框架。例如，通过表格形式比较三位英雄的神力、阻力和心力，既直观又便于记忆。

②创设氛围，鼓励参与体验

教师依据文本的具体内容设计问题链组织教学活动，要创设有利于问题链实施的教学氛围，鼓励学生积极参与师生对话，使得每一位学生都能获得积极的体验。学生是学习的主体，教师创设氛围要适合学生并作用于学生，使得学生在浓郁的学习氛围中产生强烈的情感响应，以便推动他们也能主动参与建构适合自身学习的昂扬氛围。② 可见，师生是学习活动的参与者，是学习氛围的创设者，更是学习氛围浓郁与否的体验者。学习氛围能够直观形象地再现文本内容所代表的具体知识或技能，浓郁的学习氛围能够有效架构伴随学生学习活动出现的主观同客观、具体同抽象、理论同实践、理性思维同情感体验、物质世界同精神世界之间的关系桥梁。教师在问题链设计及其相应教学中创设氛围、鼓励参与体验，其实质是教师引导学生将抽象理论化的文本知识内容进行感官具象化，帮助学生以感性认知的方式阅读文本，学习语文。在课例《透过镜头看边塞诗》中，利用“诗词大会”的情境导入，通过播放视频、出示关键词（如边关、乐器）等方式，迅速吸引学生的注意力，激发学生对边塞诗的兴趣。这种情景模拟让学生仿佛置身于真实的诗词竞赛中，增加了学习的趣味性和代入感。教学过程中，教师巧妙地使用了配乐和多媒体资源（如图片、视频等）。例如，通过播放琵琶声来

① 蔡思源．小学高段语文阅读教学中问题链设计策略研究［D］．重庆：西南大学，2021.

② 徐道．中学语文阅读教学问题链设计研究［D］．济南：山东师范大学，2019.

营造边塞的氛围，学生更加直观地感受到诗中描绘的场景和情感。这种视听结合的方式增强了课堂的沉浸感，有助于学生更好地理解和感受边塞诗的魅力。同时，教师通过互动问答、朗读表演、小组合作与自主学习以及即时反馈与激励等策略鼓励学生积极参与体验，从而实现了学生对边塞诗的深入理解和感悟。

4. 基于集体共识进行迁移运用

群文阅读不仅仅是对多篇文本信息的简单叠加，更是通过集体共识的形成，实现知识迁移与能力运用的重要途径。

在群文阅读的课堂中，教师应设计一系列具有启发性和关联性的问题链，引导学生逐步深入文本，探究其内在的逻辑关系与深层意义。这些问题链不仅帮助学生构建对单篇文本的理解框架，更重要的是，促使学生在多篇文本之间建立联系，形成对议题的全面认知。在这一过程中，学生通过小组讨论、合作探究等形式，分享各自的观点与见解，逐步汇聚成集体共识。集体共识的形成，标志着学生已经对群文阅读的内容有了较为一致且深入的理解。然而，群文阅读的最终目标并非止步于此，而是要将这种理解转化为实际的能力，即迁移运用能力。基于此，教师可以进一步设计迁移运用的环节，引导学生将所学知识与方法应用于新的情境或问题中，实现知识的有效迁移与能力的全面提升。

具体来说，迁移运用的环节包括但不限于以下几种形式：一是写作练习，如要求学生根据群文阅读的议题或主题，创作一篇短文或故事，以检验其对文本内容的理解与运用能力；二是口头表达，如组织学生进行辩论、演讲等活动，培养其逻辑思维与口头表达能力；三是实践探索，如引导学生将群文阅读中的知识与方法应用于实际生活中，解决具体问题，增强其实践能力和创新精神。

例如，在课例《有画面感的拟声词》中，教师首先通过播放声音，让学生闭上眼睛猜测并模仿声音，这一环节不仅激发了学生的兴趣，还让他们初步感受到了拟声词带来的画面感，为后续学习奠定了情感基础。这种情境导入的方式，有助于学生将注意力集中到拟声词上，为后续的学习迁移做好准备。教师提供了三首不同的儿童诗（《巴喳——巴喳》《听山》《小雨小雨会唱歌》），让学生进行多篇阅读。通过多篇阅读，学生在积累了更多拟声词的同时，还学会了在不同语境中识别和运用拟声词。在统整比较的过程中，学生发现了拟声词在不同文本中的不同作用，如表现动物的机敏、表达对大自然的热爱、传达快乐的心情等，这为他们迁移运用拟声词提供了丰富的素材和思路。在创作童诗环节，教师设计了层级递进的练习任务：从补充拟声词到补充画面，再到展开想象补充句子。这种层级递进的方式，既符合学生的认知规律，又逐步提升了他们的迁移运用能力。学生在完成这些任务的过程中，不仅学会了如何运用拟声词丰富语言表达，还学会了如何根据具体情境选择合适的拟声词来传达特定的情感和画面。教师还鼓励学生进行拓展阅读，提到了拟声词在绘本中的应用，如《叮咕隆咚呛》《噗~噗~噗~》《鳄鱼哇尼》等。这一环节不仅拓宽了学生的视野，还让他们意识到拟声词在更广泛的语言环境中的应用价值。通过拓展阅读，学生可以接触到更多样化的拟声词和更丰富的语言表达方式，从而进一步提升他们的迁移运用能力。这个课例中，教师的教学设计强调了学生的实践和应用能力。无论是模仿声音、朗读诗歌，还是创作童诗，都要求学生积极参与、动手实践。通过不断地实践和应用，学生不仅加深了对拟声词的理解和记忆，还学会了如何在实际生活中灵活运用拟声词来丰富自己的语言表达。

总之，基于集体共识进行迁移运用，是群文阅读教学不可或缺的一部分。它不仅有助于学生深化对文本内容的理解，更能够培养其迁移运用知识的能力，为其未来的学习与发展奠定坚实的基础。

第三节 指向高阶思维的群文阅读问题链设计

高阶思维主要表现为问题求解、决策、批判性思维和创造性思维四个方面的思维能力。问题求解包含信息归纳、因果推论、事实判断等思维过程；决策则在可供选择的多个答案中找寻最优；批判性思维要求主体在部分与整体间建立关联，进行推论、评价和判断；创造性思维则需要在关联和意义建构基础上做出转换，形成新意义，创造新事物。亦有研究者从斯腾伯格的智力三元理论出发，认为高阶思维是分析性思维、创造性思维和实用性思维的融合体。① 高阶思维之所以具有更高水平，恰因其在受抑制的实用性和创造性方面产生突破，从而全面提高思维梯度，其具体体现为敏锐、流畅、变通、独创、精进、领导、交换等能力表征。

一、基本理念

（一）高阶思维

1. 高阶思维的概念

高阶思维是指一种复杂而深入的思维方式，它发生在较高的认知水平层次

① 斯腾伯格．成功智力［M］．吴国宏，钱文，译．上海：华东师范大学出版社，1999.

上，是心智活动或认知能力的高级表现。① 这种思维方式超越了基本的认知和信息处理层面，表现出系统性、结构化和策略性的特点。在教学目标分类中，高阶思维主要表现为分析、综合、评价和创造，它是高阶能力的核心，涵盖了创新能力、问题求解能力、决策力和批判性思维能力等多个方面。

高阶思维不仅涉及对知识的深入理解和灵活应用，更要求个体能够超越表面的观察和分析，深入思考问题的本质，从多个角度进行综合分析，得出更全面、准确的结论。同时，高阶思维强调创造性思维和批判性思维的培养，鼓励个体以开放的态度质疑和评估信息，挑战传统观念，追求真相，并激发新的想法和解决方案。

在现代社会中，随着知识经济的发展和全球化的加速推进，高阶思维已成为个体适应复杂环境和应对挑战的关键能力。它使个体能够在不断变化的环境中保持竞争优势，并推动个人和社会的发展。

2. 高阶思维的内涵

高阶思维是发生在较高认知水平层次上的心智活动或较高层次的认知能力，主要包括创新能力、问题求解能力、决策力和批判性思维能力。② 具体来说，高阶思维者具备创新思维，能够提出新颖、独特的见解和解决方案，超越常规思维框架，创造出新的价值；他们面对复杂问题时，能够系统地分析问题，找出问题的根源，并运用合适的方法和策略来解决问题；在不确定的环境下，高阶思维者还能够权衡利弊，做出明智的决策，以达成最优或次优的结果；此外，高阶思维者还具备批判性思维，能够对信息进行深入分析和评估，辨别信息的真伪和价值，形成独立、客观的判断。

高阶思维不仅仅是一种认知能力，更是一种面对复杂多变环境时的应对策略。它要求个体在掌握基础知识和技能的同时，具备深入思考、创新求解和明智决策的能力。高阶思维者能够超越表面的现象，看到问题的本质和背后的规律，从而提出更有广度和深度的解决方案。他们不仅关注问题的解决，更注重问题的提出和重构，通过不断思考和探索，推动个人和社会的发展。因此，培养高阶思维能力对个体适应现代社会的快速发展和应对各种挑战具有重要意义。

---

① 范保立．指向高阶思维培养的小学语文阅读教学策略［J］．教育界，2023（30）：92-94.

② 汪琳．小学语文教学中学生高阶思维能力的培养策略［J］．甘肃教育，2019（22）.

3. 高阶思维的层次

（1）记忆

在问题链设计的第一个层次，教师主要设计一些基础性问题，旨在帮助学生回忆和识别文本中的基本信息，如主要人物、事件、时间地点等。这一层次的问题确保学生对文本内容有基本的了解和记忆，与布卢姆认知阶梯中的“识记”层次相吻合。①

（2）理解

对应于问题链设计的第二个层次，即引导学生深入理解文本。随着问题链的深入，教师开始设计一些旨在促进学生深入理解文本的问题。通过提出关于文本结构、主题思想、作者意图等方面的问题，鼓励学生分析和解释文本中的信息、观点和结构。这一层次的问题帮助学生达到对文本的深入理解，与布卢姆的“领会”层次相一致。

（3）应用

虽然“应用”这一层次在问题链设计中可能不直接以“应用”为标签出现，但学生的思考过程实际上蕴含了应用所学的知识和技能。问题链设计本身就是在引导学生将所学的知识和技能应用于理解和分析文本的过程中。特别是当学生在分析文本时，他们实际上是在应用阅读技巧和理解策略，这可以看作“运用”层次的一种体现。

（4）分析

在问题链设计的更高层次，教师设计了一系列旨在培养学生分析思维能力的问题。这些问题要求学生将文本分解成更小的部分，并理解各部分之间的关系。学生需要仔细阅读文本，寻找线索，进行逻辑推理，从而深入理解文本的内在逻辑和深层含义。这与布卢姆的“分析”层次紧密相关。

（5）创造

对应于问题链设计的第三个层次，即激发学生的创造性思维。通过提出开放性的问题，鼓励学生跳出文本框架，进行创新性思考和实践。这与布卢姆的“综合”层次相吻合，都强调学生在已有知识的基础上创造出新的思维成果。

（6）评价

对应于问题链设计的最终层次，即培养学生的评价思维能力。通过提出关于文本观点、论据和论证过程方面的问题，鼓励学生进行批判性思考，对文本

① 布卢姆. 教育目标的分类学［M］. 罗黎辉，丁证霖，石伟平，等译. 上海：华东师范大学出版社，1986.

中的观点进行客观评价。这与布卢姆的“评价”层次相一致，都强调学生对信息的批判性处理和判断。

（二）群文阅读教学在促进学生高阶思维发展中的优势

1. 多文本对比，激发批判性思维

群文阅读教学通过多篇文本的对比阅读，引导学生从不同角度审视问题，发现文本间的异同点。[①] 这种对比过程自然激发了学生的批判性思维，促使学生对文本内容进行深入思考和分析。

多角度理解文本培养批判性思维。群文阅读作为新的教学方式，通过一定的标准评价思维，进而改善思维的合理性、反思性、联结性和批判性。群文阅读是指将内容、结构、思想情感等方面相关联或者相似的文本进行组合，在同一时间内，有序地引导学生进行阅读学习，让学生在感悟文本思想的同时，能够具有自己的想法和理解，并将之融入自身的阅读能力中，综合性地提高阅读理解水平。

例如，在四年级上册第四单元《英雄神话说英雄》群文阅读教学中，教师设计了一系列有序的活动来引导学生阅读学习，使其在感悟文本思想的同时，能够形成自己的想法和理解，并融入自身的阅读经验中，综合性地提高阅读理解水平。以下是一个综合性描述这些活动如何有序展开的片段。

教师首先通过回顾已知，引导学生交流神话故事中的神奇之处，如神器、神体、神力等，以此激发学生的阅读兴趣并激活他们的背景知识。其次，通过让学生交流最喜欢的神话人物及其品质，初步感受人物形象，为后续深入理解奠定基础。为了让学生明确“炼”与“练”的区别，教师特意设计了辨析题目，强调英雄的成长过程充满挑战与磨砺，奠定阅读的情感基调。

进入文本深入阅读阶段，教师设计了多层次的任务来引导学生逐层深入。首先，学生通过跳读、寻读等策略快速定位并理解英雄们的神力，并通过朗读和交流进一步体验神话的神奇之处。其次，通过为英雄打分的形式，激发学生对神力大小的比较与思考。教师还引导学生将神力进行分类，以更高维的视角审视神话的神奇想象，并探讨这些想象背后的原因，自然引出阻力概念。

在比较神力与阻力的过程中，教师采用小组共学的方式，让学生通过具体文本分析，发现阻力往往比神力更为巨大。通过表格对比不同英雄的神力、阻力及结局，学生直观地看到尽管过程艰辛，但英雄们仍坚持不懈的精神品质。这一环节不仅锻炼了学生的比较与分析能力，也让他们初步感受到英雄精神的

---

① 杨丽萍．小学语文群文阅读教学实践探索［J］．甘肃教育，2024（15）：94.

伟大。

为进一步揭示英雄炼成的秘诀，教师引导学生深入探讨心力，即英雄们的内心世界与精神品质。通过语言追问、行为分析、环境观照等多种手段，学生逐步走进英雄的内心世界，感受他们的责任感、使命感与牺牲精神。教师还设计了统整交流环节，帮助学生总结英雄们的共同品质，并引导他们为英雄的心力值打分，强化内心力量的重要性。

最后，教师通过配乐朗诵古代诗人的诗句，升华学生的情感体验，让他们深刻感受到英雄精神的永恒价值。同时，鼓励学生将这种精神传承下去，树立文化自信。整个教学过程有序而深入，学生在教师的引导下逐步形成了自己的理解和感悟，有效提高了阅读理解水平，提升了系统、批判和创造的思维能力。

2. 议题引领，形成系统性思维

群文阅读教学围绕一个或多个议题展开，这些议题往往涉及多个领域和层面。学生在探讨议题的过程中，需要综合考虑多方面因素，形成系统性的认识和理解。这种教学方式有助于培养学生的系统性思维，使其能够从整体上把握问题。

新课改注重学生的全面发展和个性发展，更注重培养学生的自主学习能力发展，所以对学习主体的高阶思维能力提出了一定的要求。阅读素养包括语文学习的基本能力和如何用阅读来学习其他内容，为生活做准备，以及学习运用整个社会活动的相关工具和运行规则，充分体现了“大阅读观”。同时，教师在群文阅读教学中负责引导学生学会主动阅读，独立思考，① 使学生在“比、对、读、议、整”中提高阅读能力，学会合理使用相关阅读方法，进一步提升阅读素养和思维水平，进而提升高阶思维能力。群文阅读以一种更贴近阅读常态的方式，力求通过潜移默化的训练教给儿童聚合信息、应对理解信息表面化的方法。于是，阅读逐渐从漫无目的转换为更有针对性、系统性的目标，这就是高阶思维的过程。

例如，在五年级上册第三单元《中国民间爱情故事里的秘密》群文阅读中，教师精心设计了一系列教学活动，通过潜移默化的训练，引导学生学会聚合信息、解决理解信息表面化的问题，围绕议题、结合文本，逐步构建出结构化的思维过程。教师首先通过导入环节，明确教学目标，即探究中国民间爱情故事的创作特点及原因，并发现其中隐藏的秘密。这一设定让学生从一开始就明确

---

① 尤炎林．小学语文群文阅读教学探索——以统编教材三年级下册第二单元寓言故事为例[J]．读写算，2024（29）：52-54.

了阅读目的和方向。其次，教师引导学生聚焦于阻挠者这一关键要素，通过默读文本、圈画关键信息、概括阻挠者手段等具体任务，训练学生快速聚合相关信息的能力。学生在完成任务的过程中，不仅需要识别和理解单个故事中的阻挠者及其行为，还需要在多个故事间进行横向比较，发现共性和差异。这种训练方式促使学生从漫无目的地泛读转变为有针对性地精读，有效提升了他们的信息提取和整合能力。再次，教师在进一步分析阻挠者身份和男女主人公反抗行为时，引导学生深入思考阻挠者背后的社会文化背景和人物性格特征因素。这一过程不仅帮助学生深化了对故事内容的理解，还促使他们开始从多角度、多层次去审视和评价故事中的人物和事件。学生开始尝试构建自己的理解框架，将零散的信息点串联起来，形成对故事更为全面和深入的认识。最后，在对比不同故事的结局时，教师引导学生发现其中的共同点和差异点，进一步强化了他们的结构化思维。学生意识到，虽然这些故事的结局不尽如人意，但它们都蕴含着人们对美好爱情的向往和追求。这种认识不仅提升了学生的情感共鸣能力，还让他们学会了如何在纷繁复杂的信息中抽丝剥茧、把握核心要义。

3. 集体建构，培养创造性思维

群文阅读教学强调集体建构的过程，即师生共同参与、共同讨论、达成共识。在这个过程中，学生需要将自己的观点与他人分享、碰撞，从而产生新的想法和创意。① 这种集体建构的方式有助于激发学生的创造性思维，培养其创新能力。② 通过平时的作业及测评可以看出，学生阅读文本的速度很慢，特别是遇到长文本时，畏难情绪很严重，经常会有做不完题的情况。因此，群文阅读可以帮助学生丰富对阅读材料的积累，运用多种阅读文本的形式，结合时代的发展需求，可以有效提高学生阅读整理材料的综合能力。

在六年级上册第八单元《生活中的鲁迅》群文阅读教学中，教师巧妙地运用多种阅读文本形式，不仅丰富了学生对鲁迅这一历史人物的多维度理解，还紧密结合了时代发展的需求，有效提升了学生阅读整理材料的综合能力。教师首先通过引入不同作者笔下的鲁迅形象，包括邻家小孩俞芳眼中亲切慈祥的邻居、儿子周海婴记忆中疼爱孩子的父亲，以及陌生青年白曙感受中关心青年的导师，展示了鲁迅在不同人际关系中的角色与性格侧面。这种多角度的呈现，让学生能够从多个维度去感知和理解鲁迅的复杂性和多面性，避免了单一视角

① 褚程丹．群文阅读视角：探索小学语文古诗词教学策略［J］．基础教育研究，2023（4）：59-61.

② 钟志贤．促进学习者高阶思维发展的教学设计假设［J］．电化教育研究，2004（12）：21-28.

下的片面理解。其次，教师引导学生关注这些文本中的关键词句，通过精读和批注的方式，深入挖掘鲁迅的性格特点和精神内涵。这一过程中，学生不仅学会了如何细致地分析文本，还培养了批判性思维和独立思考的能力。同时，通过对比不同作者笔下的鲁迅形象，学生学会了如何将多个信息源进行整合与对比，从而形成更为全面和客观的认识。为了进一步丰富学生的阅读积累，教师还引入了视频资料和名人的评价，如毛泽东、叶圣陶、郭沫若等大家对鲁迅的高度评价，这些资料不仅拓宽了学生的视野，还激发了他们对鲁迅及其时代背景的浓厚兴趣。在这个过程中，学生学会了如何运用多种媒介资源来辅助阅读和理解文本，提高了他们获取信息和整合知识的能力。最后，通过这一系列的群文阅读活动，学生不仅积累了丰富的关于鲁迅的阅读材料，还学会了如何结合时代发展的需求去审视和理解历史人物。他们能够从不同的文本和资料中汲取养分，形成自己独特的见解和观点，这种综合能力的提升无疑将为他们未来的学习和生活奠定坚实的基础。

（三）指向学生高阶思维的小学群文阅读问题链设计优势

1. 提高信息整合能力

群文阅读要求学生整合多篇相关文本的信息，而高阶思维问题链则进一步强化了这一能力。① 通过设计需要对比、分析和综合不同文本信息的问题，学生可以学会如何在多篇文本间建立联系，找出共性和差异。

在六年级下册五单元《古诗与酒》群文阅读教学中，教师设计了一系列问题，旨在提高学生整合多篇文本信息的能力。这些问题不仅要求学生对单篇古诗进行深入解读，更强调对比、分析和综合多篇与“酒”相关的古诗，如《送元二使安西》《过故人庄》《凉州词》和《宣州谢朓楼饯别校书叔云》等。例如，教师可能提出：“这四首诗中，诗人如何通过不同的场景和意象来描绘饮酒的场景？他们在表达情感和主题上有何异同？”这样的问题促使学生跨越单篇文本的界限，将多篇古诗中的信息进行整合与对比。学生需要仔细阅读每首诗，提炼出每首诗中关于酒的描写、饮酒的情境以及背后所蕴含的情感和主题，进而找出这些古诗之间的共性和差异。通过这样的学习过程，学生不仅加深了对每首诗的理解，还学会了如何在多篇文本间建立联系，提高了信息整合的能力。

2. 促进深度阅读思考

高阶思维问题链通过精心设计的一系列问题，引导学生超越文本表面的信息，深入挖掘文本背后的深层含义。这些问题不仅关注故事情节和人物形象，

① 汪茂华．高阶思维能力评价研究［D］．上海：华东师范大学，2018.

更关注文本所反映的社会背景、文化内涵及作者意图。

高阶思维问题链鼓励学生质疑、分析和评价文本信息，形成独立的见解和判断。问题设计注重启发学生对文本信息的批判性思考，促使他们在阅读过程中不断提出问题、分析论证并得出结论。

在六年级下册四单元《古诗中的志向》群文阅读教学中，教师精心设计了一系列高阶思维问题链，引导学生深入挖掘古诗背后的深层含义。这些问题不仅关注诗人所表达的志向，还引导学生思考诗人立志的社会背景、个人境遇以及这些志向所体现的文化内涵和民族精神。例如，教师在引导学生分析《从军行》时，不仅询问学生“诗人立下何志”，还进一步提问“诗人为何立下此志”，引导学生结合盛唐时期的边境战争和诗人的仕途经历，理解诗人保家卫国、建功立业的豪情壮志。随后，教师通过对比阅读《梅花绝句》《过零丁洋》和《茅屋为秋风所破歌》，设计问题如“这些诗人的志向有何异同点?”“他们的志向反映了怎样的社会背景和时代精神?”等，促使学生超越文本表面，深入思考诗人志向背后所蕴含的复杂情感和深邃思想。这一系列高阶思维问题链的构建，有效促进了学生对古诗深层含义的理解，培养了他们的批判性思维和跨文本解读能力。

3. 增强问题解决能力

高阶思维问题链围绕核心议题展开，这些议题往往需要学生通过综合运用所学知识和技能来解决。① 在解决问题的过程中，学生不仅需要理解文本内容，还需要调动已有的知识储备和思维能力。

在二年级下册第七单元《变与不变》群文阅读教学中，教师设计了一个围绕“变与不变”核心议题的问题链，旨在增强学生的问题解决能力。这个问题链不仅要求学生深入理解四篇童话故事《大象的耳朵》《蜘蛛开店》《青蛙卖泥塘》和《小毛虫》的故事情节和人物形象，更强调学生通过综合运用所学知识和技能来解决问题。例如，教师提出了这样的问题：“面对改变，不同故事中的主人公是如何应对的? 这些故事给你带来了哪些关于‘变与不变’的启示? 你在生活中是否也遇到过类似的情境? 你是如何处理的?”这样的问题促使学生不仅要关注文本内容，还要结合个人经历和生活实际进行思考，从而锻炼其运用所学知识解决问题的能力。在解决问题的过程中，学生需要调动批判性思维、创新思维和逻辑推理等多种能力，全面分析故事中的变与不变，理解其背后的

① 杨三妹. 群文阅读视角下小学语文古诗词教学的策略研究［J］. 教师，2004（20）：24-26.

深层含义，最终将所学应用于实际情境中。

4. 促进知识迁移与应用

高阶思维问题链的设计注重知识的迁移与应用，鼓励学生将所学知识应用于实际情境中。通过设计贴近现实或具有启发性的问题，学生可以更好地理解和应用所学知识。

在五年级上册三单元《中国民间故事里话巧女》的群文阅读教学中，高阶思维问题链的设计同样注重了知识的迁移与应用。教师首先通过引导学生讨论心目中优秀女孩的品质，激发了学生的兴趣和思考。其次，阅读《谁当家》《选当家》《三女儿要宝》等第一组故事，教师不仅帮助学生梳理了故事中的主角形象及其优秀品质，还通过小组合作讨论找出了这些故事的相似点，培养了学生的比较和归纳能力。在此基础上，教师进一步引导学生阅读《九斤姑娘（节选）》《巧姑妙答》《其满汗智答大汗》等第二组故事，通过梳理故事发展脉络和猜测故事中的谜题答案，深化了学生对中国民间巧女形象及其智慧品质的理解。最后，教师鼓励学生将所学应用到实际情境中，通过补充阅读材料并猜测其智答内容，培养了学生的想象力和问题解决能力。整个教学设计通过一系列贴近学生实际且具有启发性的问题链，促进学生对知识的迁移与应用，同时也提升他们的思维能力和文化素养。

二、教学操作

（一）明确核心议题，确定问题链

在群文阅读教学中，议题的选择至关重要。教师应根据教学目标和学生实际情况，确定具有探讨价值的核心议题。同时，围绕议题精选多篇文本进行组合，确保文本之间具有内在关联性和互补性。这样既能保证教学内容的连贯性和系统性，又能为学生的思维训练提供丰富的素材。

1. 明确核心议题

首先，教师需要明确群文阅读的核心议题。这个议题可以是文章共有的主题、观点或问题，也可以是跨越多篇文章的共同元素，如人物性格、情节发展、文化背景等。明确核心议题是构建问题体系的基础，它决定了整个群文阅读教学的方向和重点。

在三年级下册一单元《昆虫的秘密》群文阅读教学中，教师明确了群文阅读的核心议题为“昆虫的秘密”。这一议题贯穿了所选的四篇文本——《装死的真相》《金蝉脱壳》《虫子旁：会移动的白色小花》《蜘蛛家的遮阳棚》，这些文本共同聚焦于探索昆虫世界的奇妙与未知。通过揭示不同昆虫特有的行为和生存策略，如黑步甲的装死本能、金蝉的蜕皮过程、广翅蜡蝉的伪装技巧以及蜘蛛的育儿方式，议题不仅引导学生关注昆虫本身的奥秘，还进一步激发学生对自然界观察和探索的兴趣。明确核心议题为构建问题体系提供了坚实基础，促使教师围绕昆虫的秘密设计了一系列由浅入深、层层递进的问题，引导学生逐步深入文本，发现昆虫世界的多样性和神奇之处。

2. 多维度分析议题

在确定核心议题后，教师需要对议题进行多维度分析。这包括议题的历史背景、文化内涵、社会意义以及个人情感等多个方面。通过多维度分析，教师可以更全面地理解议题，为问题链的设计提供更丰富的素材和角度。例如，在三年级上册六单元《山水有情，你我有意》群文阅读教学中，教师对“山水诗”这一议题进行了多维度的深入分析。首先，从历史背景出发，山水诗作为中国古代文学中的重要题材，承载着诗人对自然景观的赞美和对自然与人生关系的深刻思考。教师引导学生通过诵读《望天门山》《望洞庭》和《饮湖上初晴后雨》等经典山水诗，体会古代诗人如何通过笔墨描绘祖国大好河山，从而感受到中华文化的博大精深和悠久历史。

其次，教师带领学生进一步从文化内涵的角度解读山水诗。这些诗歌不仅描绘了自然之美，更蕴含诗人丰富的情感和哲理思考。例如，李白在《望天门山》中通过描绘天门山的雄伟壮丽，表达了对大自然的敬畏和对祖国山河的热爱；刘禹锡在《望洞庭》中则借洞庭湖的宁静秀美，抒发了自己超然物外的心境。以问题设计深入解析这些诗歌，学生不仅能够领略到山水之美，还能感受到诗人通过自然景象所传达的深层次文化内涵。

此外，教师还从社会意义和个人情感等角度对议题进行了拓展。山水诗不仅是文人士大夫抒发个人情感的重要途径，也是他们表达社会理想和人生追求的重要载体。通过对比不同诗人的山水诗作品，教师可以引导学生思考诗人如何通过自然景观的描绘来反映社会现实和个人情感，从而更全面地理解山水诗的独特魅力和价值所在。

综上所述，教师在该群文阅读案例中通过对议题的多维度分析，不仅丰富了学生的知识储备和情感体验，还促进了他们对中国传统文化的深入理解和认同。这种多维度分析的方法也为教师设计问题链提供了丰富的素材和角度，有助于他们在教学中更好地引导学生进行深入思考和探究。

3. 设计问题层级

基于议题的多维度分析，教师可以由此设计问题链。问题链应由一系列具有逻辑关联的问题组成，这些问题应按照由浅入深、由易到难的顺序排列。具体来说，问题层级可以分为以下几部分。

（1）导入性问题

导入性问题旨在激发学生的兴趣，引导学生进入群文阅读的情境。这些问题通常较为简单直观，可以是对文章标题、插图或背景信息的提问。例如，在六年级下册五单元《古诗与酒》群文阅读教学中，导入性问题为“诗人为什么要喝酒？”

（2）基础性问题

基础性问题旨在帮助学生理解文本的基本信息，包括文章的主要内容、情节发展、人物关系等。这类问题相对简单，主要目的是让学生快速进入文本，为后续的深入阅读打下基础。

在五年级上册六单元《读父母爱，品百般味》群文阅读教学中，基础性问题得到了充分体现。这些问题旨在帮助学生快速理解文本的基本信息，为后续深入阅读和分析做好铺垫。例如，在引导学生共读《大地的耳朵》时，教师提出了基础性问题：“你发现父母之爱都藏在了哪里？”这一问题直接指向了文本中的关键信息——父母之爱的表现方式，促使学生通过浏览和寻读的方式，快速捕捉到文本中描写父母之爱的词句，并初步感受爱的存在。这样的问题设计不仅帮助学生明确了阅读目标，还激发了他们的阅读兴趣，为接下来分析父母之爱的具体表现方式和深层次含义奠定了坚实的基础。通过回答这些问题，学生能够迅速进入文本情境，为后续的群文阅读和深入讨论做好充分准备。

（3）综合性问题（深入性问题）

综合性问题鼓励学生将多篇文本联系起来，对比分析不同文本之间的异同点，探讨它们共同的主题、观点或情感。这类问题有助于培养学生的比较、整合和概括能力。

在一年级下册三单元《有伙伴，真快乐》群文阅读教学中，综合性问题得到了巧妙运用。教师引导学生将《小伙伴》《三个小伙伴》《大树爷爷朋友多》和《捏泥》四篇文本联系起来，鼓励学生通过对比分析这些文本之间的异同点，探讨它们共同的主题——“有伙伴，真快乐”。教师设计了综合性问题如：“这四篇文本中的小伙伴们是如何相处的？他们的相处方式有哪些相似之处和不同之处？”这样的问题促使学生深入思考每篇文本中伙伴关系的具体表现，如《小伙伴》中安东用实际行动帮助玛莎，而《三个小伙伴》中的小野猪、小袋鼠和小象则通过各自的长处合作完成任务。教师进一步提出：“这些文本共同传达了哪些关于伙伴相处的重要信息？对我们现实生活中的伙伴关系有何启示？”这样的问题鼓励学生将文本中的故事与现实生活相联系，概括出伙伴间应该互相帮助、互相理解和团结合作的重要性，从而培养学生的比较、整合和概括能力，同时也增强了他们对伙伴关系的理解和珍视。

（4）创新性及批判性问题（拓展性问题）

创新性及批判性问题旨在激发学生的创新思维和批判性思维，鼓励他们提出新的观点，质疑现有的结论，并进行合理的论证。这类问题对于提升学生的高阶思维能力尤为重要。

在六年级下册二单元《幽默与讽刺》群文阅读教学中，精心设计创新性及批判性问题，以激发学生的创新思维和批判性思维。例如，教师在引导学生分析完四篇幽默讽刺小说后，可以提出这样的问题："这四篇文本中的幽默与讽刺手法有哪些独特之处？你认为哪一篇最具创新性，为什么？"这样的问题鼓励学生跳出传统的阅读框架，去深入挖掘每篇文本的独特之处，并对作者的创作手法进行批判性思考。

教师接着进一步设计更具开放性的问题，如"在现实生活中，你是否遇到过类似文本中描述的荒诞或讽刺情境？你认为这些情境反映了哪些社会问题？你有何解决方案或改进建议？"这样的问题不仅促使学生将文本与现实生活相联系，还鼓励他们提出自己的见解和解决方案，从而培养他们的创新能力和批判性思维能力。通过这些创新性及批判性问题，学生不仅能够更好地理解文本，还能够形成自己独立的思考和判断能力。

（二）设计问题链，引发深度思考

问题链是引导学生深入思考、逐步逼近核心议题的重要工具。在群文阅读教学中，教师应根据文本内容和议题要求，精心设计一系列由浅入深、由易到难的问题链。这些问题应具有一定的启发性和挑战性，能够引导学生逐步深入文本、挖掘内涵、形成见解。同时，教师还应鼓励学生提出自己的问题，培养其问题意识和探究精神。

在划分好问题层级后，教师需要根据教学目标和学情，设计一系列逻辑紧密、层层递进的问题链。问题链的设计应遵循以下原则。

逻辑性：问题之间应具有逻辑关联，引导学生逐步深入思考。

递进性：问题难度应逐渐加大，从基础到深入，再到综合和创新。

开放性：鼓励开放性问题，激发学生的想象力和创造力。

在四年级下册七单元《边塞诗 边塞情》群文阅读教学中，教师在划分好问题层级后，设计了一系列逻辑紧密、层层递进的问题链。这一问题链遵循了逻辑性、递进性和开放性的原则，旨在引导学生逐步深入理解边塞诗的内涵和情感。

首先，从导入性问题出发，教师设计了如“请同学们分别概述《塞下曲》《马诗》和《夜上受降城闻笛》这三首诗的主要内容，并找出每首诗中描绘的边塞景物”的问题。这类问题能帮助学生快速进入文本，理解诗歌的基本信息，为后续深入分析打下基础。

其次，进入基础性问题阶段，教师提问：“比较《塞下曲》和《夜上受降城闻笛》两首诗，它们在描绘边塞风光时使用了哪些相似的意象？这些意象如何反映了诗人的情感？”通过这类问题，引导学生深入分析诗歌的语言特点和意象运用，理解诗人如何通过景物描写传达情感。

再次，教师设计了综合性问题，如“结合三首诗的内容，探讨边塞诗在中国古代文学中的地位和影响，以及边塞诗所蕴含的家国情怀”。这个问题鼓励学生将多篇文本联系起来，对比分析不同诗歌之间的主题和情感共性，培养他们的比较和整合能力。

最后，为了激发学生的创新思维和批判性思维，教师提出了创新性及批判性问题：“如果让你为《塞下曲》创作一幅画作或拍摄一段短片，你会如何选取画面和情节来展现诗歌的意境和情感？并阐述你的创作理念和背后的思考。”这个问题鼓励学生跳出传统文本解读的局限，运用自己的想象力和创造力来重新诠释边塞诗，同时也培养了他们的跨学科综合素养。

通过这样一系列逻辑紧密、层层递进的问题链设计，教师不仅能够引导学生逐步深入理解边塞诗的内涵和情感，还能够有效提升学生的文学鉴赏能力、逻辑思维能力和创新性批判性思维能力。

（三）实施多元互动，促进集体建构

群文阅读教学强调集体建构的过程，因此在教学过程中应注重师生、生生之间的互动交流。教师可以通过小组讨论、全班分享等形式，引导学生积极参与讨论和交流。在互动过程中，教师应鼓励学生大胆表达自己的观点、质疑他人的看法、寻求共识和解决方案。这种多元互动的方式有助于培养学生的沟通能力和团队协作能力，同时也能促进其高阶思维的发展。

1. 小组合作学习

在群文阅读教学中，教师可以组织学生成立合作学习小组，每个小组负责深入探讨文本中的某个问题或议题。通过小组讨论，学生们可以围绕教师设计的问题链展开交流，共同提炼关键信息、分析文本结构、探讨作者意图等。小

组合作学习不仅能够培养学生的团队协作能力，还能在互动中促进学生间的思维碰撞，使他们能够从多个角度审视和理解文本。在小组讨论后，每个小组可以选派代表向全班汇报讨论成果，进一步激发全班的思考与讨论。

在五年级上册三单元《中国民间故事里话巧女》群文阅读教学中，小组合作学习得到了有效的运用。教师组织学生成立合作学习小组，每个小组分工，深入探讨《谁当家》《选当家》《三女儿要宝》等第一组故事中的某个角色和其优秀品质。例如，一组可能负责研究《谁当家》中第三个儿媳妇的勤劳品质，另一组则关注《选当家》中第三个儿媳妇的诚实特质。

小组讨论围绕教师设计的问题链展开，如“这些故事中的女主角分别展现了哪些优秀品质?”“她们是如何通过自己的行动体现这些品质的?”等。小组成员通过细致阅读文本，提取关键信息，共同分析故事中的角色行为和心理活动，以及这些行为如何体现巧女的智慧与美德。

在讨论过程中，学生们积极交流观点，相互补充和修正，形成了对巧女形象的深入理解。他们不仅认识到巧女们的勤劳、诚实和知足等品质，还发现了故事中反复出现的难题解决模式以及“第三个孩子最厉害”的叙事特点。

小组讨论结束后，每个小组选派代表向全班汇报讨论成果。代表们通过生动的讲述和展示，将小组内的发现和思考传递给全班同学。这一过程不仅促进了班级内部的知识共享，还激发了更多学生对中国民间故事中巧女形象的兴趣和探讨欲望。全班同学在听取汇报后，纷纷提出自己的疑问和见解，形成了热烈的讨论氛围，进一步加深了对文本的理解和感悟。

2. 全班讨论与分享

全班讨论与分享是多元互动中的关键环节。教师可以在小组合作学习的基础上，引导全班学生就共同关心的议题展开深入讨论。通过自由发言、提问与回答等形式，学生们可以分享自己的见解和疑惑，共同探究文本的深层含义。这种开放性的讨论环境有助于培养学生的批判性思维和表达能力，同时也能够促进班级内部的知识共享与集体建构。在讨论过程中，教师可以相机引导和点评，确保讨论围绕核心议题展开，并适时补充相关背景知识和资料。

在四年级下册三单元《诗中物语皆情语》群文阅读教学中，全班讨论与分享作为多元互动的关键环节得到了充分体现。教师首先通过小组合作学习的方式，引导学生分组诵读并解析《蝉》《蜂》和《寒菊》三首古诗，每组学生针对各自负责的诗歌，探讨诗中描写的事物特点以及诗人通过这些事物所表达的情感和志向。

其次，在小组合作学习的基础上，教师组织全班学生就“诗中物与情的关联”“不同诗人如何通过托物言志表达个人情感和志向”等议题展开深入讨论。学生在全班讨论中积极发言，分享各自小组的学习成果，提出对诗中物象与情感表达之间关系的独到见解。学生们相互倾听、质疑、补充，形成了丰富多元的讨论氛围。

教师适时引导全班讨论的方向，对学生的发言进行点评和总结，帮助学生深化对“托物言志”这一文学手法的理解。同时，教师还通过补充诗人的生平和写作背景资料，让学生更加全面地把握诗歌的内涵和诗人的情感世界。全班讨论与分享不仅促进了学生对诗歌内容的深入理解，还培养了他们的批判性思维能力和文学鉴赏能力。

3. 师生互动交流

师生互动是多元互动中不可或缺的一部分。教师在群文阅读教学中应扮演引导者和参与者的角色，与学生建立平等、民主的师生关系。教师可以通过提问、反问、补充等方式与学生进行互动，及时了解学生的理解程度和困惑所在，并给予针对性的指导和帮助。同时，教师还应鼓励学生大胆质疑、勇于创新，为他们提供表达自己观点和想法的机会。通过师生互动，教师可以更好地掌握学生的学习动态，调整教学策略，促进学生高阶思维的形成。

在四年级上册第四单元《英雄是怎么炼成的》群文阅读教学案例中，师生互动得到了充分体现。教师在组织学生学习《夸父追日》《鲧禹治水》《刑天舞干戚》三篇英雄神话时，不仅作为引导者提出了核心问题，如“在炼成英雄的过程中，夸父、刑天和大禹各自是如何面对阻力的?”还通过提问和反问的方式，不断激发学生的思考和讨论。例如，在探讨夸父追日的故事时，教师反问学生：“夸父明知前路艰难，为何还要坚持追日？这背后体现了夸父怎样的内心力量?”通过这样的互动，教师不仅及时了解了学生对文本的理解程度，还鼓励学生大胆质疑和表达自己的见解。在互动过程中，教师始终保持着平等、民主的态度，充分尊重每一个学生的声音，为他们提供了充分表达自己观点和想法的机会。同时，教师也根据学生的反馈及时调整教学策略，针对学生的困惑给予针对性的指导和帮助。

（四）强化阅读策略指导，提升阅读效能

群文阅读教学要求学生具备较快的阅读速度和较强的信息整合能力。因此，在教学过程中，教师应强化阅读策略的指导，帮助学生掌握快速阅读、精读、略读等不同的阅读方法。同时，教师还应引导学生关注文本的结构、语言特点、表达技巧等方面，培养其敏锐的观察力和分析能力。这些阅读策略的指导有助

于提升学生的阅读效能和思维能力。

1. 预览与预测策略

预览与预测策略能够帮助学生初步了解文本内容，激发他们的阅读兴趣。在阅读开始前，教师可以引导学生通过浏览标题、副标题、插图、目录等，对文本的主题、结构和内容形成初步印象。同时，鼓励学生根据已有信息进行预测，想象文本可能涉及的内容和情节发展，这种主动预测不仅能提高学生的参与度，还能培养他们的想象力和批判性思维能力。

在四年级上册四单元《明贬实褒表心意》的群文阅读教学中，预览与预测策略同样发挥了积极作用，帮助学生初步了解文本内容并激发其阅读兴趣。教师引导学生浏览课内外四篇选文的标题，包括《猫》《白鹅》《酱豆》和《淘气包埃米尔》的故事梗概，这些标题各具特色，有的直接点明主角，有的则透露出文章的风格或主题。其次，教师鼓励学生根据标题和已有的知识经验进行预测："你们觉得这些文章会如何描述这些主角呢？作者会用什么样的语言风格来展现他们的特点？这些主角身上会有什么样的故事发生？"通过这样的问题引导，学生开始主动思考并预测文本内容，这种积极参与不仅激发了他们的好奇心，还培养了他们的预测能力和想象力。在后续的阅读过程中，学生会更加关注自己的预测与实际内容的契合度，从而加深对文本的理解和记忆。因此，预览与预测策略在《明贬实褒表心意》的教学中起到了有效的辅助作用。

2. 跳读与略读策略

跳读与略读策略有助于学生在有限时间内快速获取文本的关键信息。跳读时，学生可以有选择地阅读文本的特定部分，如段落开头、结尾、关键词句等，以把握文本的大致框架和要点。略读则侧重于对文本的整体把握，通过快速浏览全文，了解文本的主要内容和结构安排。这两种策略相结合，能够帮助学生快速筛选信息，提高阅读效率。

在四年级上册第四单元《英雄神话中的力量》群文阅读教学中，教师巧妙地运用了跳读与略读策略，以帮助学生在有限的时间内迅速掌握多篇神话文本的核心信息。首先课堂上，教师首先引导学生采用略读方式，快速浏览《夸父追日》《鲧禹治水》《刑天舞干戚》三篇英雄神话，要求他们通过标题、段落开头和结尾等关键部分，对每篇神话的主要情节和大致框架形成初步认识。其次，教师进一步指导学生运用跳读策略，重点阅读文本中的关键语句和情节转折点，如夸父如何发誓追日、大禹如何面对治水难题、刑天与黄帝激战的具体描写等，以便深入把握每篇神话的核心内容和英雄形象的塑造。学生通过这样的跳读与略读结合的方式，不仅快速筛选出了文本中的关键信息，提高了阅读效率，还为后续深入分析和讨论打下了坚实基础。

3. 精读与深度理解策略

精读与深度理解策略是深入理解文本内涵的关键。在精读过程中，学生需要仔细阅读文本，关注细节描写、修辞手法、作者观点等，通过反复阅读和思考，形成对文本深刻而全面的理解。教师可以设计一系列问题，引导学生深入思考，通过这些问题，学生能够更深入地挖掘文本背后的意义和价值。

在三年级上册六单元《奇妙的中心句》群文阅读教学中，精读与深度理解策略得到了充分体现，成为深入理解文本内涵的关键。教师选取了《专心的玛丽亚》《庐山的云雾》《小而美的澳门》和《梧桐树》四篇文本，引导学生在精读过程中，不仅关注每篇文章的中心句，还深入挖掘中心句在文章中的位置、作用以及它们如何简洁概括全文的内容。通过设计一系列问题，如"中心句在文章中的位置有什么不同?""去掉中心句后，文章内容的表达会受到哪些影响?"等，引导学生反复阅读和思考。学生在此过程中，不仅学会了如何通过中心句快速把握文章的主要内容，还深刻理解了中心句对于文章结构和表达的重要性。这种精读与深度理解策略，帮助学生从多个角度深入剖析文本，形成了对文本深刻而全面的理解。

4. 总结与笔记策略

总结与笔记策略有助于学生巩固阅读成果，将所学知识系统化。在阅读结束后，教师可以引导学生对文本的主要内容和观点进行总结，提炼出关键信息和核心观点。同时，鼓励学生养成做笔记的习惯，将阅读过程中遇到的重要信息、个人感悟和疑问记录下来。这些笔记不仅是学生学习过程的记录，也是他们复习和反思的重要资料。

在二年级下册二单元《有画面感的拟声词》群文阅读教学中，总结与笔记策略同样发挥了重要作用，有助于学生巩固阅读成果，将所学知识系统化。在课程的最后阶段，教师指导学生回顾并总结三首儿童诗《巴喳——巴喳》《听山》和《小雨小雨会唱歌》中的拟声词使用及其营造的画面感和情感表达。通过小组讨论或个人反思，学生记录下每首诗中印象最深刻的拟声词及其对应的画面，分析这些拟声词如何增强诗歌的表现力和感染力。此外，教师还鼓励学生思考如何将这种拟声词的使用技巧应用到自己的写作中，并记录在笔记中。这样的总结与记笔记过程不仅加深了学生对拟声词作用的理解，还促进了他们写作技能的提升，为将来的文学创作积累了宝贵的经验和素材。

5. 自我监测与调整策略

自我监测与调整策略能够帮助学生反思自己的阅读过程，发现并改进存在的问题。教师可以引导学生定期回顾自己的阅读经历，评估自己的阅读速度和理解程度，识别自己在阅读过程中遇到的困难和挑战。同时，鼓励学生根据自己的实际情况调整阅读策略和方法，如改变阅读速度、调整阅读顺序或选择更适合自己的阅读材料等。这种自我监测和调整能够帮助学生不断优化自己的阅读过程，提高阅读效能。

在一年级下册三单元《有伙伴，真快乐》群文阅读教学中，自我监测与调整策略得到了充分体现。教师首先通过引入环节，引导学生回顾已学过的课文《小公鸡和小鸭子》，激活学生关于伙伴间互助友爱的已有认知，为后续学习打下了基础。在教学过程中，教师不仅注重知识的传授，还非常关注学生的学习状态和反馈。例如，在共同研读《小伙伴》这篇课文时，教师让学生边听录音边思考玛莎遇到的问题，其次通过提问，引导学生自我监测对文本内容的理解，如“如果你是玛莎，你最喜欢哪个小伙伴？为什么？”这样的问题不仅促使学生关注文本表面的信息，还深入思考文本背后的情感与价值观。此外，在小组合作阅读和探究环节，教师通过观察学生的讨论情况，及时发现并解决学生在阅读过程中遇到的问题，如学生对伙伴间互助方式的理解偏差等。最后，在学以致用环节，教师设计了一个情境，让学生尝试解决《捏泥》中小伙伴间产生的矛盾，这一设计不仅考查了学生将所学知识应用于实际情境的能力，还鼓励学生在实践中自我监测和调整解决问题的方法，从而不断提升自己的问题解决能力。整个教学过程中，学生始终处于自我监测与调整的状态，不断优化自己的阅读和学习策略，从而提高了学习效果。

6. 合作学习与分享策略

合作学习与分享策略则能够促进学生之间的交流与合作，共同提升阅读水平。在群文阅读教学中，教师可以组织学生成立学习小组，共同探讨文本中的问题和观点。通过小组讨论和合作学习，学生能够互相启发、借鉴和补充观点，形成对文本更全面和深入的理解。同时，鼓励学生将自己的阅读成果和感悟分享给其他同学和教师，通过分享和交流拓宽自己的知识视野以及加深自己的思维深度。这种合作学习与分享的氛围能够激发学生的学习兴趣和积极性，提高他们的阅读能力和综合素质。

在五年级下册六单元《藏在细节里的母爱》群文阅读教学中，合作学习与分享策略得到了充分应用。教师首先将学生分为若干学习小组，每组分配不同的母爱主题文章，如《藏羚羊的跪拜》《秋天的怀念》和《学会看病》。在小组内，学生们围绕“母爱是如何通过细节展现的”这一问题展开讨论，各自负责寻找并分享文章中感人的细节描写。例如，在《藏羚羊的跪拜》中，学生们讨论了藏羚羊为未出生的孩子向猎人下跪的场景，深刻体会了母爱的伟大与牺牲。其次，各小组代表将本组的发现向全班展示，通过生动的讲述和深情的朗读，让其他同学也能感受到文章中蕴含的深厚情感。在分享与交流的过程中，学生们不仅加深了对母爱的理解，还学会了从不同角度欣赏和分析文学作品的方法，促进了他们阅读能力和思维能力的共同发展。这种合作学习与分享的模式，营造了一个积极互动、共同成长的课堂氛围。

第四节 指向课堂知能习得的群文阅读问题链设计

《课标》指出："语言是重要的交际工具和思维工具，语言发展的过程也是思维的过程，二者相互促进。""在语文课程中，学生的思维能力、审美创造、文化自信都以语言运用为根基，并在学生个体语言经验发展过程中得以实现。"① 这一点足以看出课标对语言能力的重视，强调以语言运用为基础，促进学生思维能力、审美创造以及文化自信的提升。

群文阅读作为一种多文本、结构化的语文阅读课程，能让学生学会在多文本中辨识提取、比较整合、评价鉴赏、应用创新，不断提升常态阅读能力。它对提升学生语言建构和运用能力、发展思维能力、塑造思维品质，都具有至关重要的作用。

一、基本理念

（一）知能习得的群文阅读课内涵

1. 知能习得的内涵

"知识"指课上学生听、说、读、写涉及的基本知识和篇章知识，即以语言文字为载体，通过阅读后建立起来的知识体系。"能力"是以学习任务为载体，在学习情境中以语言文字为基础，综合运用各种阅读策略和技能，促进学生达到应有的阅读水平。

在指向知能习得的群文阅读课上，学生的学习过程是由内向外、自主探索的过程，而"习得"就是一个内在的遵循一定程序和规律的自然过程。② 其中，

① 中华人民共和国教育部．义务教育语文课程标准（2022 年版）［M］．北京：北京师范大学出版社，2022：5.

② 陈萍，田芳．语言知识与语言习得［J］．重庆广播电视大学学报，2010，22（1）：63.

学生最为主要的学习任务就是“知能习得”，即以语言文字为基础，综合运用各种阅读策略和技能而获得知识和能力。

（1）知识的内涵

在当前的国内语文教育界中，围绕“核心素养”“结构化思维”框架的讨论炽热非凡。因此，应持续保持对教学本质的深入探究。重温本杰明·布卢姆的经典教育理念，尤其是其详尽阐释的知识维度，在指向知能习得的群文阅读课中，对深化理解教学目标、优化教学实践具有至关重要的意义。

指向知能习得，群文阅读中的“知识”具体指什么呢？洛林·W. 安德森在其专著《布卢姆教育目标分类学——分类学视野下的学与教及其测评》（修订版）① 中提到，认知领域的目标分为识记（知识）、理解、运用、分析、综合和评价六层次，形成了一个金字塔式的认知发展模型。在这个体系中，“知识”作为最基础的层级，逐步进阶到最高层的“评价”，体现了知识从单纯积累到深度思考的渐进过程。此外，布卢姆的知识维度是其教育目标分类学的关键构成。它与认知过程维度相辅相成，共同勾勒出布卢姆认知目标分类学的双螺旋结构。（详见图 4-7）。

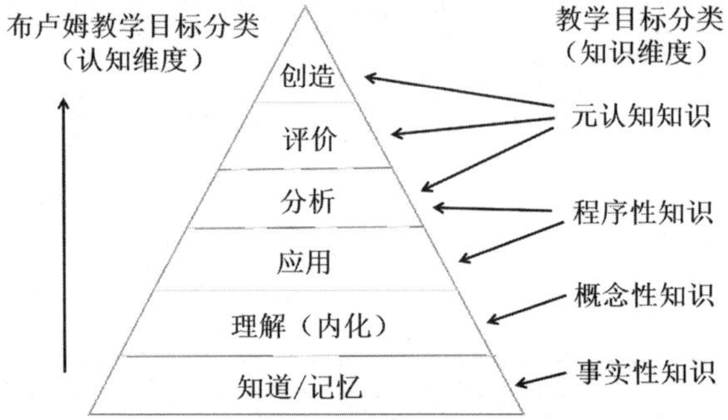

图 4-7 布卢姆教学目标分类

广义而言，“知识”涉及从基础到高阶的各类知识形式，有事实性知识、概念性知识、程序性知识以及元认知知识。其中，事实性知识为最基础层次，学习方式为“知道”，目标为“记忆”。然而在语文课堂教学中，大多数教师过于偏重此类知识点的传授，这在群文课堂的教学中显然是不足取的。相比之下，概念性知识则体现了更高阶的知识结构。其学习方式为“探究”，目标为“理解”，学生能够展现出解释、举例、分类、总结、推断、比较、说明等能力。这

① 安德森. 布卢姆教育目标分类学——分类学视野下的学与教及其测评［M］. 修订版. 蒋小平，张琴美，罗晶晶，译. 北京：外语教学与研究出版社，2018：9.

种知识具有强大的迁移性，能够在文本分析的过程中融会贯通并灵活调度运用语文知识。再往上是程序性知识，即关于如何操作的知识，体现为一系列有序的步骤，涉及技能、算法、技术和方法等。至于元认知知识，则是关于认知过程本身的意识和知识。其中，策略性知识在语文群文阅读教学中尤为重要，它能够帮助学生进行认知规划（设置子目标）、监控（带着问题阅读）和调节（重复学习不理解内容），能更好地提高思维结构化。

（2）能力的内涵

在日常课堂上，学生能力的获得往往是碎片化、不成体系的。针对这一情况，区域内某校面向校内学生开展了群文阅读测评，并对其进行数据分析，一是为了弥补学业素质与能力评价系统检测中单篇结构化思维测评数据的不足；二是探究学生在群文阅读结构化思维能力的薄弱点和生长点。以调研同一所学校为例，四年级和六年级学生为测评对象，覆盖四年级 4 个班共计 172 名学生和六年级 4 个班共计 150 名学生。

通过对测评数据的深入分析发现，学生综合素质的提升亟须系统化和整体性的教学设计。这就好比是一场马戏团表演，需要教师施展各种精彩绝伦的教学“特技”，在教学中注重培养学生的整体思维能力，而非简单地灌输碎片化的知识。只有这样，才能把知识变成“魔术”，帮助学生构建起完整的知识体系，真正提升他们的学习能力和发展潜能，“玩转”思维课堂。

除此以外，在两组测评中，每道题都对应了相应的知识指标和能力指标。通过分析数据，发现学生在默读、略读、浏览、有目的阅读等阅读策略方面，以及圈点批注、提取、筛选与辨析信息、比较与整合、分析与判断、创造等阅读能力领域都遇到不少问题。

通过调查发现，培养辨识与提取、比较与整合、评价与鉴赏、应用与创新这四项关键能力，将为开展群文阅读能力的训练奠定基础。

因此，基于学情，在群文阅读知能习得过程中，学生习得的“能力”就是以学习任务为载体，在学习情境中以语言文字运用为基础，综合各种阅读策略和技能，以促进学生达到应有的阅读水平（详见图 4-8）。

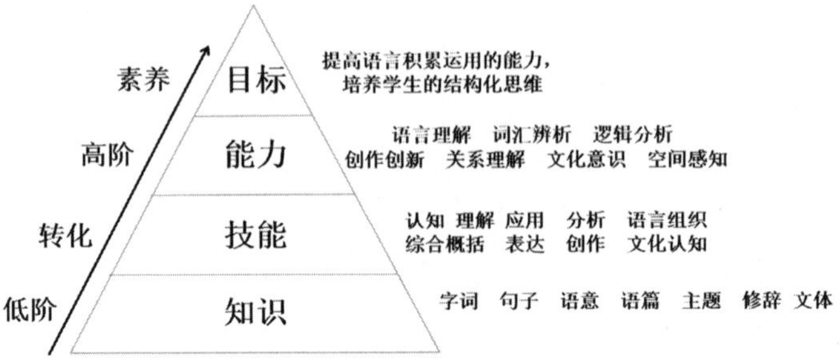

图 4-8 “元知矩阵”（元认知—认知诊断评价）

2. 指向知能习得的群文阅读课

参考于泽元、王雁玲等编著的《群文阅读的理论与实践》，知能习得课指学生以获得知识和能力为主要任务的群文阅读学习课。在知能习得课下面，划分出“举三归一式”“求同存异式”“以文解文式”“综合路径式”四种具体模式。

因而，在指向知能习得的群文阅读课上，教师的任务并非仅限于传授基础知识，让学生进行简单的记忆和理解，更重要的是引导学生有效运用技能，发展高阶思维。同时，教师还应注重培养学生的语用能力，提升结构化思维，最终提高学生的核心素养。

（二）指向知能习得的群文教学的意义

有教师提出这样的疑问：“在日常单篇教学中，我们也在教知识，培养学生的阅读能力，照样进行知能习得，为什么还要进行群文阅读呢？群文阅读对学生、教师又有什么意义？”

1. 这样教，对学生的意义

（1）还学生安静思考的空间

在日常单元教学活动中，一些教师或许并不习惯学生长时间独立学习、静心阅读。许多观课老师认为，课堂应该是一场激烈的问答大战，热闹的课堂才是有思考的课堂，学生能在看似热闹的氛围中汲取知识、习得能力。其实，这恰恰源于教师没有让课堂静下来的勇气。事实证明，在群文阅读课中，学生往往能在宁静、独立的学习历程中，经历更有深度、更有层次的独立思考，并逐步建构起自己的思维逻辑，训练出一套思考技能。

（2）还给学生公平交流的权利

群文阅读课堂像一场思维马拉松，要想学生跑出成绩，给予他们思考的时间至关重要。有人曾说过：“精力和好奇心是最好的学习伙伴。”在教室里，沉默寡言的孩子可能也藏着一颗满怀好奇的心。群文阅读课堂为学生提供了更多分享、交流的机会，帮助个体建构知识体系。在这个过程中，学生通过互相交流、讨论、辩论等形式，达成对文本内容的共同建构。这样的群文课堂，既保障了每个学生拥有公平的交流时间，也让提问变得公平、更具实际效能。

（3）训练单篇阅读很难习得的阅读能力

群文教学中的阅读策略，在单篇文章阅读中难以完全体现。单篇文章往往只呈现某一类事实、某种表达方式、单一的情感色彩和单一的写作风格。在教学过程中，教师往往采用阅读、讲解、对话、探究等方式。

与单篇阅读教学相比，群文阅读教学文本篇数多，内容信息多，思维含量大。群文阅读教学重点在于围绕议题，通过比较阅读多个文本，让学生获得感悟，形成认知建构。它将多篇文本放在一起横向比较，重在求同比异，培养学生语文学科的关键能力，采用比较、对照、阅读、评议、整合等方式。学生从中能学习优于单篇阅读的多样化阅读技巧。比如，学生可以对比不同作者的写作手法，领会各种表达技巧的妙用；可以感受不同文体的韵味与特色，体会文字的魅力；可以洞悉各种思想观点的内在联系，拓宽视野、加深理解。一旦学生掌握了丰富多样的阅读方法，他们分析复杂问题的能力也将得到显著提升。这种跨文本的阅读体验，无疑为培养学生的批判性思维和文学鉴赏力提供了得天独厚的机会，让学生得到更深层次的审美体验与思想启迪。

（4）培养复杂情境下的思考能力

在当今信息爆炸的时代，学生阅读呈现碎片化和快餐化的特点。各类流媒体层出不穷，涌现的各类信息细碎、纷乱。在这样的环境中，学生很难静下心阅读整本书或其他纸质读物。群文阅读因其文本组元的多样性、时效性，使学生可以在真实多元的文本中，练习更实用的阅读策略，并从中习得如何判断、分析、整合信息，做出正确的自我分析和判断的能力。这为学生今后在复杂的生活情境中独立思考、正确辨析和解决问题打下坚实的基础。

总的来说，运用群文阅读教学的理念，可以为学生提供多维视野和丰富论点，有助于对议题的整体把握和深入理解。同时，这样的课堂鼓励学生对阅读材料进行辨析与整合，深入理解文本，提倡学生进行反思，提高学生的学习兴趣与学习动力。

2. 这样教，对教师的意义

（1）尝试改变碎片化教学现状

在日常单篇教学中，语文教学主要集中在语言和语法层面。比如，教师们在教授精读课文时，第一课时通常会花大量时间让学生认识生字、理解词语、辨音析义。到了第二课时，在教师的引导下，学生们会深入探究重要语段，品味词句，分析人物形象、想象场景，并探讨语言表达技巧。教师在单篇教学中注重深挖文本细节，务求不遗漏重点难点。学生固然能够习得相关知识和能力，但这些知识和能力往往零散，缺乏系统性。

不难发现，在当前的教学实践中，大多数教师仍然沿用传统的授课方式，按照一个单元接一个单元的教学进度进行授课。而对部分教师而言，备课时常常缺乏整体意识，难以把握各个单元教学内容间的层次与差异。同时，有经验的教师也多延续传统的讲授与问答模式，教学过程中过于注重细枝末节，致使课堂呈现出一定程度上的碎片化，且缺乏有效将知识转化为能力的途径。

（2）尝试改变固有的课堂结构

在日常的教学过程中，常常会遇到一个棘手的问题——课堂沉寂。为了应对这种尴尬的局面，教师往往连珠炮似的抛出一个又一个问题。学生们也不停地回答、补充，最终形成了一种常见的“提问—回答—评价”（IRE）教学模式。这种碎片化的学习方式，不仅让学生茫然失措，也严重阻碍了他们深入思考和自由交流，难以提升其能力。

群文阅读具有“整体性”和“探究性”，能很大程度上摆脱单篇阅读教学中教师因零散知识的讲解模式带来的对学生的约束。群文阅读课堂采用“自主阅读—集体建构—达成共识”的教学模式，能让学生在阅读中重获主动权，真正体验到“语文学习即语文实践”的过程。学生不再被动接受知识点，而是以更为自主的状态“在阅读中学会阅读”，从而提高更深层次的语文素养。

二、上课前的准备

（一）确定议题

于泽元教授在《群文阅读的理论与实践》一书中指出：“议题是群文阅读的DNA，不仅选文需要议题贯穿，在课堂教学中，也需要围绕议题来展开。”① 此言无疑彰显了议题在教学中的关键地位。其中，核心议题是整个议题系统的立足点，是群文阅读课最终要解决的问题，且这个问题指向的是学生的最近发展区。

群文阅读教学成功与否，在很大程度上取决于教师是否精心挑选一组合适的文本素材，深入探究其中蕴含的丰富意涵，并设计出富有贯通性、关键性、

① 于泽元，王雁玲，石潇．群文阅读的理论与实践［M］．重庆：西南师范大学出版社，2018.

可议论性和开放性的议题，以引发学生的积极思考。只有这样，群文阅读教学才能真正达到预期目标，培养学生的语文素养。

指向知能习得的群文阅读，议题围绕知识和能力目标体系来建构，提炼出目标导向和结果导向两个策略。通过学习语文的必备技能，提高学生语言积累与运用的能力和结构化思维的能力，最终提高学生的核心素养。

1. 目标导向策略

（1）用显性的方式教知识

日常的课堂教学通常将知识的传授集中于语言与语法的训练。然而，通过对一线教师阅读教学的深入分析，发现学生在课堂上花部分时间集中于认字、识词以及音义的辨析，这种碎片化的思维训练与浅层的阅读实践，不足以提升学生的思维。

从知能习得的视角出发，构建一个富有洞见的群文阅读教学模式。聚焦于“知能目标体系”中的知识和能力目标，设计议题，引导学生深入探索。

“知识目标”板块涉及字词、句子、语意、语篇、主题、修辞和文体等多个维度，构成了语言表达的基石。

在实际操作中，从“知识目标”板块项目的“文章体裁”“写作手法”等方面入手，设计群文阅读教学活动，带领学生探索语言运用的艺术和规律。

例如，在课例《诗中物语皆情语》中，通过学习《蝉》《蜂》《寒菊》三首咏物诗，揭示咏物诗的表达密码是托物言志。又如，在课例《巧学比喻句》中，选择一组运用比喻句比较多的文本，引导学生发现比喻句的奥秘。再引导学生仿写比喻句，习得比喻修辞的表达能力。再如，在课例《儿童诗里的有声世界》中，教师有意识地将拟声词较多的儿童诗组合在一起，学生在朗读感悟中，学习拟声词的构词方法。在这一过程中，学生也学会了自己运用拟声词，在朗读中感悟拟声词形象生动的表达效果。

（2）用显性的方式教能力

在“能力目标”板块，关注语言理解、词汇辨析、逻辑分析、创作创新、关系理解、文化意识和空间感知等综合素质。通过有机结合，培养学生全面的认知能力。

结合“知识能力体系”中的能力板块，依托教材并梳理相关的语文要素来构建议题。通过此类议题的群文阅读教学，旨在培养学生形成高尚的思想道德及健康的审美品质，合作创新的精神，以及逐步形成积极的世界观、人生观和价值观。比如，课例《俗世奇人》和《作家笔下的小人物》，都聚焦于对小人物的描写，通过展现这些人物的人生价值观，让学生学习作者运用人物描写方法突显人物性格品质的写作技巧。这样，既有情感品质的体验，又有写作方法的习得。

当然，知识和能力不能割裂。在具体实践中，选取“知能目标体系”中的几个要素，设计明确的、具有开放性和启发性的议题，精心组织教学内容，设计清晰的教学任务，引导学生深度参与。这不仅用显性的方式将知识和能力的训练落到实处，更培养学生思维的灵活性和结构化。

2. 结果导向策略

知能习得课的议题构建除了以目标为导向，也要重视数据分析。以学生学情为依据，分析学生在知识和能力方面的薄弱点，并以此为导向进行议题构建，有针对性地提高学生对知识能力的内化掌握，形成自己的结构化认知。

例如，在某校学生学业质量分析报告中发现，学生在“语篇”“综合概括”“逻辑分析”三个维度指标上表现不佳。其中，“综合概括”考查学生能否对文章表达出的重要信息准确地感知，用简明的语言概括主要意思；“语篇”体现了学生对文本整体结构与层次的把握能力；“逻辑分析”考查学生推理、分析能力，即能否从具象到抽象或从抽象到具象，简化或概括反映事物本质和规律性的能力。由此可知，这三项指标反映了学生的语言表达能力、文本理解能力以及逻辑思维能力。

通过深入分析数据发现，学生对文本结构的把握程度，取决于综合概括技能的熟练程度，更与逻辑分析息息相关。以此为训练提升点，精选合适文本并进行议题建构，引导学生在多文本比较、分析、整合中，不断深化认识和理解。

（二）文本组元

在前述群文议题的探讨中，选择何种文本组成“群”正是对教师阅读视野、审美品位以及教育理念的一大考验。群文阅读教学中如何挑选合适的文本，让学生在阅读中获得丰富而有深度的体验，可以把握几个原则：

其一，主题明确原则。根据教学目标和学生需求，选取相关联的文本。主题可以是文学体裁、表达方式、人文主题、作者风格或阅读策略等。

其二，选材多样性原则。不同类型、风格和题材的文本并存，让学生接触到小说、诗歌、散文、报道、论文等多种写作样式与视角，丰富学生的阅读体验，培养其多元视角和批判思维。

其三，难易适中原则。根据学生的阅读水平和年龄特点，选择适合学情、学龄的文本，贴近学生最近发展区。

其四，文本关联性原则。选择具有相似主题、相似写作手法或互为补充的作品，有助于学生在阅读中进行比较与分析，深化对主题的理解。

其五，时代性原则。考虑选文所呈现的时代背景，选择有一定历史或社会背景的文本，帮助学生了解作品所映射的历史文化特质。

指向知能习得的群文阅读，组文的要点在于掌握多样化的组元方式。文本组元分为三种类型：基于内容结构的文本组元方式、基于形式结构的文本组元方式和多元文本组元方式。前者关注文本的主题内容和逻辑脉络，后者则注重文本的样式特征和修辞手法。而多元组合则是内容与形式并重，力求在保证文本完整性的基础上，赋予读者更丰富的阅读体验。

1. 基于内容结构进行文本组元

指向知能习得的群文阅读，可选择内容不同，但在结构上有相似之处的一组文本。

例如，根据童话故事中反复结构的特点认识，选择一组具有反复结构的文本，引导学生在求同比异中分析反复结构的特点及区别。以《童话中情节的奥秘》这一课例为例，选择《小壁虎借尾巴》《换装记》《兔子的名片》进行组文。三篇文本都属于童话，内容形式上都运用了反复的写法。通过求同比异，了解反复结构的基本特点，提升学生结构化思维（详见表 4-17 所示）。

表 4-17 群文课例《童话中情节的奥秘》

文本	情节图	共同点	不同点		
			反复次数	可否互换	特点
《小壁虎借尾巴》	向燕子借尾巴 ⇨ 向老黄牛借尾巴 ⇨ 向鲤鱼借尾巴	1.都是童话故事 2.都有反复结构			
《换装记》	斑马换狮子的衣服 ⇨ 鸵鸟换斑马的衣服 ⇨ 土狼换鸵鸟的衣服 ⇨ 狒狒换土狼的衣服 ⇨ 鳄鱼换羚羊的衣服				
《兔子的名片》	遇到狐狸（名片：狼的朋友——兔子）→ 遇到狼（名片：老虎的朋友——兔子）→ 遇到老虎（名片：大象的朋友——兔子）→ 遇到大象（不需要名片）				

2. 基于形式结构进行文本组元

在群文阅读知能习得课的文本选择上，还可以选择内容不同，但在表现手法上有相似之处的一组文本。

譬如体悟“托物言志”的表达方式，选择一组典型运用了“托物言志”的古诗进行案例设计。以《诗中物语皆情语》为例，选择《寒菊》《蜂》《蝉》三篇古诗，通过感知物与人的特点，发现两者的共通点，从而感悟“托物言志”的表达方式，借事物表明自己的心志，展示自己的人生态度和对自然、人生的感悟和思考。除此之外，还可依据体裁相同、内在思维方式相同、表达手法相同等为标准选择文本。

3. 多元文本进行组元

有些群文阅读课例的理解结构比较复杂，各文本发挥的作用不如内容结构和形式结构的文本作用清晰明了。因而，教师要精选不同体裁、不同结构，甚至非连续性文本进行组元。以核心任务为中心，发掘各个文本之间的关联，依据文本之间的不同关系采用不同的阅读方式，最后解决核心任务。

譬如以“我们的旅游攻略”为议题的课例，可以选择部分非连续文本，图文并茂地介绍某地旅游的路线，引导学生从文本中提取信息、分析问题，最终解决问题。

（三）知能习得问题链的设计

1. 提问的目的

鲍波尔曾说过：“正是问题激发我们去学习，去实践，去观察。”课堂上教师的提问，不应该是随意的、无效的、缺乏系统性的。

那么什么样的问题是好问题？如何设计出更佳的问题来架构群文问题链？这些问题值得深思。首先需要厘清：提问的目的是什么？

提出问题并非无的放矢，而是要紧扣主题、切中要害。在群文阅读课堂上，教师的提问通常有着多样化的目的。围绕一个核心问题，抛出几个主干问题，每个主干问题下又衍生出若干辅助问题。但对于这些问题背后的根本指向和教学目标，许多教师并未完全明晰。因此，需要明确提问的目的和方向。是想获取更多信息，还是寻找解决问题的思路；是想验证已有的观点，还是想拓展新的视角。明确提问的目标有助于教师提出更具针对性的问题。

教师提问并非单纯为了临时性的考核，而是要通过有意识的引导，引发学生思考，让其从多个角度切入主题，逐步深化对知识的理解。教师需要清楚地把握住问题导向和预期效果，课堂教学才能更有针对性和系统性。

好的提问，可以发展学生思维；好的问题群，可以串联课堂，提升语文课堂效益；精心设计的问题链能够为文章结构注入清晰的脉络，为读者铺就达成意义建构的坦途。只有明确提问目的，才能因势利导，推陈出新，编织出富有见地的问题序列。这不仅能引导学生的思路，更能激发学生的思考，提升群文阅读的课堂效率。

2. 知能习得问题链设计的三个角度

问题是教学的起点。在指向知能习得的群文阅读教学中，教师需要设计既有效、又有层次性的问题来促进学生的学习。将问题进行关联性、逻辑性的设计，构建螺旋上升的结构化问题链，更好地体现课标中所强调的“整体性、一致性、阶段性”，符合学生语文学习的认知规律。

在问题链设计时，可以基于内容，在知识的逐层推进中，确立一条主线，以知识的主干走向形成学习走向的问题链，让学生顺着知识的生长脉络进行学习。还需要充分考虑主问题和辅助问题之间的结构化逻辑，围绕主线推进的同时，层层深入、环环相扣。

（1）起点问题——指向“知识”

这一类问题属于较低层次的问题，指向知识和理解，往往基于基础的事实与信息。教师根据文本内容的基本大意、细节信息等提问，学生可以直接从文本中收集和记忆某些数据，提取某些信息，从而找到相应的问题答案。这类问题指向知识，即课上学生听、说、读、写涉及的基本知识和篇章知识。起点问题可以帮助学生直观梳理文本内容，通过浅层次的理解就能找到答案，锻炼其低阶思维能力。低阶思维虽然相对简单，但在学习过程中不可或缺。它为高阶思维的发展奠定了基础，提供了必要的信息输入和心理基础。只有扎实掌握了基础感知等低阶思维能力，才能进行更高层次的逻辑推理和价值判断。

（2）转化性问题——指向“知识”与“能力”相结合

这一类问题指向“知识”与“能力”相结合，需要学生结合自己对文本的思考，并联系自己的认知经验。学生从浅层次问题出发，到深度理解文本，从文本显性问题探寻到思考隐性问题，从了解文本内容到明晰作者写作意图。在这过程中，学生以学习任务为载体，在学习情境基于语言文字，综合运用各种阅读策略和技能，逐步训练应用、分析和整合能力。

（3）达成问题——最终习得能力

这一类问题指向最终的知能习得。为培养学生进行主动的、创造性的思考，培养其解决问题的能力，教师设计出具有开放性和创造性的问题，它要求学生能个性化解读文本并批判性地评价文本。在这一过程中，学生对文本有更多元的解读，最终习得能力。

三、知能习得群文课，怎么上

梳理于泽元教授在《群文阅读的理论与实践》中的理论研究得知，在知能习得群文阅读课的教学过程中，存在四种基本模式：举三归一式、求同存异式、以文解文式和综合路径式。这四种模式在所使用的文本方面存在一定的差异，因此模式结构也有所不同（详见表 4-18 所示）。

表 4-18 知能习得课的四种基本操作模式

模式	组文	结构	特点
举三归一式	内容或形式有相似性	一篇带多篇—群文共读—达成共识	“求同”为重
求同存异式	内容或形式有相似，又有差异	自学求同—深究同因—再读寻异—构建异同	“比异”为重
以文解文式	几篇文本辅助解读一篇文本	单篇生疑—多篇探究—对照答疑—达成共识	理解主要文本为重
综合路径式	文本多样	围绕核心任务—发现关联—解决核心任务	以核心问题带动阅读

梳理表格得知，四种课型都是在求同比异、集体建构的结构化学习过程中促进学生知识和能力发展的。在学习了四种基本模式的基础上，结合知能习得群文阅读教学的实践，针对不同的教学阶段（低段、中段、高段），进行课例研究和设计，有助于更好地落实知能习得课程的教学目标。

（一）举三归一式

1. “举三归一式”的特点

“举三归一式”是群文阅读中最简单的模式，同时也是最基础的模式。在这种模式下，学生阅读的一组文本在内容或形式上具有高度相似性和同质性，涉及篇章结构、表现手法乃至整体的写作手法等方面。其学习目标则在于发掘和掌握这种同质性特征。① 通过对此类文本进行比较分析，学生可以初步培养发现共性的能力，为后续更深入的文本解读奠定基础。

① 于泽元，王雁玲，石潇．群文阅读的理论与实践［M］．重庆：西南师范大学出版社，2018.

2. 案例片段呈现

（1）低段课例：《巧学比喻句》

在开展低段群文阅读教学《巧学比喻句》时，为让学生发掘比喻句这一修辞手法的特性，教师选用《月儿》《美丽的珊瑚》《我的爸爸》三首儿歌作为教学素材。在课例的第二环节中，教师选用批注策略，让学生自由读三首儿歌，并用横线画出儿歌中的比喻句。比喻句是与议题相关的内容，让学生勾画儿歌中的比喻句，为下一步发现句子特点、相似点做好铺垫。接下来再让学生根据发现，填写表格，梳理出比喻句的独特表达特点，从而掌握比喻的修辞手法，并习得迁移运用的能力（详见表 4-19）。

表 4-19 低段课例《巧用比喻句》

篇 目	勾画比喻句	发现句子特点	比喻句的表达特点
《月儿》		月儿像小船	把（ ）比作（ ） 事物之间有相似之处
《美丽的珊瑚》		珊瑚好似金子	
《我的爸爸》		爸爸好像大狮子	

（2）中段课例：《俗世奇人》

在开展中段群文阅读教学《俗世奇人》时，通过设计一组主问题，将三篇文章《张大力》《刷子李》《好嘴杨巴》有机整合在一起。教学中教师引导学生运用圈点批注法，对比阅读三篇文章，学习作者通过细节描写刻画主人公性格的方法。然后跳读这组文本，思考这三个人“奇”在哪里？勾画关键语句，填写表格（详见表 4-20）。

表 4-20 中段课例《俗世奇人》

篇目	“奇”在哪里？	勾画出体现他“奇”的句子？（在文本中勾画句子，并简要批注）	人物描写方法
《张大力》	力大没边		动作
《刷子李》	手艺高超		外貌
《好嘴杨巴》	机敏过人		心理

（3）高段课例：《诗中物语皆情语》

课例选择《蝉》《蜂》《寒菊》三首托物言志的古诗，运用一篇带多篇的方法，用可视化和批注策略引导学生梳理出物的特点，表达的情感特点，物和情的共通之处。再运用对话策略，和学生共同梳理出物可以寄寓情感的理由。在深入文本的过程中，学生形成清晰的理解结构，从低阶思维到高阶思维，能力不断进阶，从而突破核心问题，实现对托物言志这一表达方式的掌握（如图4-9）。

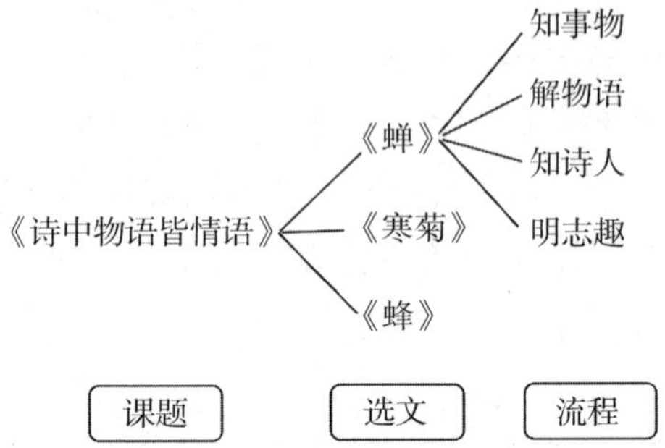

图 4-9　高段课例《诗中物语皆情语》

（二）求同存异式

1. 求同存异式的特点

在这种模式中，学生要阅读的一组文本在主要形式或内容上一方面具有一定的同质性，另一方面在同质性的基础上又有一定的差异性，而学习的重点往往是依据其同质性去发现不同文本之间的差异。①

2. 案例片段呈现

（1）低段课例：《噢，王子！》

课例选择学生喜欢的绘本故事《灰王子》《最完美的王子》为阅读内容，故事相同点是与原绘本故事《灰姑娘》《青蛙王子》中的人物一致，情节类似。不同点在于角色的转化。通过提问，锚定教学目标：这两个故事与我们耳熟能详的原版故事有什么相同点和不同点。引导学生对比文本，进行信息提取、分析，求同比异；激发学生创作欲望，促使学生改写《白雪公主》《美人鱼》等故事为《白雪王子》《帅气人鱼》（详见表 4-21）。

① 于泽元，王雁玲，石潇．群文阅读的理论与实践［M］．重庆：西南师范大学出版社，2018：231.

表 4-21 低段课例《噢，王子!》

篇目	核心问题	相同	不同
《灰王子》 《最完美的王子》	这两个故事与我们耳熟能详的原版故事有什么相同点和不同点?	1. 人物基本一致 2. 贴合原故事推动情节 3. 故事的精神内核相同	1. 将原故事的角色进行了转化 2. 在部分情节上贴合角色需要进行了创新
《灰姑娘》 《青蛙王子》			

（2）中段课例：《数字与诗境》

课例选择《山村咏怀》《望庐山瀑布》《九月九日忆山东兄弟》《江雪》四首古诗。这四首古诗的相同点是诗句中都有数字，不同点是数字的表达形式和意思及传达的情感不同。教学中先求同、再比异，发现数字营造的环境、心境和意境的不同作用，从相同中品味不同，指向比较、分析、整合、判断等高阶思维能力的培养，整个学习过程也体现了求同比异模式的结构化过程（详见图 4-10）。

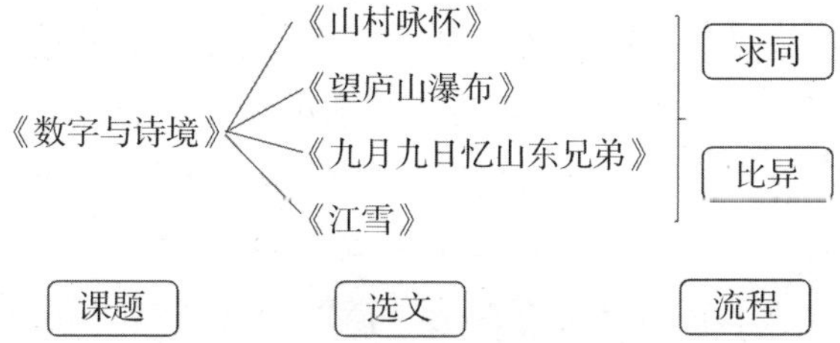

图 4-10 中段课例《数字与诗境》

（3）高段课例：《童年的滋味》

课例中，使用勾画批注策略梳理事例，感受心情。在阅读过程中，提取文本中童年的滋味，体会不同的人会经历不一样的童年。例如，通过比较几个文本中的“甜”味，发现同一种滋味也具有不同的、丰富的层次，最后整合对“滋味”的认识，促进学生理解、逻辑分析等能力的提升（详见表 4-22）。

表 4-22 高段课例《童年的滋味》

文章	事例	心情	滋味	滋味的表达
《午睡难》	在祖父的帽子上插玫瑰	愉快	甜	对祖父的怀念

续表

文章	事例	心情	滋味	滋味的表达
《呼兰河传》	1. 发明了很多游戏 2. 制作森林吊床 3. 角色表演	快乐 刺激	甜、辣	对童年的怀念
《冰糖葫芦》	开始不理解，后来帮忙卖冰糖葫芦	扫兴、惭愧、开心	酸中带甜	友情的珍贵
《童年的馒头》	吃了学校发的馒头后妈妈帮“我”圆了谎	高兴、害怕、紧张、愧疚、难过、后悔	苦涩、酸、咸	母爱的伟大

（三）以文解文式

这种模式中学生所要阅读的群文是由一篇作为主要理解的文本和其他几篇用来辅助理解的文本组成的。① 以高段课例《走进鲁迅》进行阐释。备受推崇的文学巨匠鲁迅，其作品与事迹在统编六年级上册第八单元中集中亮相。这个单元以鲁迅为主题编排了四篇课文，即《少年闰土》《好的故事》《我的伯父鲁迅先生》和《有的人——纪念鲁迅有感》。本单元以人物为中心组织学习内容，旨在通过鲁迅的作品及别人眼中的鲁迅，让学生初步认识和了解鲁迅，感受这位“民族旗帜”和“文学巨匠”的伟大成就和高尚人格。

六年级上册第八单元的语文要素是“借助相关资料，理解课文主要内容”，可以以“鲁迅”为主题，开展群文阅读。在教学《我的伯父鲁迅先生》后，借助一组表现不同形象的鲁迅的文本，以“文中的鲁迅是什么样的人”为核心议题，让学生从不同文本中提取不一样的鲁迅形象。学生借助“多向发散类思维导图”对文本进行分析、理解、整合、对比后，对鲁迅先生形成一个丰满的、立体的认识（详见图 4-11、图 4-12）。

① 于泽元，王雁玲，石潇．群文阅读的理论与实践［M］. 重庆：西南师范大学出版社，2018：233.

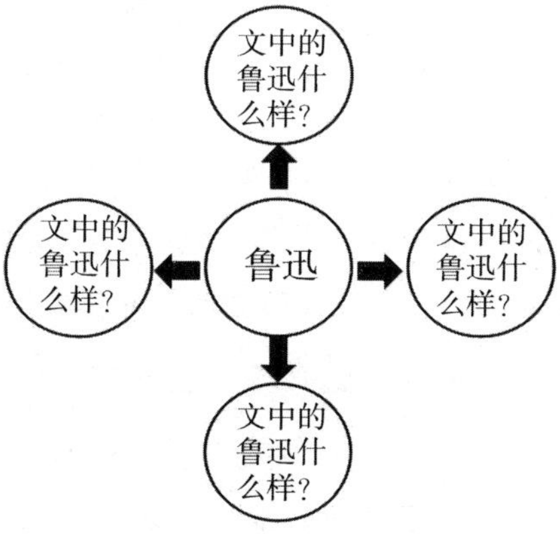

图 4-11 高段课例《走近鲁迅》问题链设计

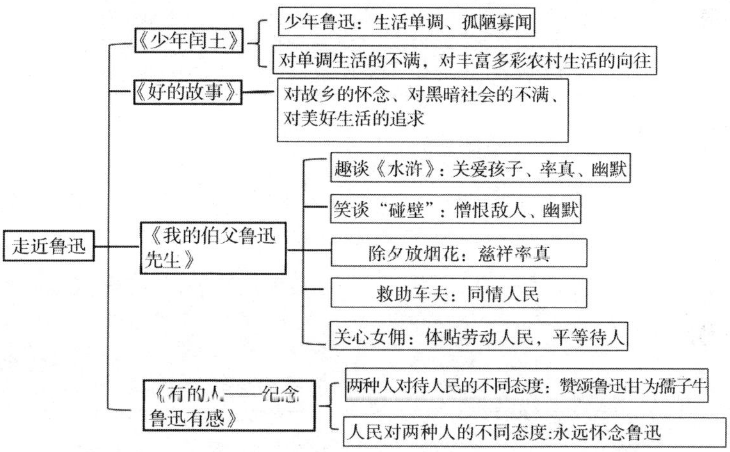

图 4-12 “文中的鲁迅怎么样”多向发散类思维导图

通过这样的群文教学模式，学生不仅理解了文本之间的相同点，还能对信息进行统整，实现文本信息之间的相互补充。这一学习过程，丰富了学生的阅读体验，打破了学生阅读的思维定式，有利于培养学生的结构化阅读能力。

（四）综合路径式

1.“综合路径式”的特点

综合路径式模式一般来说有一个核心任务，让学生围绕核心任务去阅读群文，而后发现各文本之间的关联，依据文本之间的不同关系，分别采用不同的阅读方式，最后解决这一核心任务。①

2. 相关课例说明

（1）低段课例：《童诗童趣》

了解《小儿垂钓》《宿新市徐公店》《村居》三首儿童诗中儿童的形象时，教师运用批注策略，圈画出诗中描写儿童外貌、动作的词语，从而体会作者是通过抓住儿童动作等细节，写出了具有特点的儿童形象（详见表 4-23）。

表 4-23　低段课例《童诗童趣》

古诗	趣事	趣在哪	怎样刻画
《小儿垂钓》	垂钓	“蓬头”“学”“侧坐”“遥招手”“不应人”	外貌、动作、心理
《宿新市徐公店》	追黄蝶	“急走”“追”“无处寻”	环境、动作、神态、心理、情景交融
《村居》	放纸鸢	“忙趁”“放纸鸢”	环境、动作、动静结合

（2）中段课例：《在阅读中学会提问》

课例选择了《外婆园子里的石头》《牛奶侦探》《班长下台》《种树人》四篇文本，引导学生运用已学的提问策略开展群文阅读。学生在阅读、思考、交流的过程中，不断深入理解故事的情节，在预测、推论中梳理线索，厘清脉络，评价故事中的主人公（详见表 4-24）。

表 4-24　中段课例《在阅读中学会提问》

文本	事实	推论	评价
《外婆园子里的石头》	外婆为什么会在园子里放很多扁平的大石头呢？那样不是很影响种地吗？	1. 第 8 自然段的作用是什么？（为什么要写艾玛每次都看石头？又为什么写石头仿佛在等着艾玛发现它们的秘密呢？） 2. 艾玛是怎么样发现石头的秘密的？或者说作者是怎么写艾玛发现石头的秘密的？	外婆是一个怎样的人？艾玛是一个怎样的姑娘？
《牛奶侦探》	李士则为什么要去抓小偷？	1. 李士则怎么抓到小偷的？ 2. 找到小偷后为什么没有抓他？反而还答应帮助小猫？	李士则是一个怎样的人？

① 于泽元，王雁玲，石潇．群文阅读的理论与实践［M］．重庆：西南师范大学出版社，2018：235.

续表

文本	事实	推论	评价
《班长下台》	班长是因为什么原因“下台”?	1. 为什么老师说的“哪个班的班长不是前三名”这句话像针一样戳得“我”昼夜难安呢? 2. “我”成绩没有考好，为什么和上课看小说没有关系，却和学英语老师有关系呢?	面对老师和妈妈的批评?班长应该怎么做?你有什么建议送给班长吗?
《种树人》	是什么原因促使他一个人一直坚持种树?	1. 为什么种下一颗颗种子，就像是种下希望?这个希望是什么? 2. 想象一下：使荒凉的高原变得处处充满生机，布菲耶付出了些什么?	1. 布菲耶给后人留下的最珍贵的礼物是什么?为什么说是最珍贵的?你认为是最珍贵的吗? 2. 布菲耶是怎样的一个人?

教师在教学过程中，引导学生运用教材中学到的提问策略进行提问。然后再尝试从新的提问角度：事实、推论和评价，将问题进行分类，总结提问方式。最后对比统整，筛选出最有利于理解课文的问题，借助问题理解课文，总结故事性文本的提问方法，发现事实、推论、评价三个层次的特点。

（3）高段课例：《一起去旅行》

在统编语文教材六年级上册第三单元阅读策略单元中，有一课为《故宫博物院》，其中有四篇不同的材料，包括一篇介绍故宫的记叙文、一个关于太和门的故事、一幅故宫博物院官网的截图、一张故宫平面图。根据这四则材料，教师可设计以去故宫博物院旅行为主题的任务，让学生围绕议题设计游览路线及沿途讲解词。在阅读过程中，学生会用到批注策略，采用提取关键信息、勾画关键词句、对比信息等阅读方法。最后，学生以可视化的表格方式进行小组汇报。提升学生对不同文本的理解和分析能力，在任务情景中也培养了学生创新能力（详见表4-25）。

表 4-25 高段课例《一起去旅行》

课题	选文	策略	任务
《一起去旅行》	《故宫》	提取关键信息 勾画关键词句 对比阅读	设计游览路线及解说词
	《太和门的故事》		
	故宫博物院官方网站“游览须知”		
	故宫博物院平面示意图		

指向知能习得的群文阅读“问题链”设计，将一个个精心设置的问题有机串联、环环相扣、层层递进，引导学生在深思探讨中，掌握基础知识的同时，洞见语言奥秘，开拓思维视野。这一创新教学模式不仅能激发学生的学习热情，还契合了课标对培养学生创新精神的期许，真正实现语文课堂“立德树人”的根本使命。

第五章

群文阅读教学课例

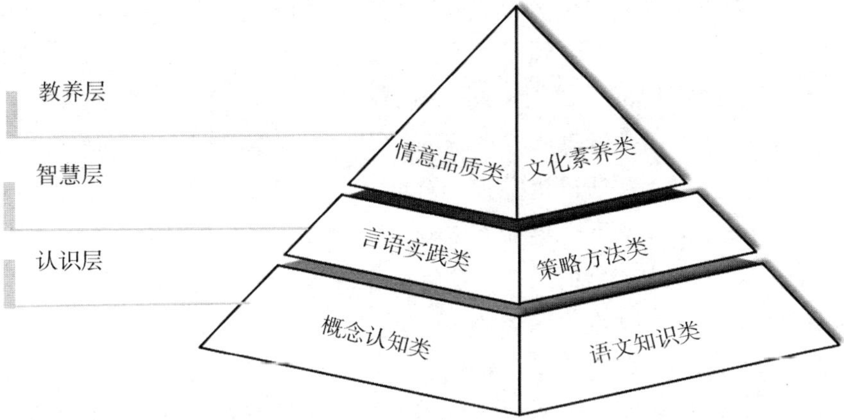

基于“三阶六类式”议题结构，在教学实践中，我们按照认知层——概念认知类、语文知识类，智慧层——言语实践类、策略方法类，教养层——情意品质类、文化素养类，对一系列教学课例进行分层分类研究。从知识学习的逻辑（认知性知识、概念性知识、程序性知识、反省性知识）以及育人的视域出发，培养学生积极的情感与丰富的底蕴，促进学生的全面发展。

第一节　语文知识类议题案例

动物名字里的秘密

【教学册次】

二年级上册

【教学篇目】

《动物儿歌》《说大话的小刺猬》《绝句》《鳗鱼苗苗找妈妈》《问答歌》

【议题解读】

《课标》中明确指出：观察字形，体会汉字部件之间的关系。梳理学过的字，感知汉字与生活的联系。

首先，二年级学生已掌握用汉语拼音识字的方法，能认的字大多是出现频率高的生活常用字，知道了韵语识字、看图识字、对对子识字、对比识字、会意字识字、归类识字等多种识字方法。能够熟练运用加一加、减一减、汉字小魔术的方式识记生字。但由于识字量不断增加，同音字、音近字、形近字大量出现，学生经常会出现混淆，识字的准确性不够。其次，识字方法比较零散，学生对生字、偏旁、读音没有形成系统的认识，不能结构化识字，因此在识字量上受限。最后，学生在认读生字和理解词义方面受到一定的限制，遇到完全没有注音的阅读题时，会因思维受到限制而出现各种各样的错误。这一现象的出现，让我们产生更进一步的思考：会认的字（也就是二类字）学生应该掌握到什么程度？怎样扩大学生的识字量？

总结低年级学生的年龄和学习特点，本课尝试以群文阅读的方式来扩大学生的识字量。在一年级下册第五单元“识字教学”这个单元中，出现大量的形声字；在二年级上册第八单元的“语文园地”中，出现了梳理形声字的内容，这是运用群文阅读教学识字的契机。本课立足课内教材文本，进行课外的拓展阅读，巩固形声字的识字方法，学以致用。结合学生的学情和教学内容，本课选择了一组和动物有关的儿歌，引导学生利用表格进行观察，探讨动物名字里的秘密。

【文本分析】

《动物儿歌》是一年级下册五单元的课文，有 12 个带虫字旁的左形右声的形声字，属于群文阅读课内链接点的“1”。

“X”则是课外选文《说大话的小刺猬》《绝句》《鳗鱼苗苗找妈妈》《问答歌》4 篇文本。《说大话的小刺猬》里面的动物名字都是带反犬旁的形声字，《绝句》里面的动物名字都是带鸟字旁的形声字，《鳗鱼苗苗找妈妈》里面的动物名字都是带鱼字旁的形声字。而《问答歌》则是结合图片，利用一问一答的形式，创作一首属于自己的问答歌。

【问题链设计】

动物名字里的秘密

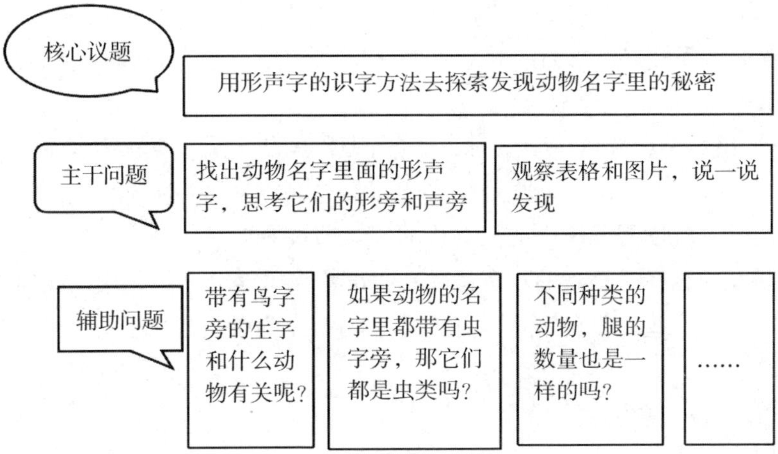

【教学目标】

1. 自主阅读与动物有关的古诗或儿歌，认识动物名字。

2. 通过梳理表格，运用思维导图，发现偏旁、生字以及动物名字之间的联系，强化运用形声字的特点来识记生字的方法。

3. 产生了解小动物的兴趣，培养保护动物的感情。

【教学准备】

教师准备：教学设计、PPT、文本

学生准备：熟读文本

【教学过程】

一、复现词语，辨识提取

导入语：同学们，上学期我们学习了《动物儿歌》，认识了很多动物朋友，今天这节课我们要继续认识更多的动物朋友。

（一）齐读儿歌，要求读通顺、读流利、读准字音。

（二）勾画儿歌中的小动物，说一说发现。

设计意图： 立足于课内童谣《动物儿歌》，引出本节群文阅读课的议题——动物名字里面的秘密。引导学生围绕一个中心问题——“动物名字里面有什么

秘密呢？”展开思考，以推进课堂教学。通过中心问题，引出本课时的教学重点：明晰形声字特点，再利用形声字识记生字。

二、读儿歌、古诗，对比发现

导入语：大自然中除了虫类动物，还有许许多多不同种类的动物，今天老师就带来了几首诗歌，我们一起把藏起来的动物们找出来，去探寻动物名字里的秘密吧！

（一）出示学习要求，学生自主选择阅读单的三篇文本探寻动物名字里的秘密。

1. 读——自读阅读单中的三首诗歌，要求右手指字。

2. 寻——选择最喜欢的一首诗歌，找出躲在里面的动物，用横线勾画。

3. 探——这些动物名字里面有形声字吗？先圈画再思考它们的形旁和声旁是什么。

（二）预设问题链：

1. 用指名读、分角色读等多种方式读诗歌，教师相机纠正字音。

2. 你找出这首诗歌中藏起来的动物了吗？它们是谁？

3. 这些动物名字里面有形声字吗？请说一说哪些字是形声字？

4. 说一说这些形声字的形旁和声旁分别是什么？（教师选几个例字介绍）

5. 带有这些偏旁的生字和什么动物有关呢？

设计意图：*由动物儿歌带出课外的多篇诗歌，继续围绕中心问题展开教学——探寻动物名字里面的秘密。通过“读、寻、探”三个步骤寻找出这些诗歌中所含动物名字里的形声字，分清带有反犬旁、鸟字旁和鱼字旁的形声字的形旁和声旁，巩固形声字识字的方法，发现汉字的规律，找出形声字的相同之处——形声字中的声旁表示字的读音，形旁代表字的特点。*

三、观察运用，梳理统整

导入语：动物名字中还隐藏着什么秘密？我们一起走进问答歌，来找寻答案。（出示问答歌）

（一）教师范读，请注意生字的读音。学生齐读前一句，教师接读回答。

引导语：老师认真观察各种小动物，因此能创作出属于自己的儿歌。今天我给你们带来了很多动物朋友，也请你去认一认它们的名字，观察一下它们吧！

（二）用形声字的方法认一认、读一读、记一记阅读单中的动物。

1. 出示动物图片，请你给大家介绍一下它们是谁，读一读它们的名字。

2. 学生开小火车读动物词语，教师相机纠正字音。

（三）（出示长蛇、蜗牛、蚰蜒、蜈蚣、螃蟹图片）同学们，这些动物是我们儿歌中没有出现的新朋友，请你观察这些动物的名字，说一说你发现了什么。

（四）预设问题链：

1. 有哪些形声字？它们的形旁和声旁分别是什么？

2. 这些动物的名字里都带有虫字旁。追问：那它们都是虫类吗？

小结：原来虫字旁的生字不止和虫类动物相关，它还可能与爬行类、甲壳类动物相关。

（五）结合儿歌内容，观察这些小动物，选择相应的序号填写在《问答歌》的横线上，创作出属于自己的儿歌。

（六）我问你答：师生接读儿歌，生生接读儿歌。

设计意图：出示大量的动物图片和动物名字，鼓励学生迁移运用形声字创编儿歌。同时利用表格，引导学生观察和思考，围绕中心问题展开教学——动物名字里面还隐藏着什么秘密呢？继续找出形声字的相同之处——形声字中的形旁能区分动物的种类。

四、回顾分析，集体建构

（一）小诗人们，你们发现了吗？不同种类的动物，腿的数量也是不一样的。

小结：带虫字旁的虫类、爬行类、甲壳类动物，腿的数量变化很大，所以腿数不定。带鸟字旁的鸟类动物大多两条腿，带反犬旁的兽类动物大多四条腿，带鱼字旁的鱼类动物因为生活在海洋，它们只有鱼鳍没有腿。

（二）（出示表格并提问）小神探们，请你们观察这个表格，说说通过这节课你发现了动物名字里的哪些秘密。

<table>
<tr><th>文本</th><th>偏旁</th><th>生字</th><th>动物种类</th><th>特点
（腿的数量）</th><th>方法</th></tr>
<tr><td>《动物儿歌》</td><td>虫</td><td>蜻、蚂</td><td>虫类
爬行类
甲壳类</td><td>不定</td><td rowspan="5">形声字
↙　↘
形旁　声旁
表意　表音</td></tr>
<tr><td>《说大话的小刺猬》</td><td>犭</td><td>狮、猩</td><td>兽类</td><td>四条腿</td></tr>
<tr><td>《绝句》</td><td>鸟</td><td>鹂、鹭</td><td>鸟类</td><td>两条腿</td></tr>
<tr><td>《鳗鱼苗苗找伙伴》</td><td>鱼</td><td>鳗、鲨</td><td>鱼类</td><td>没有腿</td></tr>
<tr><td>《问答歌》</td><td colspan="4">蜴、蚰</td></tr>
</table>

结束语：（出示思维导图 PPT）我们在动物名字里发现了很多形声字，可以利用形声字的特点进行识字。在以后的阅读中希望同学们学以致用。我们还发

现动物名字里面有很多不同的偏旁，这些偏旁不仅可以帮我们区分动物种类，如虫类、兽类、鸟类、鱼类等，还可以帮我们探寻动物的生理特点，如腿的数量。动物名字里还隐藏着很多秘密，课后同学们可以继续去发现。

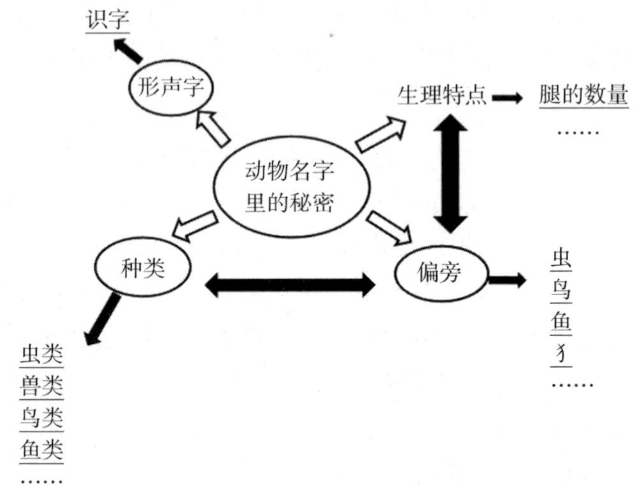

设计意图： 利用表格，围绕中心问题展开教学：你发现了动物名字里的哪些秘密呢？引导学生找出形声字的相同之处，即形声字中的形旁暗含着动物的生理特点。同时通过思维导图与表格，帮助学生了解形声字构字规律，掌握形声字的识字方法，激发学生对汉字的热爱。

【板书设计】

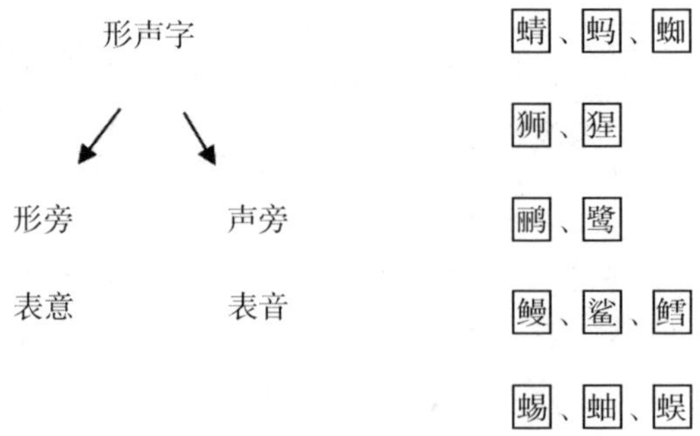

【评价反思】

本次课例是基于一年级下册识字单元《动物儿歌》的内容，结合二年级上册“语文园地八”中形声字的归纳与梳理，进行的群文阅读识字教学。围绕议题所提出的中心问题——“你发现了动物名字里的哪些秘密?”，在教学过程中通过问题链的设计层层深入：首先提取信息，找到文本中的动物名字；其次探讨形声字中形旁和声旁所代表的含义；最后通过表格逐步分析，探寻汉字的规律。

在教学过程中，既有儿歌又有古诗，还有非连续文本，学生的阅读容量和阅读质量得到很大的提升。在反复巩固形声字识字方法的基础上进行迁移，根据动物的生理特点创编儿歌，最后达成结构化和序列化的共识——动物名字中的形声字既可以指导识字，又可以给动物分类，还可以帮助学生探寻动物的生理特点。

（授课：成都市浣花小学校 樊晓莉　指导：成都市青羊教科院 刘文虎）

童话中情节的奥秘

【教学册次】

四年级下册

【教学篇目】

《小壁虎借尾巴》《换装记》《兔子的名片》

【议题解读】

《课标》对该学段的阅读与鉴赏提出“能初步把握文章的主要内容，体会文章表达的思想感情。阅读整本书，初步理解主要内容”。课程内容中包括阅读中外优秀儿童文学作品。统编版教材三年级上册的童话单元在于让学生“感受童话想象的特点”。四年级下册第八单元以“中外经典童话”为主题编排了中外优秀的童话作品，除了感受童话的想象特点之外，还在于引导学生感受童话的奇妙，体会人物真善美的形象，激发学生阅读童话原著的兴趣。本议题聚焦童话故事的情节，探索童话故事情节反复的特点，是在教材基础上的拓展延伸，学生掌握了童话故事情节反复的特点，就能更好地运用预测策略，有助于激发阅读兴趣，能更高效地把握文章的主要内容，体会文章表达的思想感情，从而能实现从多文本阅读到整本书阅读的跨越，促进学生结构化思维能力的提升。

【文本分析】

《小壁虎借尾巴》这篇童话故事讲的是小壁虎向小鱼姐姐、黄牛伯伯、燕子阿姨借尾巴，因为它们各自的尾巴都有用处，所以没有借到。通过这个故事，学生认识到小鱼、黄牛、燕子尾巴的作用，了解小壁虎的尾巴有再生的特点。《换装记》的主要内容是骄阳似火的非洲草原上，热得快要窒息的狮子脱下了自己的皮毛，于是引发了一连串的游戏一样的换装：斑马穿上了狮子的皮毛，鸵鸟穿上了斑马的皮毛……大家欢欢喜喜一路换下去，最终却意外地制造了一个悲剧。《兔子的名片》通过幽默的情节和生动的语言，讲述了兔子通过不断“升级”的名片吓跑了欺负其他动物的狐狸、狼和老虎，但最终面对大象时却不知所措。这个故事告诉我们，兔子为了摆脱强大动物的欺压，用一物降一物的办法，亮出了不同的名片，最终成功地逃脱了狐狸、狼和老虎的追捕。这也告诉我们要学会如何保护好自己，不怕强的对手，就怕自己想不到好的办法。

三篇文本中都有情节的反复，其中《小壁虎借尾巴》和《换装记》是并列式的反复结构，小壁虎向小鱼、黄牛、燕子借尾巴的顺序是自己爬行时目光所及的顺序。《换装记》中小动物们换装的顺序也是根据小动物们相遇的顺序写的，但是最后一个终结者却不能改变顺序，否则无限循环下去，就没什么意义了。而《兔子的名片》中的反复却不一样，是递进式的情节，出现的动物一个比一个厉害，到最后出乎意料的是最庞大的大象却不要名片。反复结构简化童话叙述，增强趣味与表现力，让故事脉络一目了然，易于讲述与演绎。它不仅凸显文本形式，还使叙事逻辑清晰，助力学生轻松把握故事精髓。教师在寓教于乐间传递人生智慧，全面提升学生语文素养。

【问题链设计】

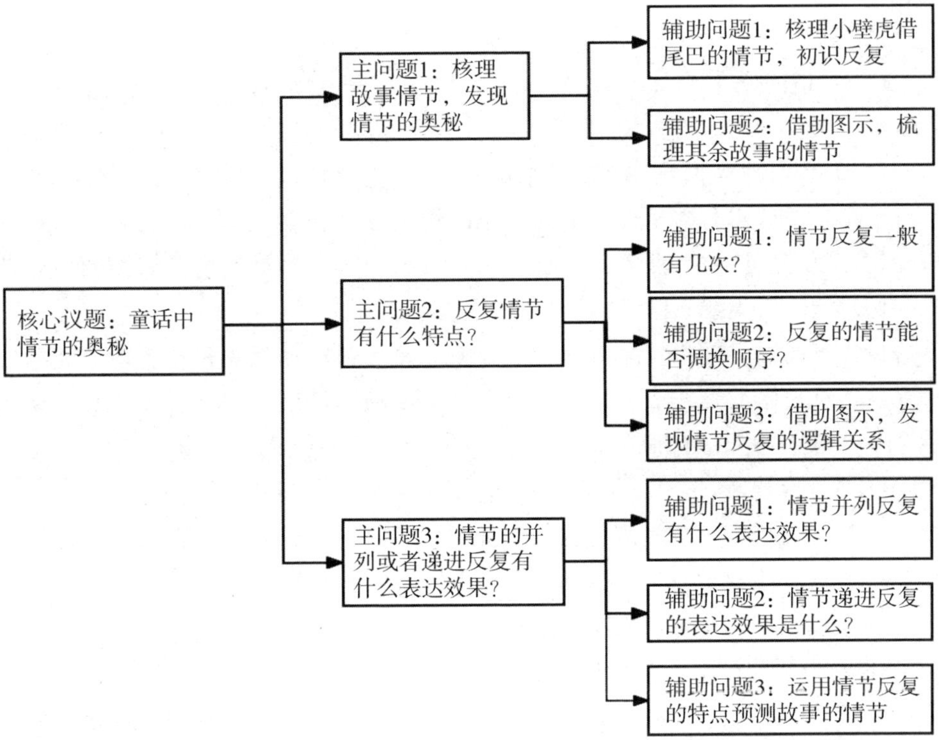

【教学目标】

1. 借助结构图，发现四个童话故事中的反复结构。

2. 学习比较阅读，了解反复结构的基本特点。

3. 运用结构图，续写反复结构的童话故事，激发阅读兴趣。

【教学准备】

教师准备：教学设计、PPT、学习任务单、文本

学生准备：熟读文本

【教学过程】

一、谈话导入，引出议题

（一）谈话引出童话话题。

（二）根据提示猜测童话故事的名字。【板书：童话中的奥秘】

设计意图：由教材中已学的童话故事导入，唤醒学生对童话故事的认知，引出议题。

二、共读文本，认识反复

（一）请同学们自由读文本一《小壁虎借尾巴》，梳理小壁虎借尾巴的过程。

（二）引导学生对比发现反复结构。

小结：像这样内容相近、结构相似的情节在文中多次出现，我们就叫它反复结构。很多童话故事都是用反复结构的方式来写的。反复情节结构图可以帮助我们理清故事主线。【板书：内容相近 结构相似】

设计意图：用《小壁虎借尾巴》来教方法，梳理小壁虎借尾巴的过程，对比发现情节内容相近、结构相似，发现情节反复的特点。

三、自主合作，梳理情节

（一）小组合作学习《换装记》《兔子的名片》，注意学习要求。

1. 读：每个同学快速浏览这三个故事，了解故事的大概内容。

2. 找：小组成员商量，选择一个文本讨论梳理情节。

3. 填：根据提示填反复情节结构图。

4. 说：小组推荐一名代表发言。

（二）小组汇报交流。汇报要求：我们读了……发现故事中反复的情节有……

设计意图：迁移运用《小壁虎借尾巴》习得的方法，学习《换装记》和《兔子的名片》，借助结构图帮助学生梳理情节，此环节重在引导学生学以致用，为后面的对比统整提供更多可结构化的信息。

四、探索发现，形成共识

（一）观察三个情节结构图，小组借助表格讨论，求同比异。

温馨提示：把三个反复情节结构图联系起来观察、比较、思考，小组讨论，形成共识。(用“我发现：一、……二、……”的形式汇报。)

先交流相同点。

引导：A. 都是童话故事　B. 都有反复结构【板书：反复结构】

再交流不同点。

1. 我们来看这三个反复结构的故事，这些故事相似的情节各反复了几次？

教师引导：情节反复的次数 3~5 次为宜。

2. 哪个故事反复的情节能调换顺序？哪个不能调换？为什么？

教师引导：情节可以调换顺序叫并列式，不可以调换顺序的情节叫递进式。

【板书：并列式，递进式】

（二）对童话来讲，情节的并列反复或者递进反复能起到什么表达效果？

教师引导：童话表达的奥秘就是反复结构，它不仅可以推动情节的发展，还可以突出中心思想给人们深刻的启示。

小结：今天我们学习这组文本，发现了这几个童话都有相似的情节，情节反复的次数3~5次为宜，还知道了可以调换顺序的情节叫并列式，不可以调换顺序的情节叫递进式，同时也知道了反复的作用是可以突出中心思想给人启示。

设计意图：此环节引导学生结合文本内容，关联统整梳理出的3个文本的情节图，发现情节反复的次数不同，以3~5次为宜，且有些情节可以调换顺序，有些情节不可以调换顺序，从而理解反复情节表达的效果。

五、续编童话，激发兴趣

（一）我们今天一起读了几个反复结构的故事，了解这一类故事的特点，大家也来当当童话小作家，帮忙把《田鼠太太的项链》这个故事写完。

（二）请根据老师提供的童话故事的内容，续编一个情节。

（三）小组选派代表分享故事。

设计意图：此环节旨在运用预测策略，利用童话故事情节反复的特点，预测故事的一个情节，体现学以致用，促进学生读写能力的提升，也有助于学生对文本框架的建构，有利于完成单元习作《故事新编》。

六、课后练习，拓展延伸

阅读以下反复结构的故事，选一个梳理出情节结构图。

拓展阅读文本：《渔夫和金鱼的故事》《犟龟》《老头子做的事总是对的》

设计意图：自主选读具有反复情节的童话故事，增加学生的阅读量；借助情节结构图，帮助学生快速把握文章的主要内容，实现由课内到课外的拓展延伸。

【板书设计】

童话中情节的奥秘

内容相近　　　　并列式

反复结构

结构相似　　　　递进式

【评价反思】

本课例是基于三年级上册第三单元和四年级下册第八单元童话单元的一节

拓展提升的群文课，从教材中，学生已感受了童话想象的特点和奇妙之处，以及人物形象的真善美。本节课聚焦童话情节的奥秘展开探索。首先，以《小壁虎借尾巴》为例，梳理故事情节，发现故事内容相近、情节相似，总结得出反复结构；其次，迁移学法，借助情节结构图学习《换装记》和《兔子的名片》两个文本，基于三篇文本的信息提取，再结合文本内容关联统整发现情节反复的次数、反复的逻辑顺序，从而体会情节反复的表达效果；最后，读写结合，运用情节反复的特点预测童话故事的未知情节，为单元习作《故事新编》的写作打下基础。本节课的教学中，既有信息的提取、内容的概括、思维的辨析，又有读写的结合，有助于提升学生的综合语文素养。

（成都市泡桐树小学绿舟分校　薛江屏）

儿童诗里的奇思妙想

【教学册次】

三年级下册

【教学篇目】

《我的宠物家庭》《下巴上的洞洞》《爸爸的鼾声》《新鲜的梦想》

【议题解读】

对三年级的学生来说，想象力和创造力正处于蓬勃发展的阶段，儿童诗以其独特的魅力和丰富的想象力，激发学生的学习潜能。群文阅读课中，通过多篇文本的关联阅读，学生能更深入地理解议题。根据皮亚杰的认知发展理论，三年级的学生正处于具体运算阶段向形式运算阶段的过渡时期，他们的思维开始具有一定的抽象性，但仍然需要具体形象的支撑。“儿童诗里的奇思妙想”一课通过生动的形象和具体的场景，帮助学生更好地理解诗歌内容，促进其认知发展。

三年级的学生容易被儿童诗奇特的想象和夸张的手法描绘的画面吸引，所以选择充满想象力的儿童诗，引导学生阅读并找出其中的奇妙之处，可以通过提问的方式，如“你觉得这首诗里最奇妙的地方是什么？”来激发学生的思考。儿童诗不仅充满想象，蕴含着丰富的情感，而且语言简洁、明快，富有节奏感和韵律感，适合作为学习语言表达的范例。

由此，针对三年级的学生，“儿童诗里的奇思妙想”这一群文阅读议题旨在通过多篇儿童诗的关联阅读，引导学生领略儿童诗的独特魅力，感受其中的奇思妙想和情感表达，培养他们的想象力和创造力，并提高他们的语言表达能力。

【文本分析】

这四篇作品都有很强的趣味性，能吸引学生的注意力，激发阅读兴趣。例如，《我的宠物家庭》通过拟人化的手法，将家庭成员比作各种宠物，既形象又生动；《下巴上的洞洞》和《爸爸的鼾声》则通过日常生活中的小事，引发学生的共鸣。这些篇目的语言和内容适合学生的认知水平，既不会过于简单让学生失去挑战性，也不会过于复杂而让学生感到挫败。

【问题链设计】

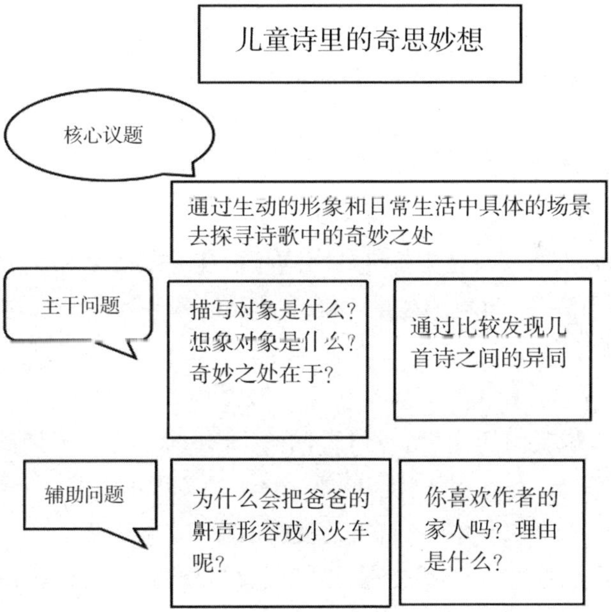

【教学目标】

1. 孩子们通过阅读、交流，感受儿童诗里的奇思妙想，激发阅读兴趣。
2. 展开想象，续编儿童诗。

【教学准备】

教师准备：教学设计、PPT、文本

学生准备：熟读文本

【教学过程】

一、创设情境，走进想象的世界

（一）孩子们，我们曾经学过一首关于梦的儿童诗，还记得吗？（《彩色的梦》）而今天我们读的这些诗，也都充满了丰富的想象。你们想不想再去诗中的王国玩一玩？

（二）这里有三首充满奇思妙想的诗，我们来一起读一读吧！（分男、女生读）

设计意图：谈话引入，回忆起曾学习过的诗歌题材，创设走进诗歌王国游玩的情境。

二、走进儿童诗，感受诗中想象的神奇

（一）读诗，引导感受奇妙的想象

齐读三首诗歌，发现不同之处。

问题链预设：

1. 孩子们有没有发现诗中标红的字读起来有什么相同的地方？

2. 那我们请男生来读一读下一首《爸爸的鼾声》，女生读《我的宠物家庭》。这两首诗押韵吗？

3. 这三首诗还有什么不同点？

小结：所以说我们的儿童诗可长可短，可押韵也可以不押韵，这是作者表达的自由，自由也是一种美，我们就要把自由的美读出来。

（二）通读儿童诗，找出三首诗的关键信息

现在请同学们选择自己喜欢的一篇诗歌按要求完成阅读单的任务，读的时候想象诗歌描绘了一幅怎样的画面。

设计意图：通过集体朗读和对比分析，引导学生深入理解和感受不同诗歌的独特魅力与差异。这一设计旨在促进学生的主动学习，初步掌握诗歌的编排风格，并培养他们的比较思维能力和对诗歌的细致观察能力。

三、群文共读，集体构建

小组交流，分享诗里的奇思妙想，完成表格。

（一）在小组内交流阅读收获

记得有一位名人说过："在所有人当中，儿童的想象力最丰富。"老师相信你们每个人都从诗中感受到了奇思妙想，把自己的感受与人分享，就会收获更多的奇思妙想。下面请同学们在小组内交流自己的阅读收获。（课件出示要求）

（二）全班交流分享阅读收获

1.《下巴上的洞洞》：嘴巴想象成洞（奇妙）

问题链预设：

（1）吃饭的时候没有进肚子，反而全部漏出来了，这是怎样的习惯？

（2）你还从哪些词语或者句子看出这是个坏习惯？

（3）那既然是个坏习惯，粮食都被糟蹋了，我们应该赞扬还是提醒他？

（4）快摸摸自己的下巴，有没有洞？再帮同桌看看，有没有洞洞？

请一个学生再读作者的提示，教师提醒：读的时候语气应该是怎样的？

请学生把作者急切的样子读出来，边读边试着做动作。

（5）教师引导：想想你的周围有没有其他的坏习惯，当我们看到这些坏习惯时应该怎么做？当我们看到周围有好的习惯时应该怎么做呢？

小结：我们要善于发现身边好的习惯，及时提醒并纠正坏的习惯。接下来我们再请同学来分享他喜欢的儿童诗。

2.《爸爸的鼾声》：想象成小火车（有趣）

问题链预设：

（1）为什么会把爸爸的鼾声形容成小火车呢？

（2）你能不能把小火车开过的声音通过读的方式表现出来？

（3）你读这首诗的时候看到了一幅怎样的画面？

（4）小火车会不会停下来？你从哪里看出来的？

（5）作者如何听爸爸的鼾声？怎样发现鼾声是断断续续的？

（6）为什么孩子会那么仔细地观察爸爸？

小结：作者是很关心、爱自己的爸爸的。爸爸的鼾声在生活中会影响大家休息，但在作者眼里却是小火车在美丽的森林里穿行。这只是日常生活中最普通的现象，但在作者眼里却是有趣的，希望大家在生活中也能像他一样善于发现和思考，并观察生活中有趣的现象。

3.《我的宠物家庭》：家人想象成宠物（大胆）

教师引导：最后这首诗就更有趣了，有位小朋友想要养一只宠物，喜欢这首诗的孩子找到他养了什么宠物吗？他真的养了宠物吗？作者把自己的家人想象成了宠物，这可真大胆啊！看来刚才同学们都认真仔细地读了这篇诗歌。

问题链设计：

1. 考考同学们，诗中的“我”为什么会把自己的家庭成员想象成这些小动物？

2. 你更喜欢作者的哪位家人？

小结：这么多的缺点在作者眼中却是可爱的，你们能找出原因吗？正是因为作者爱自己的家人，所以家人身上的缺点在作者眼中都成了有趣的特点，作者才把他们想象成了宠物。所以你们发现了吗？这三首诗都是通过奇妙、有趣、大胆的想象，表达了作者丰富的情感。

设计意图：首先，通过《下巴上的洞洞》《爸爸的鼾声》《我的宠物家庭》这三首风格各异、内容生动的诗歌，引导学生进行对比阅读。通过表格的方式，系统地梳理和提取每首诗中的关键信息，探寻诗歌中的奇妙之处。其次，通过小组、同桌合作等方式进行个性化的理解与交流，学生可以更深入地感悟到诗歌的耐人寻味之处，如细腻的情感表达、生动的形象描绘等。这种集体构建的过程不仅丰富了学生的阅读体验，还促进了他们之间的情感交流和思维发展。

四、迁移运用，拓展延伸

（一）抓住周围熟悉人的特点展开想象

1. 你们爱自己的家人吗？

2. 作者的想象很有趣，现在我们也抓住自己家人的特点，大胆地想象一下：你的家人们除了小动物还有可能是什么？

3. 除了家人，你们在学校朝夕相处的还有谁呢？那你们能把老师想象成什么呢？

小结：你们的想象太有趣、太奇妙了，必须给你们点个赞！把掌声送给大胆想象的自己。

（二）推荐阅读篇目，延续阅读

1. 展开大胆、奇妙的想象，儿童诗就会非常有趣，像这样的儿童诗还有很多很多。

2. 给同学们介绍一位擅长写儿童诗的印度诗人——泰戈尔，曾经我们也学习过他的一首散文诗《花的学校》，他是第一位获得诺贝尔文学奖的亚洲人，代表作有《飞鸟集》和《新月集》。课后，同学们可以去读一读他的儿童诗，继续去感受儿童诗里的奇思妙想。

设计意图：让学生通过诗歌学习来想象身边人的形象，旨在激发他们的创造力和想象力，增进对人物性格与情感的理解，培养观察力与同理心：学生需要仔细观察诗歌中的细节，如人物的言行举止、神态表情等，以便更准确地还原人物形象。同时，学生还需要设身处地地感受人物的情感和处境，体验他们的喜怒哀乐，并拓展阅读与写作的视野。

篇目	描写对象是什么（圈）	想象成什么（横线）	告诉我们什么（思考）	我的发现
《我的宠物家庭》	家人	动物	赞美家人的有趣	奇妙想象 ↓ 丰富情感
《下巴上的洞洞》	嘴巴	洞洞	提示坏习惯	
《爸爸的鼾声》	爸爸的鼾声	小火车	生活中有趣的现象	
《新鲜的梦想》	梦想	保暖的事物	美好梦想可以温暖自己	

设计意图：设计表格的主要意图是帮助学生更好地理解和分析儿童诗中的奇思妙想。通过表格，学生可以系统地整理和归纳不同儿童诗中的奇思妙想元素，方便进行比较，从而更深入地理解儿童诗中奇思妙想的多样性和独特性。同时，表格中的各项内容可以引导学生对儿童诗进行更深入的解读，提升他们对诗歌语言和结构的敏感度以及分析诗歌深层含义的能力。此外，表格中的奇思妙想元素还可以激发学生的创作灵感，鼓励他们模仿或创新地运用这些元素来创作自己的儿童诗，在实践中加深对儿童诗特点和魅力的理解。

【板书设计】

奇思妙想

奇妙	神奇的想象
有趣	生活中有趣的现象
大胆	大胆的比喻

【评价反思】

课程以“儿童诗里的奇思妙想”为主题，旨在通过群文阅读的教学，引导学生感受儿童诗中的奇思妙想，激发学生的想象力和阅读兴趣。这一目标设定清晰，符合小学三年级学生的认知特点和发展需求。

在教学过程中，通过生动的形象和日常生活中具体的场景，帮助学生更好地理解诗歌内容。在学生阅读过程中给予适时的指导和引导，例如，引导学生关注诗歌中的奇妙想象，鼓励学生大胆想象，等等。这些指导有助于学生更好地理解和感受诗歌内容，同时让学生在课后尝试自己创编诗歌，也能培养他们的想象力和语言表达能力。

（成都市浣花小学校 常倩予）

不一样的狐狸

【教学册次】

二年级下册

【教学篇目】

《狐狸和乌鸦》《火焰》《尾巴上的大气球》

【议题解读】

本组群文阅读的议题是“不一样的狐狸”。童话是“儿童文学的一种体裁，通过丰富的想象、幻想和夸张来编写适合于儿童欣赏的故事”。对比手法是文学创作中常用的一种表现手法，是把对立的意思或事物，或把事物的两方面放在一起做比较，让读者在比较中分清好坏、辨别是非。童话故事中运用对比手法，能够使故事情节跌宕起伏、生动曲折，也能够更加深刻地刻画人物形象，突出人物特点。在二年级下册第七单元出现了童话故事这一体裁，结合学生的学情和教学内容，本课选择了一组童话文本，引导学生利用表格进行观察，让学生学会用多个角度去看待事物，用表格的方式展现出这节群文阅读教学课例的议题——“不一样的狐狸”。

【文本分析】

统编二年级下册七单元关于改变的一组童话故事，看似浅显，却蕴含着深刻的人生道理，能够帮助学生用儿童体验和思考世界的方式，从不同维度理解改变，转变思维，获得解决成长中所遇问题的方法，是思维与成长的共同进步。此组文本通过对比多个狐狸故事，让学生探讨它们是如何通过情节、人物、主题等方面展现出狐狸角色的不同特质和价值。

在课堂中，教师为学生提供了多种阅读策略和思考问题，鼓励学生在阅读过程中进行深度思考，例如：为什么作者会这样塑造狐狸的角色？狐狸的形象如何影响整个故事的发展？旨在通过故事的深度解读，激发孩子的想象力和创造力，提升他们的语言表达能力和批判性思维。

【问题链设计】

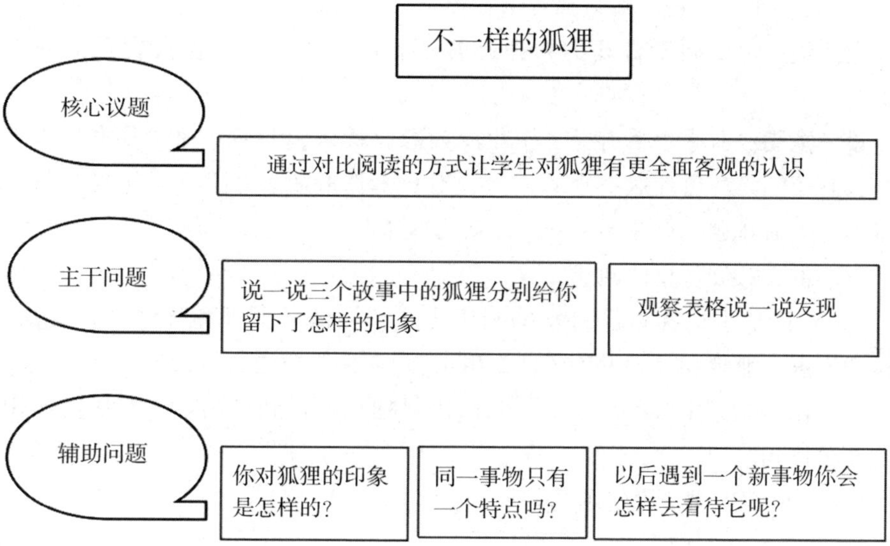

【教学目标】

1. 能以较快的速度阅读短文并提取信息。

2. 通过对比阅读的方式让学生对狐狸有更全面客观的了解和认识。

3. 要根据具体事情或情况认识一种事物。

4. 同一事物要从不同角度去观察认识，这样才能有更全面的了解。

【教学准备】

教师准备：教学设计、PPT、文本

学生准备：熟读文本

【教学过程】

一、出示图片，激发兴趣

问题导入：（出示图片）你们喜欢它吗？说说理由。

设计意图：课前了解学生对狐狸的普遍印象，了解学生学情。

二、直接导入

导入语：看来同学们都对狐狸有自己的看法，今天老师给大家带来了三个关于狐狸的故事，现在请你读一读。这三只狐狸带给你怎样的印象呢？请你选择一只狐狸来说一说。

（一）出示 PPT：《狐狸和乌鸦》《火焰》《尾巴上的大气球》

（二）谁来说一说：哪只狐狸给你留下了怎样的印象？

过渡语：每位同学喜欢的狐狸都各不相同，那我们就先去看看第一只狐狸吧。

设计意图：引导学生围绕一个中心问题推进课堂教学：你印象中的狐狸都是什么样子的呢？通过这个中心问题，引出本课时的教学重点：呈现多篇文本中不同形象的狐狸，引导学生从多方面看待事物。

三、群文共读，集体共建

（一）请学生选择自己喜欢的阅读方式读一读《狐狸和乌鸦》这篇故事，边读边思考：狐狸和乌鸦发生了什么事情呢？（用简单语言概括）

（二）请学生用“________”勾画出狐狸想要得到乌鸦嘴里这块肉所用办法的相关语句。

（三）请学生说一说勾画的句子。（PPT 出示）

> “亲爱的乌鸦，你好吗？”乌鸦没有回答
>
> “你的孩子还好吗？”乌鸦也没有回答。
>
> “亲爱的乌鸦，你的羽毛真漂亮啊！那麻雀和你比起来可不知道差了千万倍呢！”
>
> ……

（四）通过以上句子，请学生结合狐狸说的话，说一说这是一只怎样的狐狸，引导学生表达不同的看法。

（五）教师引导：为了吃到这块香喷喷的肉，狐狸可是煞费苦心。为什么要说四次话呢？狐狸一开始就在夸奖乌鸦吗？

（六）教师小结：原来狐狸是先亲热地打招呼再进行夸赞讨好，谁来分别读一读这四个句子，读出狐狸打招呼时的礼貌和讨好夸奖的区别？（标点符号提示）

请学生结合故事说一说，乌鸦的目的达到了吗？并梳理表格。（PPT 出示）

> 乌鸦这下得意起来，高兴地唱起了歌。当乌鸦一张嘴，肉就掉下去，狐狸正好接住了肉，它叼起肉就钻到了洞里。

我们通过《狐狸和乌鸦》认识到了一只什么样的狐狸？

篇名	做的事情	目的	怎样的狐狸
《狐狸和乌鸦》	讨好乌鸦	吃乌鸦嘴里的肉	坚持、狡猾

过渡语：同学们，我们通过三个问题认识到了这样一只狐狸，这三个问题分别是狐狸做了一件什么事情，它的目的是什么，它是一只怎样的狐狸。那现在请你选择一篇你喜欢的故事读一读，边读边思考这三个问题，把你的想法说给同桌听，然后再和大家分享。

设计意图：学生通过阅读文本，从具体事例中感受狐狸的形象，用勾画关键词句的方式概括出你看到的狐狸的形象，同时利用表格，概括梳理，围绕中心问题展开教学——你现在印象中的狐狸是什么样子的呢？

四、同桌合作，拓展延伸

（一）请学生说一说自己喜欢的是哪篇故事

1. 学生思考：这只狐狸做了什么事？目的是什么呢？

篇名	做的事情	目的
《火焰》	逃脱猎人追赶	解救自己的孩子

2. 请学生结合故事大胆想象，狐狸成功解救孩子了吗？（PPT 出示）

> 不久，山坡上就出现了狐狸的身影：一只、两只、三只……直到排满了山坡。

3. 请学生用“________”勾画，在解救斑点的过程中狐狸的具体做法的相关语句。

4. 教师引导：你觉得它是一只怎样的狐狸？从哪里看出它勇敢？请同学们带着动作读出它的勇敢。

5. 教师追问：它还做了什么呢？你觉得它是一只怎样的狐狸？带着动作读。

我们通过《火焰》又认识到了一只什么样的狐狸？

篇名	做的事情	目的	怎样的狐狸
《火焰》	救孩子（逃脱猎人追赶）	解救自己的孩子	伟大、勇敢

（二）分享交流《尾巴上的大气球》

1. 教师引导：这只狐狸做了什么事？目的是什么呢？（学生分享）

篇名	做的事情	目的
《尾巴上的大气球》	在尾巴上的气球上写“你好”	和动物们友好相处

2. 请学生用“________”勾画出狐狸的目的达到了的相关语句。

3. 师生合作读。

我们通过《尾巴上的大气球》认识了一只怎样的狐狸？

篇名	做的事情	目的	怎样的狐狸
《尾巴上的大气球》	在尾巴上的气球上写“你好”	和动物们友好相处	友好、乖巧

4. 师生演一演这只友好的狐狸和小动物们相处的愉快时刻。

5. 教师引导学生观察：今天我们学了三个故事，观察表格，你对狐狸有什么新的认识吗？

篇名	做的事情	目的	怎样的狐狸
《狐狸和乌鸦》	讨好乌鸦	吃乌鸦嘴里的肉	坚持、狡猾
《火焰》	救孩子（逃脱猎人追赶）	解救自己的孩子	伟大、勇敢
《尾巴上的大气球》	在尾巴上的气球上写“你好”	和动物们友好相处	友好、乖巧

教师点题总结：今天我们从不同的故事里看到了不一样的狐狸，以前我们总认为狐狸是狡猾的，其实它也有勇敢、友好的一面。所以，我们也要学会站在不同的角度看问题，这样才能做到全面深刻地看待事物。

设计意图：通过组内合作，利用表格，围绕中心问题展开教学——你印象中的狐狸是什么样子的呢？引导学生通过具体事例谈谈自己的感受，同时出示整体表格，帮助学生梳理本次群文阅读教学所得，通过表格梳理零碎的信息，得出结构化、序列化的结论，使学生学会从不同角度去观察和认识同一事物。

【板书设计】

【评价反思】

本次执教采用的方式是逐篇阅读、分析、讨论，最后统整的模式。但由于时间紧迫，最后一篇分析得有点仓促。个人更偏好先让孩子们通读所有文章，再进行讨论的形式，这种方式更能让孩子对文章有整体观。在实际授课中发现孩子们的思维很活跃，但是在表达上还是比较薄弱的——无法把自己想要说的话清楚无误地表达出来，这需要教师及时指正，所以对教师的语言表达也有很高的要求。教师对语言的准确性、精练度等要加强训练。

（成都市浣花小学校　罗莉）

第二节　概念认知类议题案例

谣言止于智者

【教学册次】

三年级下册

【教学篇目】

《三人成虎》《神鱼》《打井得一人》

【议题解读】

《课标》中提出以学习任务群为课程内容的组织与呈现方式，其中思辨性阅读与表达就是六大学习任务群之一。群文阅读在思维能力方面和思辨性阅读与表达的要求有许多契合之处，两者均需要在辨识与比较中进行分析与思考，培养理性思维和理性精神。

本课例以教材配套丛书《快乐读书吧》推荐书目《中国古代寓言故事》为载体，设计“谣言止于智者”这一议题，旨在帮助学生阅读寓言，明白道理。基于此目标设计梯度式问题链——谣言是什么？谣言是怎么产生的？面对谣言我们可以怎么办？引导学生在辨识与提取、比较与整合、评价与反思、应用与创意的过程中学习与思考，以培养学生解决真实问题的能力，提升学生的思辨能力。

【文本分析】

《三人成虎》《神鱼》《打井得一人》三则文本选自《中国古代寓言故事》一书，内容均与“谣言”有关。

《三人成虎》出自《韩非子·内储说上》，这也是一个学生熟悉的成语。故事意图告诫人们谎言重复千遍，就会被当作真理。大街上根本没有老虎，就因为人们都这么说，大家才相信。《神鱼》这个故事中，一个人看见树洞里有一条鱼，便不加分析地认为这条不合常理的鱼就是神鱼，过路人也纷纷相信、传播。故事中的人因为认识片面，不了解事情全貌而制造了谣言。《打井得一人》这则寓言出自《吕氏春秋·慎行论·察传》，又叫“穿井得人”。故事中主人公本意是家中打井后省了一个劳力，几经传言后却变成打井时挖得一个人。这个故事说明，对待传言，要持审慎态度，不要以讹传讹，要经过辨别考察，才能确定是非真相。

《三人成虎》《神鱼》《打井得一人》三则故事同中有异。三则故事均选自《中国古代寓言故事》一书，内容均与“谣言”有关，但故事中谣言产生的原因不同、造成的结果不同。因此，有助于学生开展求同比异，多维度分析，对“谣言止于智者”这一议题的建构有更加完整立体的认识。

【问题链设计】

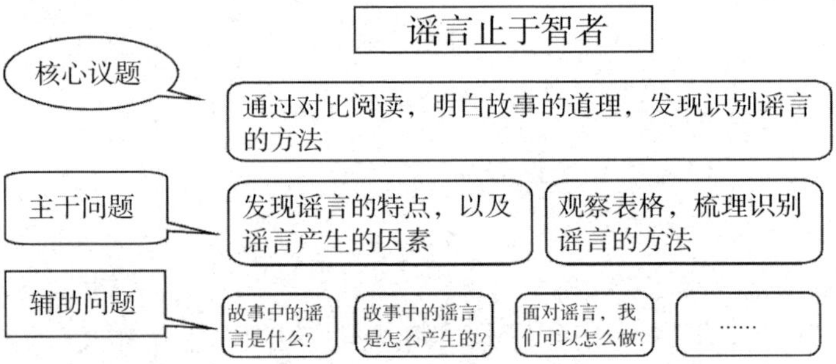

【教学目标】

1. 通过阅读，了解故事内容，认识谣言。
2. 通过对比阅读，明白故事的道理，发现识别谣言的方法。
3. 能够根据情境并结合生活实际，运用方法，识别谣言。

【教学准备】

教师准备：教学设计、PPT、文本

学生准备：初步了解寓言

【教学过程】

一、回顾已学，引入议题

（一）看图说说故事的名字。教师出示《狐假虎威》《守株待兔》《坐井观天》《刻舟求剑》等以前学过的寓言故事图片，提问学生：关于寓言，你知道些什么？

（二）出示本节课阅读的三则寓言的题目，让学生猜一猜今天要读的寓言是关于什么的。

（三）聚焦“谣言”，结合字典对“谣”字的解释，初步了解意思。

设计意图：立足学生已学，围绕“寓言”回顾，链接本节群文阅读课的议题关键词——谣言。聚焦“谣言”，引导学生开展有层次的学习。

二、提取辨析，认识议题

（一）读《三人成虎》《神鱼》《打井得一人》，找一找寓言中的谣言是什么。

（二）这些谣言对应的事实是什么？

（三）求同比异：发现谣言特点和发现谣言产生的因素。

（四）预设问题链：

1. 读一读三则谣言，你有什么发现？追问：它们有什么共同点？

2. 同桌两人一人读事实、一人读谣言，思考这个谣言是怎么来的。追问：街上本没有老虎，这些人却说有，这就叫____。（谣言）

设计意图：通过提取信息，初步了解故事，进一步认识谣言。围绕核心问题，引导学生提取信息。横向比对信息，发现谣言产生的原因。纵向梳理，发现谣言的共同点。

三、比较统整，探究议题

引导语：面对这些谣言，故事中的人们相信了吗？我们一起走进第一个故事《三人成虎》。

（一）阅读《三人成虎》

1. 提取信息：魏王一共听到了几次“街上有只大老虎”的传言？每次的表现是怎样的？请在文中用“________”勾画出来。

2. 思考并朗读相关语句，关注人物动作、神态、心理。（出示 PPT）

> 魏王摇头说："我不相信。大街上哪来的老虎？"
> 魏王迟疑了一下，仍然摇头说不信。
> 魏王点头说："我相信了。三个人都这么说，一定不会有假。"

3. 探究魏王态度变化原因：同样的传言，为什么魏王的态度从不相信变为相信呢？

小结：一个谣言，说的人多了就会被当成事实。

过渡语：同样是一国之首的宋国国君，面对传遍全国的谣言，他相信了吗？请阅读《打井得一人》。

设计意图：通过梳理探究，发现谣言传播中的特点。引导学生提取信息、理解信息、以读促悟，探究原因。

（二）阅读《打井得一人》

1. 《打井得一人》的故事中也有一位国君，面对谣言他的态度是怎样的呢？他是怎么做的，结果如何？

2. 《打井得一人》中的宋国国君与《三人成虎》中的魏王进行比较辨析。

寓言	人物	做法	结果
《三人成虎》	魏王	听	相信谣言
《打井得一人》	宋国国君	听、思考	还原真相

3. 预设问题链：

（1）面对传言，宋国国君的态度是怎样的？追问：你从哪里知道的？你从哪些词语感受到的？宋国国君在奇怪什么？

（2）他们的做法完全不同吗？你又有什么启发？

小结：面对传言，不同的做法，可能导致截然相反的结果；关于传言，耳听为虚，眼见为实。

设计意图：引导学生梳理人物做法、结果，并进行比较发现。通过梳理比较，认识到面对传言时，采取正确做法的重要性。

（三）阅读《神鱼》

引导语：确实光听不可靠，亲眼所见才是事实。

1. 阅读《神鱼》，学生质疑：耳听为虚，眼见为实。

2. 利用文本，阐述观点，引发讨论：如何理解眼见为实与眼见为虚？

3. 通过交流辨析，形成观点。聚焦问题：面对传言，我们该如何做？

4. 预设问题链：你从故事哪里体会到的？你从哪些词语中感受到的？

小结：听见的不可靠，看见的也得分情况。

设计意图：引导学生阅读文本，发现眼见也不是事实，并展开进一步辩论。通过辨析讨论，认识到面对传言只是听和看不足以识别。产生进一步探究的动机，将学习活动推向下一问题链。

（四）回顾故事，发现智者

1. 回顾三个故事，发现故事中识别谣言的智者。

2. 比较《打井得一人》中的宋国国君和《神鱼》中的主人公。观察表格，辨析两则寓言中的人物面对“奇怪”之处的做法有何不同。

3. 梳理探究：如何识别谣言？

寓言	人物	做法	结果
《打井得一人》	宋国国君	听、思考	还原真相
《神鱼》	一人	看、思考	制造谣言

（1）预设问题链：谣言止于智者，三则故事中谁是智者？追问：为什么？

（2）提到思考，刚刚你们阅读的《神鱼》中这个人也觉得奇怪，进行了思考。他为什么不是识别谣言的智者呢？请大家结合表格说说你的发现。

（3）面对谣言，你有哪些启发？（板书：听、看、思、察）

小结：面对谣言，除了多听、多看，更要全面思考、多方查证，才能成为真正的智者。让谣言止于智者！

设计意图：通过回顾三则故事内容，寻找故事中的智者。引导学生在求同比异中，进一步探究如何做识别谣言的“智者”。通过比较分析，进一步明晰如何做真正的智者。

四、关联背景，拓展议题

引导语：同学们真厉害，通过三个小小的故事，发现了这么多道理。

（一）小故事，大道理。这两则故事分别出自《韩非子》《吕氏春秋》。阅读简介，发现这两个故事都是帮助君王更好地治理国家。

（二）情境创设，迁移运用。

1. 出示情境，学生分组讨论。

（1）在屋子里打伞长不高。

（2）夏天，给狗狗剃毛，狗狗会很凉快。

（3）换下的牙齿，上牙要向下丢，下牙要向上抛，新牙齿才长得好。

2. 全班分享交流：引导学生就本节课梳理的识别谣言的方法——听、看、思、查等，展开交流。

（三）拓展其他与谣言有关的故事：《指鹿为马》《众口铄金》《道听途说》等。

结束语：同学们不仅会阅读、会思考，还能够联系自身、联系生活。假以时日，相信你们不只是识别谣言的智者，更是生活的智者！谣言是一个古老而又现代的话题，关于谣言的故事还有很多，课后同学们可以进一步去阅读、去探索。

设计意图：围绕本课核心议题“谣言止于智者”，分层延伸与拓展。通过阅读故事出处，发现共同点，认识到识别谣言的重要作用，激发对成为智者的向往之情。再组织学生结合生活实际，运用课堂梳理的方法，尝试识别谣言。通过拓展与运用，帮助学生学以致用。最后，提供更多与谣言相关的故事，扩大学生学习范围，将阅读与生活紧密结合。

【板书设计】

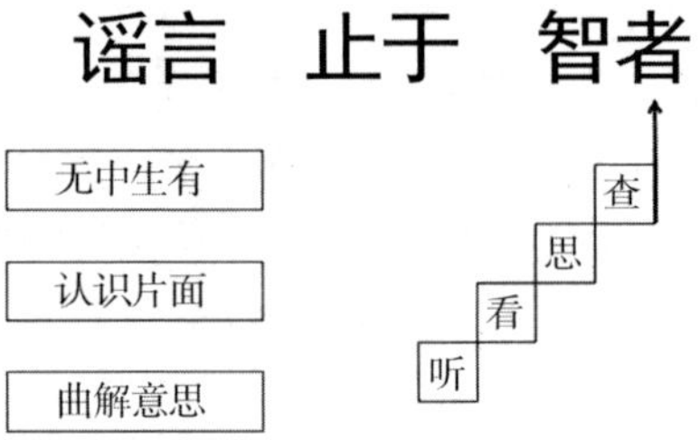

【评价反思】

《课标》在“思辨性阅读与表达”任务群的“学习内容”中指出，第二学段“阅读解决生活问题的故事，尤其是中华智慧故事，结合自己在生活中遇到的问题学习思考的方法”。在认知维度上，思辨能力可以分解为分析、推理、评价三项技能，其中推理是思辨能力的核心技能，也是小学生需要掌握的最重要的思维方法。在本课例中，以“谣言”为议题，带着学生从谣言是什么，谣言如何产生，故事中的人物面对谣言是怎么做的，逐层进行分析，通过比较分析，发现识别谣言的方式。再通过辨析探究推理，进一步明晰面对谣言我们可以怎么做。说清楚故事的思维过程，既能发展学生的思维品质，让思辨更加清晰、更具逻辑性；又能提升学生的表达能力，使语言运用更准确、更流畅；还能促进学生感知智慧形象，领悟故事蕴含的道理。最终，将寓言故事“小故事大道理”的特点与生活实际相结合，帮助学生将所学运用于解决生活中的实际问题，培养学生的核心素养。

（授课：成都市泡桐树小学西区分校 陈萌萌 指导：成都市青羊教科院 刘文虎）

小故事，大道理

【教学册次】

二年级上册

【教学篇目】

《坐井观天》《寒号鸟》《我要的是葫芦》

【议题解读】

本议题生成于统编小学语文教材二年级上册五单元。本单元的教学重点是“初步体会寓言讲述的道理”。所选文本都涉及“劝告”，“劝告”在字典里的意思是拿道理去说服别人，使人改正错误或接受意见。《坐井观天》中小鸟劝告青蛙跳出井口看外面的世界；《寒号鸟》中喜鹊劝告寒号鸟赶紧做窝；《我要的是葫芦》中邻居劝告种葫芦的人治叶子上的蚜虫。这三篇文章更能让学生结构化地认识寓言故事中蕴含的道理。因此，本议题旨在让学生通过阅读本组群文，关注“寓言中的对话”，发现寓言中藏着的道理，并发表自己的简单看法。

【文本分析】

《坐井观天》这个寓言，关注他人的对话，如“天无边无际”“天不过井口大小”，就能知道寓言想要告诉我们的道理：认识事物不能目光短浅、固执己见，要学会接受别人的意见，全面地看问题。

《寒号鸟》这个寓言，关注他人的对话，如“寒号鸟，别睡了。天气暖和，赶快做窝”“傻喜鹊，不要吵，太阳高照，正好睡觉”“趁天晴，快做窝。现在懒惰，将来难过”“傻喜鹊，别啰唆，天气暖和，得过且过”等，我们就能知道寓言想要告诉我们的道理：做事不能得过且过，要用辛勤的劳动创造美好的生活。

《我要的是葫芦》这个寓言，关注他人的对话，如“我的小葫芦，快长啊，快长啊！长得赛过大南瓜才好呢！”“你别光盯着葫芦了，叶子上生了蚜虫，快治一治吧！”等，我们就能知道寓言想要告诉我们的道理：看问题要注意事物之间的联系。

这三篇寓言故事，均通过角色间的对话深刻揭示了生活的哲理。它们分别教导我们：认识事物应避免目光短浅和固执己见，需全面看待问题；在生活中不能抱有得过且过的态度，而应以辛勤劳动创造美好未来；在面对问题时，应注意到事物之间的内在联系。这些寓言以简洁明了的方式，传递了深刻的人生智慧。

【问题链设计】

题目	小故事，大道理			
核心议题	明白寓言故事告诉我们的道理			
主干问题	为什么在他们的口中天有大有小呢？	他们在说什么事情呢？	你从这些经验中学到了什么呢？	将来读寓言故事应该怎么做？
辅助问题	故事中有几个角色？	喜鹊和寒号鸟到底是谁“傻”呢？	种葫芦的人想要怎样的葫芦？	三个故事是长篇故事还是短篇故事？ 主人公是普通的动物、人物还是大人物？ 他们遇到的事情是生活中常见的小事情还是国家大事？

【教学目标】

1. 通过关注文中的对话，理解寓言告诉我们的道理。
2. 能结合文本谈自己简单的看法。

【教学过程】

一、旧知导入

（一）联系旧知

导入语：同学们，你们知道《亡羊补牢》的故事吗？结局是怎样的？

追问：《亡羊补牢》的故事想告诉我们什么道理呢？

过渡：看来，寓言中都藏着一个能助我们成长的“宝藏”。今天老师就带大家一起去寓言故事山中寻找“宝藏”。我们即将经过三座山，分别是《坐井观天》《寒号鸟》《我要的是葫芦》。

（二）激趣导入

想要获得“宝藏”不容易，得大家坚持不懈地努力寻找才行。大家有信心吗？

设计意图：通过提问《亡羊补牢》的故事及其结局，教师首先激活了学生已有的知识储备，使学生能够快速进入学习状态。利用学生熟悉的故事引入新课，有助于激发学生的学习兴趣和好奇心，为后续学习奠定基础。

二、寻宝大闯关。

（一）寻宝第一关：发现角色

请学生把《坐井观天》《寒号鸟》《我要的是葫芦》这三篇课文中的角色都找出来。恭喜学生挖到第一笔“宝藏”。

课文	角色
《坐井观天》	小鸟、青蛙
《寒号鸟》	寒号鸟、喜鹊
《我要的是葫芦》	种葫芦的人、邻居

设计意图：通过让学生找出三篇课文中的角色，教师能够检验学生的预习情况，了解他们对课文内容的初步掌握程度。同时，这一过程也帮助学生巩固了课文中的基本信息，为后续的深入学习打下基础。

（二）寻宝第二关：探讨事件

1. 两人为一组，选择一篇最喜欢的文章共同读一读，然后与同桌说一说文章在说什么事情。

2. 请学生用简短的话来说一说文章在讲什么。

预设：《坐井观天》这个故事中，小鸟和青蛙在讨论天有多大。

预设：《寒号鸟》这个故事中，寒号鸟和喜鹊在讨论做窝的事情。

预设：《我要的是葫芦》这个故事中，种葫芦的人和邻居在谈论种葫芦。

课文	角色	事件
《坐井观天》	小鸟、青蛙	讨论天的大小
《寒号鸟》	寒号鸟、喜鹊	做窝
《我要的是葫芦》	种葫芦的人、邻居	种葫芦

设计意图：通过让学生与同桌两人小组进行合作学习，教师鼓励了学生之间的互动和交流，这有助于培养学生的合作精神和沟通能力。小组合作的形式也为学生提供了一个相互学习和借鉴的机会，有助于促进班级整体学习水平的提高。

（三）寻宝第三关：勾出对话

要求：请在你们选择的故事中找出角色的对话，并用“______”勾画出来，再分角色读一读。

设计意图：要求学生找出故事中的角色对话，并用特定符号勾画出来，教师引导学生更加关注角色之间的交流和互动。这有助于学生深入理解角色的性格特点、情感变化以及故事情节的发展，从而加深对课文内容的把握。

（四）寻宝第四关：对比悟理

1.《坐井观天》

（1）读一读人物间的对话。

> 青蛙：你从哪儿来呀？
> 小鸟：我从天上来，飞了一百多里，口渴了，下来找点儿水喝。
> 青蛙：朋友，别说大话了！天不过井口那么大，还用飞那么远吗？
> 小鸟：你弄错了。天无边无际，大得很哪！
> 青蛙：朋友，我天天坐在井里，一抬头就能看见天。我不会弄错的。
> 小鸟：朋友，你是弄错了。不信，你跳出井来看一看吧。

（2）答一答。

青蛙认为天多大？——井口大小。

小鸟认为天有多大？——无边无际。

那为什么在它们的口中天有大有小呢？

（3）出示图片，对比小鸟飞过的地方和青蛙看到的地方。教师引读，请学生读文中句子，读出对比的感觉。

小鸟飞过了____（一望无际的）海洋，所以小鸟说：“天无边无际，大得很哪！”

而青蛙只见过“井口大小”的天空，所以青蛙说：“天不过井口那么大。”

小鸟飞过了____（雄伟壮丽的）雪山，所以小鸟说：“天无边无际，大得很哪！”

而青蛙只见过“井口大小”的天空，所以青蛙说：“天不过井口那么大。”

小鸟飞过了____（灯火辉煌的）城市，所以小鸟说：“天无边无际，大得很哪！”

而青蛙只见过“井口大小”的天空，所以青蛙说：“天不过井口那么大。”

教师追问：小鸟还会飞过（怎样的）哪些地方？请学生发挥想象说一说。

预设：小鸟飞过了（壮观辽阔的）沙漠，所以小鸟说：“天无边无际，大得很哪！”而青蛙只见过“井口大小”的天空，所以青蛙说：“天不过井口那么大。”

预设：小鸟飞过了（广袤无垠的）草原，所以小鸟说：“天无边无际，大得很哪！”而青蛙只见过“井口大小”的天空，所以青蛙说：“天不过井口那么大。”

教师继续引导：快来劝一劝这只井底之蛙吧！

（4）你从《坐井观天》这篇故事中明白了什么？

教师总结：从这座寓言山中明白了不能目光短浅、固执己见，要全面地看问题，恭喜你们挖掘到了一笔不菲的“宝藏”。

课文	角色	事件	收获
《坐井观天》	小鸟、青蛙	天的大小	要学会接受别人的意见，不能目光短浅、固执己见，要全面地看问题
《寒号鸟》	寒号鸟、喜鹊	做窝	
《我要的是葫芦》	种葫芦的人、邻居	种葫芦	

2. 选择《寒号鸟》的小组一起把书翻到《寒号鸟》一课（PPT 出示语句）

喜鹊：寒号鸟，别睡了，大好晴天，赶快做窝。
寒号鸟：傻喜鹊，不要吵，太阳高照，正好睡觉。
喜鹊：趁天晴，快做窝，现在懒惰，将来难过。
寒号鸟：傻喜鹊，别啰唆，天气暖和，得过且过。

（1）教师引导：天气晴朗，喜鹊一早飞出去，东寻西找，忙着做窝，看着不做窝的寒号鸟，喜鹊的心情是怎么样的？（着急）

请学生用着急的语气读一读第一句话。

（2）教师追问：喜鹊打扰了寒号鸟睡觉，被打扰的寒号鸟心情是怎样的？

（不耐烦）

请学生用不耐烦的语气读一读第二句话。

过渡：寒号鸟不听喜鹊的劝告，接下来又发生了什么呢？请大家看黑板，我们一起来读一读第5、6自然段。

> 冬天说到就到，寒风呼呼地刮着。喜鹊住在温暖的窝里。寒号鸟在崖缝里冻得直打哆嗦，不停地叫着："哆啰啰，哆啰啰，寒风冻死我，明天就做窝。"
>
> 第二天清早，风停了，太阳暖暖的，好像又是春天了。

（3）教师引导：喜鹊又来劝说寒号鸟做窝了，可是看到寒号鸟还不开始做窝，心情又有了怎样的变化？（更着急）

请学生带着更着急语气读一读第三句话。

（4）教师追问：寒号鸟是怎样说的？为什么说寒号鸟更傻呢？它明明在天气晴朗的时候享受生活呀，晒着太阳睡觉可舒服了！师生讨论。

总结：要像喜鹊那样勤劳，有计划，看得长远，未雨绸缪。做事不能得过且过，要用辛勤的劳动创造美好的生活。

课文	角色	事件	收获
《坐井观天》	小鸟、青蛙	谈论天的大小	要学会接受别人的意见，不能目光短浅、固执己见，要全面地看问题
《寒号鸟》	寒号鸟、喜鹊	做窝	做事不能得过且过，要用辛勤的劳动创造美好的生活
《我要的是葫芦》	种葫芦的人、邻居	种葫芦	

3. 选择《我要的是葫芦》的小组一起把书翻到《我要的是葫芦》一课（出示PPT）

> 种葫芦人：我的小葫芦，快长啊，快长啊！长得赛过大南瓜才好呢！
> 邻居：你别光盯着葫芦了，叶子上生了蚜虫，快治一治吧！
> 种葫芦人：什么？叶子上的虫还用治？我要的是葫芦。

（1）教师设疑：种葫芦的人想要怎样的葫芦？

（2）教师引导：第一句话中出现了两个叹号，可以看出种葫芦的人怎样的心情呢？种葫芦的人那么想要葫芦，每天都要去看几次，照理说他会把葫芦照顾得很好呀，可邻居看到了葫芦是怎么说的？

教师引读：过了几天，叶子慢慢变黄了，邻居看见了，对他说……

又过了几天，藤蔓慢慢枯萎了，邻居看见了，对他说……

可是种葫芦的人很不解，他是怎样说的？

（3）教师引导：对啊，叶子上长了蚜虫跟葫芦有什么关系呀？哪个聪明的小朋友能告诉我？

（4）如果你是种葫芦的人，你从这次失败的种葫芦经验中学到了什么呢？

总结：看问题不要只盯着一个地方，要注意事物之间的联系。

课文	角色	事件	收获
《坐井观天》	小鸟、青蛙	讨论天的大小	要学会接受别人的意见，不能目光短浅、固执己见，要全面地看问题
《寒号鸟》	寒号鸟、喜鹊	做窝	做事不能得过且过，要用辛勤的劳动创造美好的生活
《我要的是葫芦》	种葫芦的人、邻居	种葫芦	要全面地看待问题，注意事物之间的联系

过渡：同学们真厉害，老师把你们找到的“宝藏”都列在了这张表中，现在请大家横着、竖着看一看，你都发现了什么？

设计意图：通过文本深入解读、批判性思维培养、情感教育与价值观引导、口语表达与朗读训练、表格总结与知识梳理以及过渡与衔接等活动，促进学生的全面发展。

三、整合梳理，寻找相同

（1）教师引导学生梳理文本：这三个故事是长篇故事还是短篇故事？（板书：小故事）

主人公是普通的动物、人物还是大人物？（板书：小人物）

他们遇到的事情是生活中常见的小事情还是国家大事？（板书：小事情）

寓言故事就是通过一个小故事来讲述小人物之间发生的小事情，并且告诉

我们一个深刻的道理。(板书：大道理)

(2) 统整：读寓言，不仅要了解一个故事的内容，更重要的是明白寓言告诉我们的道理。(把板书中议题里的“道理”圈出来，进行强调)

设计意图： 教师通过提问引导学生对三个故事进行归类，明确它们都是“小故事”“小人物”和“小事情”，从而帮助学生把握寓言故事的基本特点。通过归类总结，突出寓言的核心价值，强调读寓言的目的、教学过程的逻辑性以及板书设计的辅助性等活动，引导学生深入理解寓言故事的特点和价值，提高学生的阅读能力和思维能力。

【板书设计】

寓言	小故事	大道理
关注对话	小人物	
抓关键词	小事情	

【评价反思】

本次寓言故事的群文教学活动设计，旨在引导学生深入理解寓言故事中的道理，并培养他们的批判性思维和表达能力。在教学过程中，教师设计了一系列由浅入深的问题链，引导学生逐步深入文本，理解寓言故事的内涵。特别是在“对比悟理”环节，通过对比小鸟和青蛙的视野、喜鹊和寒号鸟的生活态度、种葫芦的人和邻居的观点，帮助学生更清晰地认识到寓言故事中的道理。

小组合作学习的形式在本次教学中得到了有效应用。通过两人一组共同阅读和讨论，学生之间的互动和交流得到了增强，有助于培养他们的合作精神和沟通能力。同时，小组合作也为学生提供了一个相互学习和借鉴的机会，促进了整体学习水平的提高。

本次教学设计成效初显，但仍需优化。特别是“寻宝第三关”分角色朗读耗时过多，有些影响后续环节。此后教学中，应注重时间管理，确保各环节充分展开。同时，应设计更具启发性的探究问题，促进学生主动思考与深入探究，持续提升其高阶思维能力。

(授课：成都市浣花小学校 彭雪璐　指导：成都市青羊教科院 刘文虎)

变与不变

【教学册次】

二年级下册

【教学篇目】

《大象的耳朵》《蜘蛛开店》《青蛙卖泥塘》《小毛虫》

【议题解读】

本单元四篇文本在人文主题上进阶变化，可以充分利用本组文本从大单元整体教学模式向多文本教学形式过渡，在一定程度上发展学生分析、批判和综合等高阶思维能力，初步尝试思辨性阅读和表达，为中高年段的学习做铺垫。因此，在结构化文本解读基础上进行以《变与不变》为议题的多文本教学设计。以“主人公的改变是什么?”“该不该改变?”“应该怎么改变?”为问题链，通过对比阅读、分析阅读等形式进行集体共建，在梳理与统整中引导学生懂得不变的是追求美好生活的愿望，同时明白根据具体情况应学会改变的道理。

【文本分析】

二年级下册第七单元的四篇文章都是有思维价值的童话故事，围绕“改变”这一主题层层递进。《大象的耳朵》围绕“该不该改变”的问题，最终明白：人家是人家，我是我，每个人都有自己和别人不一样的地方，要正确对待别人的看法，要有自己的判断，不要为了迎合别人而盲目地改变自己。《蜘蛛开店》围绕“改变好不好”的问题，阅读时发现商品变了，付费却一成不变，表明了蜘蛛思维简单，办事不够灵活，从而懂得做事要灵活变通的道理。《青蛙卖泥塘》则围绕“应该怎么改变”的问题，最终懂得要听取意见，不断努力，才能越变越好的道理。《小毛虫》围绕“怎么面对改变”的问题，发现小毛虫面对改变坚定不移的态度，进而懂得“每个人都有自己该做的事情”和“万事万物都有自己的规律”。

【问题链设计】

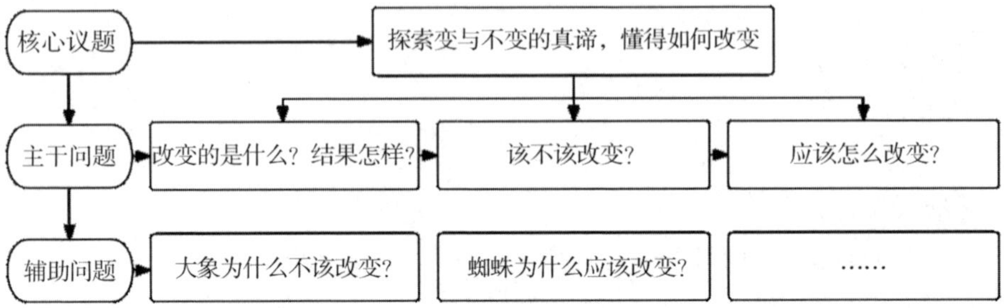

【教学目标】

1. 自主阅读文本，结合关键句和提示讲故事，在讲述中发现四篇文本中的改变及改变的结果。

2. 通过梳理表格，在比较和讨论中明白不变的是追求美好生活的愿望，而当变之时应学会改变，懂得变与不变的真谛。

【教学准备】

教师准备：教学设计、PPT、文本

学生准备：熟读文本

【教学过程】

一、回顾内容，讲述故事

导入语：同学们，这个单元我们学习了四篇有趣的童话故事，今天我们把这几篇文章放到一起再来学习，去探寻故事中还没有被发现的奥秘。

（一）根据课上所学试着讲一讲故事的内容。

（二）同桌讨论：这四篇童话故事的内容有什么相同之处？

小结：其实，在学习这个单元之前我们就已经知道了，四篇文章有一个共同的主题“改变”。那故事中什么改变了？又有什么是不变的呢？这节课我们就去探寻“变与不变”的奥秘。

设计意图：通过回顾四篇文章的内容，发现“改变”的主题，引出本节群文阅读课的议题——变与不变，激发学生学习的兴趣。

二、梳理故事，明确“改变”

（一）结合故事内容，说一说每篇文章中的改变是什么，结果怎么样。

（二）学生汇报，全班交流，梳理表格。

文章	改变	结果
《大象的耳朵》	想法	耳朵耷拉下来，人家是人家，我是我
《蜘蛛开店》	商品	蜈蚣来了，逃回网上
《青蛙卖泥塘》	环境	泥塘变美了，不再卖泥塘
《小毛虫》	外形	破茧成蝶，成为美丽的飞蛾

对比表格发现改变的内容不同，结果也不一样。对比改变的结果有什么发现？

小结：有的越变越好，有的却变得不好了。

设计意图：通过梳理四篇文章的内容，提取信息，发现改变及改变的结果，在对比中进行第一次统整，发现改变的结果有好有不好，初步认识“变”的表层含义。

三、对比统整，探寻真谛

（一）对比阅读《大象的耳朵》和《蜘蛛开店》

1. 两篇文章结果截然不同，大象将自己耷拉着的耳朵竖起来，之后又将耳朵耷拉下来，尝试之后改变了自己的想法，蜘蛛在几次改变商品后，迎来的却是越来越困难的工作。你认为他们该不该改变？

2. 出示学习提示：小组内结合故事内容和结果发表自己的观点并说明理由。

3. 学生分享，全班讨论，明确：大象本不该改变，但是在改变后也让他再次认识了自己的特点；蜘蛛想要改变，也应该改变，但是没有找到正确的方向。

（二）对比阅读《青蛙卖泥塘》和《小毛虫》

1. 这两篇文章都是因为改变带来了美好。从青蛙和小毛虫的改变中，你觉得面对问题，我们应该怎么改变？

2. 出示学习提示：小组内结合故事内容和结果发表自己的观点并说明理由。

3. 学生分享，全班讨论，明确：青蛙和小毛虫的改变都是为了追求美好，在面对改变时应该像他们一样坚定想法，不断努力。

（三）统整表格，集体共建

1. 在对比学习中我们发现改变的结果有好有坏，那是不是就说明不应该改变呢？在面对改变时我们应该怎么做呢？

2. 总结：改变是必然的，当变之时则应学会改变，在面对改变时我们应该找准方向，不断努力才能实现心中的美好愿景，而在改变中也存在着不变，不变的是人们追求美好生活的愿望。

设计意图： 通过文本的两两对比，在谈论与交流中进行思辨训练，明确改变的意义和改变的方式，正确看待生活中的改变，懂得变与不变的真谛，为学生生活赋能。

【板书设计】

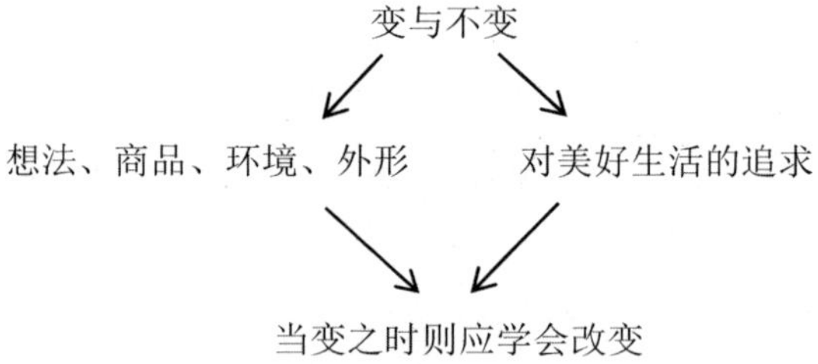

【评价反思】

本课例是基于统编教材二年级下册第七单元教学后进行的多文本教学尝试。围绕核心议题“变与不变”引导学生进行深入探讨，发现文本中的改变及结果，在此基础上进行思辨训练：该不该改变？应该怎么改变？在谈论与分析中明白改变的真谛。

教学中因为有了前置学习的基础，所以学生对文本的整体把握较好，为本课的学习打好了基础。课上精心设计三级问题链引导学生学习，在对比学习中，由于年龄和认知影响，学生在学习过程中呈现出了一定的差异。教师在提出主干问题后，根据学生的反馈，相机提出一系列辅助问题帮助思考，极大提升了学生的参与度。最后在师生的集体共建中达成本课教学目标。

（成都市泡桐树小学绿舟分校 张娟）

第三节 言语实践类议题案例

说明文的语言风格

【教学册次】

五年级上册

【教学篇目】

《太阳》《松鼠》《鲸》《蟋蟀的住宅》《只有一个地球》

【议题解读】

在小学语文教学中，说明文的教学是培养学生观察、分析和表达能力的重要途径。课标中说明文的教学目标和要求主要有以下几方面：认识说明文的特点，包括语言的准确性、条理性、逻辑性等；掌握说明文的结构，学会如何组织说明文的结构，使文章条理清晰、层次分明；学习说明方法，学生需要掌握这些方法，并能在写作中灵活运用；培养观察和分析能力，学会从不同角度和层面去认识和理解事物。

小学阶段的说明文一共有 26 篇。其中三年级 9 篇，四年级 7 篇，五年级 7 篇，六年级 3 篇。纵向来看，三年级下册引导学生图文并茂地了解事物，激发对说明文的兴趣；四年级则配合连续性观察进行准确表达；五年级要求对说明文有一定了解，尤其要练习搜集资料并运用多种说明方法进行表达；六年级要求综合进行说明和介绍。到七年级上册，学生再次系统学习说明文，如第五单元有《中国石拱桥》《苏州园林》《蝉》《梦回繁华》4 篇文章，写作的要点是“说明事物要抓住特点”。

从整体上看，五年级上册第五单元的说明文学习非常重要。说明文作为一个特殊的文体，无论是阅读还是习作，说明方法的学习和运用都是重点。课文的课后题以及相关练习也都突出了这些重难点，找到切入点，引起学生的学习兴趣，从不同方面学习说明文，是学习说明文要解决的重点议题。通过教材分析，我们将本单元的议题定为说明文的语言风格。

【文本分析】

《太阳》主要介绍了太阳的特点以及太阳与人类的关系，强调了太阳对地球生命的重要性。语言风格朴实无华，通过使用做比较、列数字、举例子等说明方法，将太阳的特征和对人类的影响清晰地呈现给读者。文章通过对比、举例和详细解释等方式，让读者更好地理解太阳的特性以及它与人类生活的紧密联系。在教学过程中，重点在于引导学生理解太阳的远、大、热等特点以及它对地球生命的作用，同时学习和运用说明方法。

《松鼠》生动地介绍了松鼠的外貌、性格和行为，突出了松鼠讨人喜欢的特点，表达了作者对松鼠的喜爱之情。《松鼠》的语言风格生动、活泼，运用了列数字、打比方等说明方法，同时采用了比喻、拟人等手法，使文章更具文学色彩。文章通过细致的描写和形象化的说明，让读者对松鼠的形象和生活习性有了深入的了解。在教学过程中，重点在于引导学生通过学习课文，掌握说明文的写作技巧，并学会运用这些技巧来介绍其他事物。

《鲸》这篇课文着重介绍了鲸的形体特点和生活习性，旨在让读者了解鲸这种神秘的海洋生物。《鲸》的语言风格精练平实，运用了列数字、做比较等说明方法，以准确、简洁的方式向读者传达信息。文章通过具体的数字和比较，让读者对鲸的庞大体型和特殊习性有了直观的认识。在教学过程中，重点在于引导学生学习和运用说明文的写作方法，同时培养他们对海洋生物的兴趣和保护意识。

在对几篇文章进行文本解读、比较后发现，每一篇文章都是十分典型的说明文，说明方法丰富多样，但更具特色的是每篇文章都有不同的语言风格：《太阳》语言风格朴实无华；《松鼠》更加生动形象受学生喜爱；《鲸》更典型，从不同角度介绍鲸的特点以及生活习性。因此，教师从语言风格入手进行了本单元的教学设计。

【问题链设计】

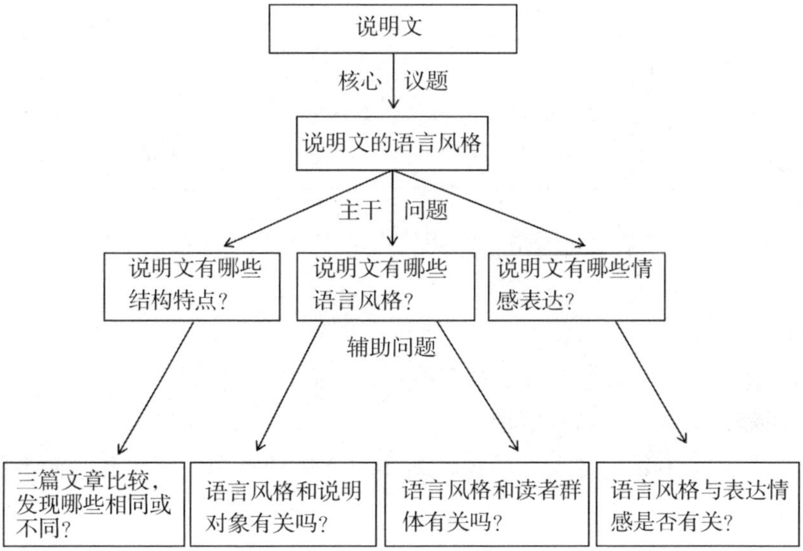

【教学目标】

1. 初步感知说明文语言风格的多样性。
2. 通过对比发现说明文语言风格和说明对象、读者群体、情感表达有关系。
3. 能选择不同的说明语言风格恰当地说明事物的特点。

【教学准备】

教师准备：教学设计、PPT、文本

学生准备：回顾文本

【教学过程】

一、谈话引入

导入语：回顾五单元的三篇文章，我们发现了这几篇文章在结构上的秘密。重温课文，现在谁能根据表格的提示，进行汇报?

（一）通过学生的汇报，梳理表格。

课文	说明对象	内容
《太阳》	太阳	太阳的特点、与人类的关系
《松鼠》	松鼠	外形特点、行为特征、生活习性
《鲸》	鲸	外形特点、进化、种类、生活习性

（二）提问：请大家看表格，你能从表格中发现三篇文章有什么相同和不同之处？

预设：

1. 说明对象就是课题，课题简单明了，没有修饰性的词语。

2. 两篇写动物，一篇写事物。

3. 都介绍了事物的特点，动物有动物的外形特点和生活习性，而事物也有事物的特点。

小结：叶圣陶说，说明文以说明白了为成功。我们选择什么样的语言风格将事物的特点说明白呢？今天咱们就来聊一聊说明文的语言风格。

（三）提问：说明文的语言风格是如此多样，那把《太阳》的说明语言改成像《松鼠》一样的描述性的语言，你认为合适吗？

出示修改的《太阳》的段落。

追问：为什么这样的语言风格就不能把太阳的特点说清楚、说明白呢？同桌讨论。

（四）对比题目。

第一类：《蝙蝠和雷达》《什么比猎豹的速度更快》《月球之谜》

第二类：《蟋蟀的住宅》《南州六月荔枝丹》《桥之美》

预设：题目的风格都不一样，一个通俗易懂，一个活泼有趣。

教师引导：看到这些题目，它们的说明对象是什么？你发现这些事物和作者选择的语言风格有关系吗？

小结：有的事物离我们的生活很近，在生活中能够容易看得到，像这样的事物，我们可以选择像《松鼠》这样形象的语言风格；有的事物离我们的生活很远，用平实的说明风格能更好地将事物特点说清楚。所以，语言风格和说明对象是有关系的。那是不是就只能选择一种语言？

过渡：语言风格和说明对象有关系，那如果是同一种说明对象呢？又该如何选择？

设计意图：本小节的学习是建立在学生已经初步学习三篇课文，对课文的内容以及说明方法有初步了解的基础上。学生通过用表格梳理进行比较，巩固说明文特点，教师揭示单元主题“说明文以说明白了为成功”，为后续的学习打好基础。在本小节中，教师还引入了几篇不同类型的说明文进行比较，在体会说明方法的同时，初步感受语言风格，通过比较几篇说明文题目的不同，体会语言风格的特点。

二、比较中发现语言风格的密码

（一）第一次对比：语言风格和说明对象有关

出示《松鼠》的第五自然段和《中国大百科全书》中描写松鼠的句子，学生默读，然后让学生谈一谈从两段话中分别获取到了哪些信息，并说一说你更喜欢哪一种，为什么。

预设：

1. 一个用描述更多，一个列数字很多

2. 一个语言平实通俗，一个形象生动。

3. 都说得有条理。

小结：说明文的语言可以像《松鼠》一样生动形象，也可以像《中国百科全书》一样简洁明了，还可以像我们之前学习的课文《太阳》一样通俗易懂。

（二）第二次对比：语言风格和读者群体有关

1. 出示《蟋蟀的住宅》第二自然段和课后描述，两者做比较。

提问：两段话都在说蟋蟀，表达有什么不同？

学生自读体会：《蟋蟀的住宅》把蟋蟀当作人来写，更形象生动，栩栩如生，富有情趣；《昆虫》简洁干净，表达清楚准确。

2. 两种语言风格看来是各有千秋，如果给小弟弟小妹妹讲，你觉得哪个更好？那如果给科学老师讲呢？

3. 小结：原来语言风格和我们的读者群体有关系，文章写给谁看，就选择这个群体更能读懂的语言风格。

过渡：你们看这个单元的文章是写给谁看的？都是五年级的学生。读者群体都一样，那为什么语言风格又有不同呢？

（三）第三次对比：语言风格与是否表达情感有关

1. 出示《鲸》的第一自然段和《松鼠》的第一自然段。

（1）指名读，两人对比读，进一步思考：两段话都在写动物的外形特点，除了事物特点，你们还能读到什么？学生能感受到作者对松鼠的喜爱之情。

（2）教师追问：你从哪里读到的？在《鲸》一课有这样的文字吗？

小结：《松鼠》中运用了许多有情感有温度的词语。拟人的描写让作者对松鼠的喜爱之情流露出来，还让我们看到了这样活泼可爱的小松鼠。

（3）播放关于鲸的视频，学生结合课文内容再次体会。

解读评价：《鲸》没有明显的情感表达，作者也用通俗易懂的语言向我们介绍关于鲸的知识，运用列数字、做比较的说明方法，使得鲸的庞大也让我们具体可感。所以，语言风格也和我们情感表达的需要有关。

2. 学生拿出学习单，读一读哪里能体会作者的情感。

（1）学生在批注、勾画、汇报中发现有感情的词语和拟人手法能表达情感，议论和抒情的语言也能表达情感。

（2）通过朗读，读出作者对地球母亲的爱。

总结：说明文的语言风格是多样的。当我们要写一篇说明文的时候，可以根据说明对象、读者群体和是否表达情感来选择合适的语言风格，把事物特点说清楚、说明白。

设计意图：说明文的核心就是阐释比较。在这一小节的教学中，教师设置了三次对比。第一次对比的目的是体会语言风格和说明对象有关。首先将《松鼠》的课文节选和《中国大百科全书》中截取的相关知识进行比较，学生会发现不同的语言风格表达的效果不同，说明文语言既可以生动形象，又可以简洁明快，通俗易懂。第二次对比，让学生发现语言风格和读者群体有关，从《蟋蟀的住宅》入手，让学生感受面对不同的读者群体，有的说明文要写得生动形象、富有情趣，而有的说明文则要简洁干净，表达更加清楚、准确。再结合自己的生活实际来体会，五年级的学生可以接受哪种语言风格，作者又为何选择这种表达方式。第三次对比让学生体会语言风格和表达的情感有关。通过《鲸》和《松鼠》不同段落的比较，让学生在对比中读一读，感受到作者对松鼠的喜爱之情，从而也让学生真实地体会到说明文也可以有情感的表达。

三、迁移运用

（一）出示改写《白鹭》的要求。

（二）小组内讨论交流，写作，汇报评价。

（三）根据时间修改。

结束语：今天我们围绕说明文的语言风格进行了初步研究，关于说明文还有很多知识需要我们去探讨。同学们可以读一读不同的说明文或者书籍，去感受作者不同的语言风格。

设计意图：说明文一个重要的作用就是在学生的表达层面，学会用说明的方法来描写生活中熟悉的事物。在这一小节中，教师借助课后题，让学生用学到的方法改写《白鹭》。在改写和分享的过程中，孩子们进一步体会说明文的妙处，从而引发大家学习说明文的兴趣，去阅读更多的相关书籍，感受不同的语言风格。

【板书设计】

说明对象				生动形象
读者群体	←	说明文的语言风格	→	简洁明了
情感表达				通俗易懂

【评价反思】

这一次备课的过程用一个字形容，那就是“难”！从无数次的建构到推翻，再重来，再推翻，脑子里无数次在想：这样的设计，上出来的课会怎样呢？因为说明文所能研究的点并不多，更不能像诗歌、童话、小说那样有趣，可以研究写法，可以研究情感……相比之下，说明文也比较枯燥，并不是学生所喜爱的。于是，教师继续引导学生去探究不同语言风格的背后有什么样的秘密。首先，通过比较学习，让学生发现语言风格和说明对象是有关系的。当给学生建立这样一种认知的时候，教师通过设计问题来引发学生的思考，进而继续探究出语言风格还和读者群体有关系。其次，又通过问题“读者群体相同吗?”让学生发现语言风格还和作者表达情感的需要有关系。在这种螺旋上升的结构化的问题中，用不断产生的新问题让学生进行探究。最后，发现说明文的语言风格和说明对象、读者群体、表达感情都有关系。如此，学生在写说明文时，语言表达的风格会更加鲜明，也会丰富多样。

一节课，不可能将说明文的语言风格讲透彻，因为这是一个很复杂的问题。因此，教师能做的只是让学生初步感受说明文有不同的语言风格，学生能运用其中的一两种说明方法把事物说清楚，也能用上一两种方法来满足表达情感的需要，在写说明文的时候，语言风格能够有更多样化的选择即可。

（授课：成都市青羊实验中学附属小学 马安容　指导：成都市青羊教科院 刘文虎）

小称呼，真情感

【教学册次】

四年级下册

【教学篇目】

《猫》《母鸡》《白鹅》和课后链接《猫》《白公鹅》

【议题解读】

《课标》中提到第二学段学生“能联系上下文，理解词句的意思，体会课文中关键词句表达情意的作用；能初步把握文章的主要内容，体会文章表达的思想感情”。本单元要素是“体会作家是如何表达对动物的感情的”，从作品赏析的角度分析作者的写法和表达方式，这与写作要求“写自己喜欢的动物，试着写出特点”合在一起，是典型的读写结合。它们都呼应了课标的学段要求——表达自己的真切感受。本课例从词到句子再到段落，进行结构化的教学设计，以体会作家是怎样表达情感的。

《课标》第二学段“文学阅读与创意表达”任务群要求“阅读描绘大自然、表现人类美好情感的诗歌、散文等文学作品，结合自己的生活体验，尝试用文学语言表达自己热爱自然、珍爱生命的情感”。本单元引导学生阅读赏析多篇名家散文就是要让学生感受作家对动物朋友的美好情感，在朗读中品味语言文字的优美，提升文学审美能力。学生在日常生活体验中，情感的表达往往缺乏真切和细腻的感受，无论是对身边熟悉的动物还是人物的情感表达都有上述问题。例如，本单元课文中，不同的作者对自己喜爱的动物都会有不同的称呼，而这些称呼又会在不同阶段发生改变，学生对此却很难察觉。本课例就从称呼入手，让学生学习名家对动物称呼的独特表达方式。

【文本分析】

本单元的特点是作品都选自名家名篇，描绘的都是身边熟悉的动物朋友。老舍的《猫》是单元首篇，结构鲜明地写出了猫长大时的古怪和满月时的可爱，展示猫既老实又贪玩，既贪玩又尽职，既胆小又勇猛的鲜明特点。阅读链接中，夏丏尊直接叙述家人对于小猫的喜爱，周而复则是描写猫的外形特点。《母鸡》

也是老舍先生的文章，采用先抑后扬的写法，通过立场的对比、态度的转变等，给读者留下了鲜明的形象。丰子恺在《白鹅》中从不同角度展示白鹅高傲的特点，描写时大量使用对比和反语，表面上看似不喜欢白鹅，实际上从字里行间表达了对白鹅的喜爱。课后的阅读链接中，《白鹅》链接了俄国作家叶·诺索夫的《白公鹅》，学生可以比较两位作家笔下的鹅有什么共同点，再体会两篇文章表达上的相似之处。

三篇课文都不约而同运用拟人修辞手法、富有情趣的生活化语言，使文章读起来生动有趣，画面感十足。单篇文章的教学和解读已经有很多优秀的范例，教师都能够抓住作者的情感表达以及明贬实褒的独特写作手法。单元整体备课后发现通过称呼表现不同的情感是本单元特有的表达方式，所以我们在单篇解读的基础上将本单元课文做了整合教学，在初步预习、了解课文内容、解决基本教学目标的前提下，进行三篇文章的对比，让学生通过读一读、演一演、说一说等学习活动体会作家独特的表达方式。

【问题链设计】

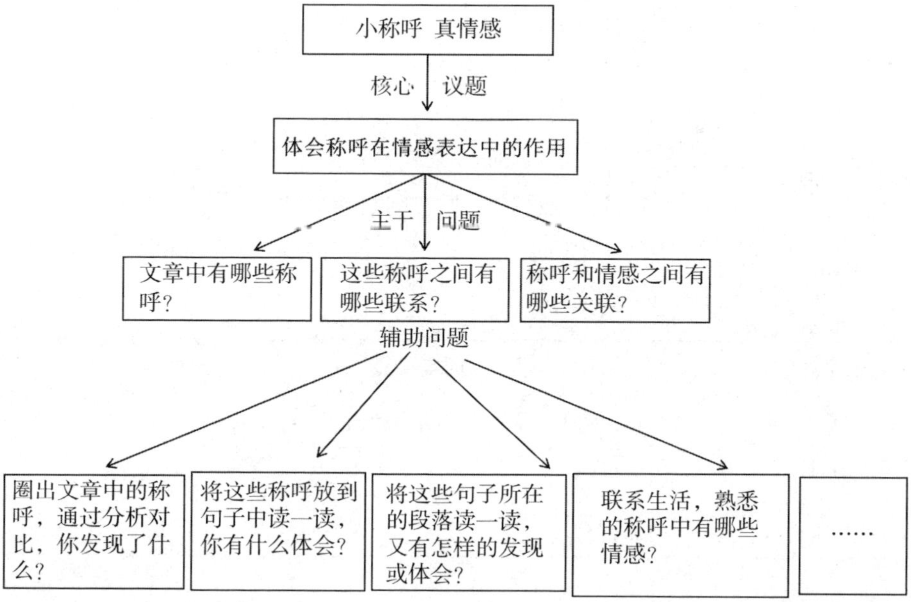

【教学目标】

1. 了解称呼的不同形式。

2. 体会称呼在情感表达中的作用，明贬实褒、先抑后扬、反语等都是表达对事物喜欢的方式。

3. 初步感知称呼在现实生活中的情感寄托。

【教学准备】

教师准备：教学设计、PPT、文本

学生准备：单元整体预习课文

【教学过程】

一、导入

（一）讨论教师的姓名和称呼，说说有什么联系。（板书：褒）

（二）讨论同学的姓名和称呼。（板书：贬）

总结：不同的称呼能让我们有不同的感受。（板书：称呼）

设计意图：通过师生对话，活跃课堂气氛，拉近师生之间的距离，引出称呼的概念，知道称呼分为“褒”和“贬”等不同类型。复习巩固学过的明贬实褒的方法，为后面的学习做好铺垫。

二、初识称呼

（一）出示“好一个高傲的动物!”（贴：高傲的动物）

（二）出示学习要求：圈出课文中的称呼。

（三）出示带有称呼的句子。圈出称呼，尝试读，反馈。

请学生给称呼分类。（板书：普通、亲昵……）

总结称呼的特点（板书：普通、亲昵、明贬实褒）

（四）出示分类表格。（提问：丰子恺用不同的称呼描写他的鹅，其他作者又是如何称呼自己动物的呢?）

课文（链接）	普通称呼	明贬实褒	亲昵的称呼
《猫》	猫；它；它们	古怪的小动物	
《母鸡》	它；母鸡		鸡；母鸡
《猫》夏丏尊	小猫；它		好猫；好儿子；好女儿

设计意图：在《白鹅》中找不同称呼，体会高傲的特点，初步体会作者将鹅称为“高傲的动物”的原因。通过多种形式读——轮读、背、齐读，学生按情感变化排列称呼，有感情地朗读句子，读出情感的变化。在读的基础上按普通的称呼、亲昵的称呼、明贬实褒的称呼进行分类，在比较中发现称呼的不同情感。

三、对比称呼

（一）出示学习要求。

请学生汇报，引导学生横向、纵向比较。

（二）出示老舍《猫》《母鸡》的句子，出示老舍《猫》中对比的句子，出示老舍《母鸡》中对比的句子。

（三）出示四篇文章中亲昵称呼的句子。提问：不同动物，不同作者，你读出了什么？

总结：不同作者，不同动物，不同称呼，不同情感，动物在我们面前变得更亲近了。

设计意图：学生快速浏览三篇课文，圈称呼，合作学习完成表格，发现几篇文章中都有普通称呼；亲昵称呼使用不一，说明作者的表达习惯不同；称呼随着感情的变化而变化。不同作家在描写不同事物时所用的方法也不同，但都表现了对动物们的喜爱之情，进一步感受称呼的变化过程中藏着情感的变化。

四、情感升华

过渡：不同作者笔下的鹅又有什么特点呢？

（一）出示《白鹅》和《白公鹅》片段。两只鹅有什么不同？有什么相同？

请女生读，男生演。教师总结：无论是鹅老爷还是海军上将，我们都能从作者的字里行间感受到浓浓的感情。

（二）出示《白鹅》原文节选片段。教师朗读并提问：你提取到了哪些信息？作者为什么要写这只鹅？他与鹅之间是一种什么样的情感？

（三）出示《白公鹅》并提问：你读到了哪些信息，此时的鹅还仅仅是一只鹅吗？作者对它的情感是怎样的？

（四）由课内延伸到课外，从动物的称呼到植物的称呼，再回到人类的称呼，紧扣情感。

（五）在图片和文字的展示中体会人类特有的情感。

设计意图：学生在比较学习中体会到不同国家的作者对鹅的称呼不同：中国——鹅老爷，外国——海军上将。但是它们之间也有相同之处：鹅、白、公的、有派头、不讲理……学生通过演一演、说一说等活动提取信息，深切感受到作者生活不易，条件艰苦……原来对动物的描写是作者对过去生活的回忆，它们之间是互相依靠的情感。这样的学习活动 ，让学生更真切地体会动物和人类情感的复杂和纯粹。

【板书设计】

小称呼　真情感

鹅
白鹅
我们的鹅　　明贬实褒　普通称呼　亲昵称呼
鹅老爷

【评价反思】

本次学习文本是统编教材四年级下册第四单元，其单元主题是体会作家如何表达对动物的情感。在常规的单篇教学中，教师引导学生通过文章中的语言、动作描写、具体事例等方面体会作者的情感表达。备课过程中，教师通过群文的视角横向比较几篇文章，发现作者的情感表达随着“称呼”的变化而发生改变，从而抓住本单元的教学难点：不仅要体会文章所表达的情感，还要关注作家是如何表达的。本节课从“称呼”入手，深入渗透情感和方法，了解称呼的不同形式；体会称呼在情感表达中的作用；初步感知称呼还与作家的表达方式和语言风格有关。通过比对整合、共学感悟、表演体验等有趣的形式，实现了对四年级下册“我们的动物朋友”这个主题单元的重组和建构，让学生对旧的文本有新的认识，并感受更高位的表达。通过对“称呼”的学习，从词到句，从句到篇，从篇到与作者对话，从语文到文化，让学生感受一个小小的称呼里蕴含的大学问和真情感。

（授课：成都市青羊实验中学附属小学 李秋菊　指导：成都市青羊教科院刘文虎）

有趣的四川话——探秘方言背后的表达密码

【教学册次】

五年级下册

【教学篇目】

《四川方言谐音趣话》《有趣的四川话》《四川话中的“巴”》《四川话》

【议题解读】

四川话，是有着鲜明特色、强大生命力的地方方言，同时也有一定的地域局限性。语言具有强大的生命力，是因为在这片热土上的四川人民的坚韧不拔、幽默乐观的品质，通过四川话的特点迸发出来；地域局限，是因为在普通话作为主流语言体系及地域通联的情况下，四川话的存在也受到了一定的挑战。而在这个背景下，解读四川话的“特点”和“有趣”，实际就是解读四川人方言的特有表达方式，解构四川人的性格、四川人骨子里的特有精神。一滴水里见大海，虽不全面，但可以管中窥豹。

本议题聚焦四川话的鲜明特色与生命力，着力探讨四川话作为地方语言的独特性和其在四川文化中的重要地位，以便让学生能够识别并阐述四川话作为地方语言的鲜明特色，在掌握四川话的基础上，能够灵活运用其独特的表达方式进行语言创新，丰富自己的语言表达方式，提高语言运用的灵活性和趣味性。

【文本解析】

《四川方言谐音趣话》通过探讨四川方言中的谐音现象，揭示了利用同音字或近音字代替本字以产生趣味词汇和独特表达方式的语言艺术。

《有趣的四川话》展示了四川方言中一系列常见词汇的独特表达方式，文本通过对比常规词汇与四川方言中的特殊说法，揭示了四川话的丰富性和趣味性，也体现了四川文化的深厚底蕴和独特韵味。

《四川话中的“巴”》对四川话中“巴”字及其相关词汇进行了详细解释和用法说明。通过具体例句展示了这些用法在日常生活中的应用，展现了四川方言的生动性和趣味性。

《四川话》生动而深入地阐述了四川方言的多个显著特点。强调了四川方言的生动性、机智性和幽默性，这是其独特的语言魅力所在。

本次议题及组文聚焦四川话的鲜明特色与生命力，着力探讨四川话作为地方语言的独特性和其在四川文化中的重要地位，以便让学生能够识别并阐述四川话作为地方语言的鲜明特色，在掌握四川话的基础上，能够灵活运用其独特的表达方式进行语言创新，丰富自己的语言表达方式，提高语言运用的灵活性和趣味性。

【问题链设计】

<table>
<tr><td colspan="5">有趣的四川话——探秘方言背后的表达密码</td></tr>
<tr><td>核心议题</td><td colspan="4">通过四川话的特点，分析四川人的性格特征</td></tr>
<tr><td>主干问题</td><td colspan="2">四川话有什么特点？</td><td colspan="2">从四川话中，你读出了怎样的四川人？</td></tr>
<tr><td>辅助问题</td><td>快速默读《四川话》，圈出概括四川话特点的关键词</td><td>作者是怎么把这些特点清清楚楚、明明白白地写出来的？</td><td>一方水土养育一方人，四川话的背后站着的是我们四川人，从这几篇文章中，你感受到了怎样的四川人？</td><td>……</td></tr>
</table>

【教学目标】

1. 体会文本中四川话的语言形式及含义，统整提炼四川话的表达特点。

2. 透过四川话的特点，分析四川人的性格特征，初步感知地域语言与当地人的性格关联。

【教学准备】

教师准备：PPT、阅读文本

【教学过程】

一、课前激趣：游戏互动，感受川话韵味

（一）家乡话：介绍自己和自己的家乡。

（二）考一考：四川话。（点名答）

引入：作为四川人，虽然你能说一口地道的四川话，但你对它了解多少呢？今天让我们走进文本，去感受四川话的独特魅力。

设计意图：通过熟悉的方音来进行互动，激发学生学习热情，让学生快速进入学习状态。

二、初读感知：关联词句，感受川话特点，疏通阅读关节

（一）提取文中难读的川话，读通读顺。

先从这组文本里提取一些难读的词句，我们一起用普通话读一读：

第一组：拳头春（chōng）　海椒面——辣手　孔夫子的褡裢（dā lián）——书呆呆（袋袋）

第二组：黢(qū)黑　抿(mǐn)甜　捞耙　梆硬　寡(guǎ)含

第三组：眼屎巴巴　巴倒烫　吃巴片儿　怄(òu)人巴沙　巴谱

第四组：雄起　勾兑　安逸得板　塌塌(tā tā)　喳哇(zhā wā)（儿）

（二）简单感受：读了这些词句你有什么样的感受？

预设：生动、幽默、风趣、拗口、难懂等。

设计意图：这一环节旨在解决字音，通过普通话与四川话对比朗读，感受四川话生动、幽默的特点。

三、议题建构：单篇带多篇，概括四川话表达特点

过渡：这是咱们感受到的四川话，那在作者眼中，四川话又有什么特点呢？我们今天就来聊一聊这个话题。（板书：特点）

（一）单篇：阅读《四川话》，概括四川话特点。

1. PPT 出示：快速默读《四川话》，圈画出概括四川话特点的关键词。

追问：怎样才能快速找到关键词？（评价：关键词一般躲在关键句中，而关键句的位置一般都在文段的开头或者结尾，这样你找起来的速度就很快。）

2. 汇报交流。

关键词：生动、机智、幽默、方言词汇丰富、独特的语法特色、借喻、只可意会、拗口、不易听懂等。

评价语：

你找得很准确。

你很善于捕捉关键信息。

你发现了别人都忽略的地方。

随机追问：哪些才算是关键词？（评价：那些能起到概括作用、表现中心的词语才是关键词。）

3. 随机追问：那你说一说，文章是怎么把这个特点表现出来的？

设计意图：这一环节中采用了阅读中默读、浏览、跳读等阅读策略。在群文阅读中，因涉及大量阅读材料，因此课堂上需要向学生提示相应阅读技巧。学生利用这些掌握的阅读策略，培养快速浏览、快速提取关键信息的能力，从而为下一步的阅读训练做准备。

（二）多篇：研读《四川方言谐音趣话》《有趣的四川话》《四川话中的“巴”》，体会四川话表达特点。

过渡：大家在文中找到了四川话的这么多特点，下面我们继续走进另外三

篇文章，看看作者是怎么把这些特点清清楚楚地写出来的。（板书：表达）

1. 出示要求，自学研读

PPT 出示自学要求（指名读）：快速浏览《四川方言谐音趣话》《有趣的四川话》《四川话中的“巴”》。

（1）选取感兴趣的一篇文章，勾画最能体现四川话特点的语句，并思考作者是怎样表达这些特点的。

（2）小组内交流自己的看法。

强调：明白我们现在要做的事吗？浏览、选取、勾画、思考、交流。交流的时候按照这样的顺序来说。

（3）追问：一下要读三篇文章，要怎么才读得又快又好？

预设：一目十行、粗读、略读为主，要默读，避免发声，避免回读，还可以跳读，借用手指等方式。

2. 学生自学，组内交流

设计意图：在第一篇文章的阅读中，学生通过相应的阅读策略勾画关键词，因此，在这一环节中主要训练学生运用刚才所学的阅读策略阅读文章，了解四川话的特点。

四、寻求共识：共读交流，解构四川话的表达特点

（一）求同（语言表达）：四川话的表达特点（结合具体语句谈感受）

PPT 出示：附文章分析（链接）。

核心追问：作者怎么把这个特点写（说）清楚的？

1.《四川方言谐音趣话》（幽默不易懂）

（1）语言特点：生动、形象、幽默、诙谐（长处）/拗口、不易懂、容易误会（短处）等。

预设评价语及问题链：

①你说得又具体又完整。

②你的解读跟四川话一样生动。

③这是她的感受，还有没有补充其他感受的？

④大家都提到了，还有不同的感受吗？

（2）品读体会：四川话的幽默不仅体现在字面上，更明显的是体现在它的腔调上，我们用四川话的调调儿来读一下。女生读前半部分，男生读后半部分。

①提取语句

矮子过河—— 安（淹）了心

屁股上夹扫把——伟（尾）大

拳头舂海椒面——辣手

半天云张口袋——装疯（风）

坟山头扯胡琴——鬼扯

孔夫子的褡裢——书呆呆（袋袋）

评价：你们把四川话那种拖声拖调的味道都读出来了，看来你们都是老四川啊！

追问：还有谁对歇后语部分有补充？你们留意到这一句没有：矮子过河—— 安（淹）了心，先用普通话读一读，你懂这句歇后语的意思吗？再用四川话读一下。懂了吗？你看，这就是专属于我们四川话的歇后语。（川话说）

②提取对话：“四”“十”“是”不分

再来找两个同学来读一读他们的对话。哪些同学是土生土长的四川人？

追问：你们为什么会发笑？看一看，这里面出现的数字多不多？引起的误会多不多？为什么这段话里引发了这么多误会？对，四川话引起谐音的字成串出现，误会就越来越大。

2.《有趣的四川话》（独特而形象的表现手法）

（1）提取词语：黢黑　焦苦　梆重　飘轻　捞耙　梆硬　溜酸　浇湿　寡淡　稀烂　惊叫唤

从这些加点的字中你发现了什么？（独特而形象的表现手法）

评价语：你品出了四川话的味儿。

（2）请学生一起来读一读。

（3）对比感受：开课时你们用普通话读了这些词句，现在又用四川话读了，有什么不同的感受？

评价语：

①你很会比较。

②你用心地去感受了。

3.《四川话中的“巴”》

（1）语言特点：观察一下，你发现了什么？（词汇和语意丰富）

（2）出示PPT，比较发现：

【巴】①粘，贴；②切；③与某某亲近；④抓，扶；⑤顺，沿；⑥贴附，沾光；⑦作为构词成分。

【巴巴】【巴壁虎】【巴倒烫】【巴片儿】【巴心巴肝】【巴桑豆儿】

【巴适】【巴山背二哥】【巴沙】【巴谱】

这个“巴”字是个象形字，在《说文解字》里，是传说中吞食大象的巨蛇，而它到了四川话里，就衍生出了这么多的词汇和语意。

（二）比异（体裁形式）：同学们从这四篇文章的语言中发现四川话的这些特点，从写法上，你更喜欢哪篇？

提示：

《四川方言谐音趣话》

《有趣的四川话》

《四川话中的“巴”》

《四川话》

问题链：

1. 你为什么喜欢？

2. 还有喜欢其他篇的吗？

（三）统整认识

我们把刚才的这部分统整一下，同学们从这几篇文章的语言和写法上比较了它们的异同，了解了四川话的特点，你觉得用哪个词最能概括？（板书：有趣的）

设计意图：在这一环节中，通过求同、比异、统整的阅读策略，感知四川话的特点。在求同中探寻四川话的表达特点，在比异中体会每篇文章的写作特点，最后在统整中概括出四川话的语言特点。

五、梳理统整：分析四川人的性格特点

过渡：俗话说，一方水土养育一方人，四川话的背后站着的是我们四川人，从这几篇文章中，你感受到了怎样的四川人？

（一）快速找一找，说一说。（板书：四川人　性格）

1. 预设：

（1）《四川方言谐音趣话》：幽默、火爆等。

（2）《有趣的四川话》：幽默等。

（3）《四川话中的“巴”》：幽默、有生活情趣、会过日子、吃苦耐劳等。

（4）《四川话》：幽默乐观、好热闹、喜欢打抱不平、直爽等。

2. 追问：你从哪里感受到的？

3. 评价语：

（1）你很有见地。

（2）我觉得你的解读很独特。

（3）你很会联系文本来解读。

（二）统整过渡：是的，四川话的背后有着这样的四川人，而四川人也说着这样的四川话。

四川话词语特点：生动、机智、幽默、方言词汇丰富、独特的语法特色、借喻、只可意会、拗口、不易听懂。

四川人性格特点词语：幽默乐观、性格直爽、会过日子、吃苦耐劳、有生活情趣、喜欢打抱不平、脾气火辣、好热闹。

（词语变化：四川话——四川人）

设计意图：学生通过四川话的语言特点，进而了解四川人的特点，将对语言的认知拓展到了人文领域。

六、思辨延伸：四川方言的现状与未来

（一）链接事例，观点碰撞

1. 出示材料：在《四川话》这篇文章的结尾，我们关注到了这样的一个事情（PPT 出示，学生默读）：

> 2006 年央视春节联欢晚会上四川电视台选送的小品《火巴耳朵》，由于编导担心直播时大部分观众听不懂，便弃用方言，改用带四川口音的普通话说台词，结果失去了特色，没有达到应有的效果。

2. 追问观点：你支持普通话上节目还是四川话上节目？

请学生联系前面学习的内容，说说自己的看法。

3. 小组讨论。

4. 全班交流。

（二）概括整合，形成思考

同学们的讨论很有意思。确实，受到地域局限，方言十里不同音，给交流制造了很多障碍，所以我们要说好普通话。但是，“方言又是文化的活化石”，它代表的是多元丰富的地域文化。“少小离家老大回，乡音无改鬓毛衰。”这乡音还承载着浓浓的乡情，这乡音在每个四川人的心里。（板书：川）

设计意图：随着普通话的普及，方言在逐渐消失，近些年来，拯救方言成为一个讨论较多的话题。这一环节旨在让学生将视角由课堂拓展到生活实际，进一步思考方言与普通话之间的关系。

【板书设计】

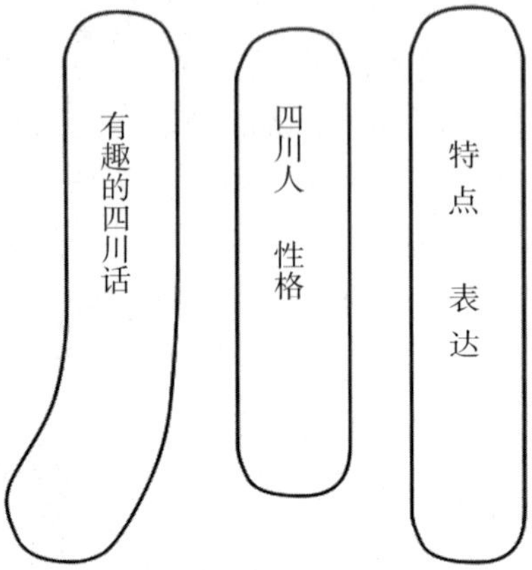

【评价反思】

在“有趣的四川话——探秘方言背后的表达密码”这一课的教学中，教师围绕四川方言的特点及其背后的文化内涵，设计了丰富的教学活动，通过互动游戏、文本阅读、讨论交流等多种方式，旨在帮助学生体会四川话的语言魅力，理解其背后的地域文化与当地人性格。

通过课前的游戏互动和文本初读，学生较好地解决了字音问题，并对四川话的生动、幽默、拗口等特点有了初步感受。通过多篇文本的阅读与讨论，学生进一步理解了四川话的语言形式和含义，达到了教学目标的要求。

通过对比四川话的特点与四川人的性格，学生初步感知到了地域语言与当地人的性格之间的关联。他们能够从文本中提炼出四川人的幽默乐观、直爽、吃苦耐劳等性格特点，并尝试用具体例子进行说明。

在议题建构阶段，通过单篇带多篇的方式，引导学生概括四川话的表达特点。这一过程中，学生学会了利用默读、浏览、跳读等阅读策略快速提取关键信息。

在共读交流环节，设计了求同比异的阅读策略，引导学生深入理解四川话的表达特点和写作特点，再通过链接实际事例和观点碰撞的方式，引导学生思考四川方言的现状与未来。学生在讨论中表达了自己的观点和看法，增强了对多元文化的理解和尊重。

（授课：成都市胜西小学 米伽　指导：成都市青羊教科院 刘文虎）

第四节　策略方法类议题案例

古诗词中美味为哪般?

【教学册次】

五年级上册

【教学篇目】

《初到黄州》《惠州一绝》《食蚝》

【议题解读】

美食，自古以来便是文人墨客笔下不可或缺的题材，苏轼作为宋代著名的文学家和美食家，将美食融入其诗词之中，赋予美食独特的文化意蕴和情感色彩。在苏轼笔下，美食不仅仅是味蕾的享受，更是他积极豁达生活态度的体现，是其面对人生困境时的一种自我慰藉和超脱。

本案例通过苏轼的三首诗词《初到黄州》《惠州一绝》《食蚝》，引导学生深入探讨“诗中美味”背后的文化意蕴和人生哲理。这三首诗分别描绘了苏轼在不同被贬时期的生活场景和美食体验，通过诵读和理解他对美食的热爱和独特品位，学生可以体会到苏轼在困境中依然保持乐观超脱的人生态度。

教学中，教师从美食的味道、诗人的经历、人生的态度等多个维度进行解读，让学生在品味美食的同时，也能够感悟到苏轼的人生智慧和家国情怀。通过对比阅读和集体建构，学生将更深入地理解“美食”在苏轼诗词中的独特意韵，以及美食与人生之间的微妙联系。

最终，学生将能够在理解苏轼诗词的基础上，体会到美食不仅是味觉的享受，更是心灵的滋养，是人生中的一种美好追求和境界。同时，他们也将学会从多个维度去理解文学作品，提升自己的核心素养和审美能力。

【文本分析】

《初到黄州》以自嘲的口吻描述作者在被贬谪后的生活中，依然保持着诗人气质。整首诗体现的是诗人面对困境时的心态，以及对自己人生的深刻反思。

《惠州一绝》描绘了诗人在惠州罗浮山下的生活场景，展现诗人对当地自然风光的欣赏和对美食的热爱。他尤其喜爱荔枝，愿意为了品尝这美味而长期留在岭南，体现了诗人乐观旷达和随遇而安的生活态度。

《食蚝》详细记录了诗人获取牡蛎的时间、地点和烹饪过程，字里行间能感受到诗人对烹饪和品尝美食的热情和满足感，刻画出一个热爱生活、善于发现和创造美食的生活家形象。

苏轼的这三首诗不仅是他个人生活经历的写照，更是他乐观豁达、随遇而安人生态度的集中体现。无论身处何种境遇，他都能以一颗平常心去面对，从中发现生活的美好与乐趣，展现这位伟大文人的高尚情操与生活智慧。

【问题链设计】

<table>
<tr><td colspan="6">古诗词中美味为哪般？</td></tr>
<tr><td>核心问题</td><td colspan="5">美食背后看到了诗人怎样的人生态度？</td></tr>
<tr><td>主干问题</td><td colspan="2">诗中美食味道怎样？</td><td colspan="2">苏轼的三次被贬经历可以是什么味道？</td><td>苏轼有怎样的人生态度？</td></tr>
<tr><td>辅助问题</td><td>诗中食是什么？</td><td>食之味如何？</td><td>苏轼经历了什么？</td><td>你会用什么味道来形容他的这些经历？</td><td>苏轼经历了那么多苦难，为什么还能这样乐观豁达？</td></tr>
</table>

【教学目标】

1. 诵读古诗，在理解诗意的基础上，体会诗歌表达的情感。

2. 引导学生从古诗的关键词句、情感、背景等多个维度结构化地理解诗句的内涵。

3. 在诗歌的比对读议中，感悟“美食”在古诗中独特的意韵。

【教学准备】

教师准备：PPT、视频、导学单、文本《初到黄州》《惠州一绝》《食蚝》等。

【教学过程】

一、谈话导入

同学们，今天我们一起来聊一聊美食这个话题，在生活中有没有什么美食是令你垂涎欲滴的？说到吃，在古代苏轼说第二，就没人敢说第一了，他就是一个响当当的美食家。他不仅爱吃，还把美食写成古诗文，发个“朋友圈”。当苏轼与美食相遇，会碰撞出怎样的火花呢？今天我们就一起来探究——古诗文中的美味为哪般？

设计意图：通过谈论美食这一贴近学生生活的话题，激发学生的兴趣，拉近师生的距离，为接下来的教学营造一个轻松愉快的氛围。引入苏轼作为美食家的身份，引发学生的好奇心，自然过渡到对苏轼诗词中美食的探讨。

二、活动一：寻美食之味

过渡：苏轼一生写下了许多与吃有关的诗文，其中一首诗我们三年级就学过（出示《惠崇春江晚景》），一起读一读。

（一）猜一猜

苏轼在这写这首诗时，想到了什么美食？这些食物到底有多美味？

（二）看一看

再看，借助阅读提示，结合三首诗，完成表格。

1. 借助注释，读懂诗文意思。

2. 诗文中提到哪些美食？它的味道怎么样？（板书：品美食）

诗文	诗中食	食之味
《初到黄州》		
《惠州一绝》		
《食蚝》		

3. 学生汇报，梳理表格

诗文	诗中食	食之味
《初到黄州》	鱼、笋	美、香
《惠州一绝》	荔枝	绝
《食蚝》	生蚝	甚美，未始有也

4. 观察表格，你有什么发现？

教师小结：苏轼每到一个地方都有美食相伴，美食的种类丰富多样，吃的食物是越来越美味……

5. 结合苏轼写这几首诗的背景，师生共同探究苏轼写这些食物的原因。（板书：知背景）

设计意图：通过诵读苏轼的诗词，结合注释和图片，帮助学生理解诗词内容，特别是其中提到的美食及其味道。引导学生从色香味等多维度去感受和描述美食，培养学生的想象力和语言表达能力。通过表格整理每首诗中的美食及其味道，帮助学生系统化地理解和记忆。

三、活动二：尝生活之味

诗文	诗中食	食之味	食之因
《初到黄州》	鱼、笋	美、香	被贬
《惠州一绝》	荔枝	绝	
《食蚝》	生蚝	甚美，未始有也	

过渡：有人说苏轼的一生是被贬的一生，来看看他三次被贬的处境。有人说，生活就是一个五味瓶，我们经历喜、乐、哀、愁、苦就好像是五味瓶中的酸辣苦甜咸。结合背景资料，你觉得苏轼的三次被贬经历可以是什么味道？并说出你的理由。

44 岁被贬黄州——房梁挂钱的故事：苏轼被降职贬官来到黄州，由于薪俸减少了许多，他穷得过不了日子，为了不乱花一文钱，他先把所有的钱计算出来平均分成十二份，每月用一份；每份中又平均分成三十小份，每天只用一小份。钱全部分好后，按份挂在房梁上，每天取下一包，为全天的生活开支。每天的钱只准剩余，不准超支。

59 岁被贬惠州——惠州地处岭南，蛮荒偏远，瘴气横行。到达惠州依然没有太多收入，生活清贫，居无定所，最悲哀的是一直伴随苏轼、照顾苏轼二十二年的爱妾王朝云去世，给了苏轼沉重的打击。

62 岁被贬儋州——海南岛是当时中国最南边的荒凉之地。在宋朝，一个人被贬海南，那是仅次于满门抄斩的酷刑。从惠州到儋州要穿过琼州海峡，到达海南岛只能乘坐木船，若遇大风大浪则必死无疑。幸而苏轼平安到达岛上，但海南岛地处偏远，岛上的人几乎过着原始人的生活，他在给好友的回信中说：此间食无肉，病无药，居无室，出无友，冬无炭，夏无寒泉……

设计意图：结合苏轼的三次被贬经历，引导学生深入理解诗词创作的背景，体会诗人所处的困境和艰辛。通过补充背景资料，让学生感受到苏轼在逆境中依然能够发现生活中的美好，特别是美食带来的慰藉。引导学生思考苏轼的三次被贬经历可以是什么味道，进一步体会诗人乐观豁达的人生态度。

四、活动三：品人生之味

面对生活的苦涩，苏轼能从黄连中嚼出甜来。这样坎坷的一生，但他的诗文中涉及美食相关的作品达1212首，60多道菜以东坡命名，在他人生最后的时光回顾自己的一生，他说：问汝平生功业，黄州惠州儋州。

教师提问：你看到了苏轼怎样的人生态度？（板书：悟人生）

教师小结：他把自己的苦难当作勋章，不在挫折中沉沦，这便是热爱生活积极乐观的人生态度。

设计意图：引导学生从苏轼的诗词和经历中提炼出他的人生态度，即乐观豁达、热爱生活。通过讨论和分享，加深学生对苏轼人生态度的理解和认同，鼓励学生面对困难时保持积极的心态。

五、活动四：悟家国情怀

苏轼经历了那么多苦难，为什么还能这样乐观豁达？（出示苏轼一生的经历）

26岁	任命凤翔府节度使
36岁	调任杭州（疏西湖　筑苏堤　通运河……）
39岁	任密州知州（灭蝗虫 抗旱……）
42岁	到徐州仕知州（修筑长堤防洪）
44岁	被贬黄州（ 开垦东坡　破除溺婴旧俗 ）
56岁	调任颍州知州（其间 疏浚颍州西湖　筑长堤）
57岁	任扬州知州（废除劳民伤财的“万花会”免除老百姓积欠）
58岁	到达定州　操练民兵　整治禁军
59岁	被贬惠州（募资建桥　推广“秧马”）
62岁	继续被贬到海南（开凿双泉　劝民农耕　开办学堂传播文化）
64岁	奉命北归
65岁	病逝于常州

教师总结：回头来看今天的课题——诗中美味为哪般？我想苏轼告诉了我们答案：面对生活的苦，我们可以用美味的食物来治愈心灵。找到那些有意义的事，即使面对挫折磨难我们依然可以坦然洒脱。

六、课外拓展

苏轼，一个划时代的千古人物，一个老少皆爱的大文学家。面对这样一位伟大的人物，我们不会因为这节课的结束而停止对他的探索，我们可以通过阅读，看他的人物传记继续了解他。相信苏轼会给你的成长带来力量。

设计意图：通过展示苏轼一生的仕宦经历和他为百姓所做的实事，引导学生认识到苏轼不仅是一个美食家、文学家，更是一个心系百姓、具有家国情怀的伟人。激发学生思考苏轼为什么能在风雨人生中笑对沧桑，理解家国情怀是他人生的重要支撑，进而培养学生的责任感和使命感，鼓励学生在未来的学习和生活中也能像苏轼一样，为社会做出贡献。

【板书设计】

古诗词中美味为哪般？

品美食	美食之味
知背景	生活之味
悟人生	人生之味

【评价反思】

本案例以美食为引，迅速拉近学生与苏轼的距离，激发学生的学习兴趣。通过让学生分享自己喜爱的美食，自然过渡到苏轼与美食的故事，使课堂氛围活跃起来。通过“寻美食之味”“尝生活之味”“品人生之味”“悟家国情怀”四个活动，层层递进，引导学生从诗歌的字里行间感受苏轼的生活态度和人生哲学。这种结构化的教学设计，使得课堂流程更加清晰，学生的学习目标更加明确。

案例不仅挖掘了美食背后的文化内涵和人生哲理，更注重培养学生的情感态度和人文情怀。通过解读苏轼的人生经历和诗词作品，引导学生感悟苏轼的乐观豁达和家国情怀，从而激发学生对生活的热爱和对美好品质的追求。

最后鼓励学生通过阅读苏轼的人物传记等方式继续深入了解苏轼，培养学生的自主学习能力和探索欲。这种拓展延伸的教学方式，有助于拓宽学生的知识面和视野。

（授课：成都市浣花小学 杨玉婷　指导：成都市青羊教科院 刘文虎）

人物之美——在提示语

【教学册次】

五年级下册

【教学篇目】

《跳水》（五年级下册第六单元）、《炮手》（三年级下册八单元）、《黄继光》（四年级下册第七单元）

【议题解读】

提示语可以帮助读者更好地理解文本内容，更明确作者的表达意图。在不同的语境中，提示语包含不同的语文要素：准确表达意思，增强语言的表现力，表达不同的情感和语气，帮助读者或作者理解文本的背景信息、作者意图和文化内涵等。

当我们谈论“人物之美”时，提示语可以用来强调和展现人物的内在美和外在美，以及他们如何影响周围的人和环境。通过细致的外貌描写，提示语可以展现人物的外在美。在语境中，提示语会描述人物如何以善良、勇敢、谦逊、慷慨等品质行动，从而揭示其美好的内在。提示语还可以揭示人物的情感深度和复杂性，如爱、悲伤、愤怒、喜悦等，这些情感的展现都是人物之美的重要组成部分。

在对几篇文本的深入解读中，教师明确了研究要缩小范围，聚焦于文本语言，从语言中的提示语入手，研究点定为“有提示语和没有提示语的区别”“提示语位置不同作用不同”来进行比较与整合，最终落脚在体会语言的表达作用和情感作用。

【文本分析】

《跳水》是一篇小说，在环境设置上很有特点，文中并没有大段的环境描写，而是将故事发生的环境渗透在情节的推进之中。托尔斯泰独具匠心的写作安排，在故事情节方面突出小说典型的发展特点“发生—发展—高潮—结局”；在人物刻画方面又用不同人物的表现“水手的笑”“猴子的放肆”“孩子的生气”推动故事发展，让故事一步一步进入高潮。在刻画船长这一人物形象时，主要采用了两种描写方法。一是语言描写："向海里跳！快！不跳我就开枪了！""向海里跳！不然我就开枪了！一！二！三！"这两处语言描写的共同特点是多用短语，而且用的都是感叹号，以此来突出情况的危急和船长的果断。二是对比描写：将船长的当机立断和水手的目瞪口呆进行对比，船长机智果断、处变不惊的形象更加鲜明。

《炮手》讲述了一位炮手为了战争的需要，亲手炸毁了自己辛苦建造的屋舍，以一名优秀军人的品质执行了普通人无法执行的军令。文章简短却富有感情，人物对话简洁明了，短短 300 余字却刻画出一名战士真实又伟大的形象。文章最为精彩也最为动人的地方就在于炮手当时的心理活动，通过描写炮手的神态变化，引导读者去深入体会炮手当时的心情，真正理解"奉献"的含义。

《黄继光》一文同样渲染了激烈、残酷的战斗场面，通过刻画黄继光在战斗中的言行，他主动请缨时说的话，枪林弹雨中匍匐前进，舍身堵枪口等行为，让读者感受到撼人心魄的力量。

三篇文章在描写方法、人物刻画上都有其相似之处，教师抓住体会人物形象这一教学点，求同比异明确议题。

【问题链设计】

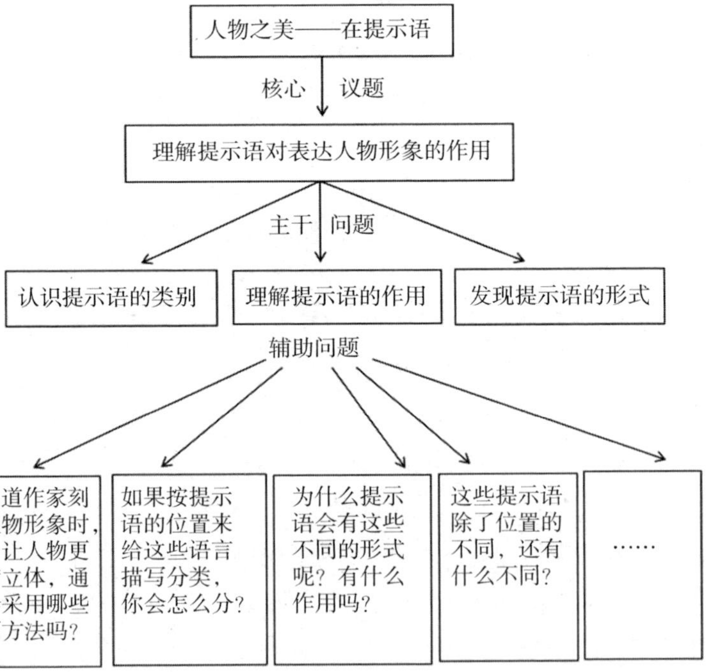

【教学目标】

1. 回顾课文，复习人物对话，认识提示语。

2. 观察提示语的位置，理解提示语在表达中的作用。

3. 了解提示语在表达人物形象时的作用。

【教学准备】

教师准备：教学设计、PPT

学生准备：单元整合预习文本，完成一课时学习

【教学过程】

一、谈话导入

从已经学过的内容入手，教师引导学生回顾单元文章中不同时代的少年儿童。提出问题：作家刻画人物形象时，为了让人物更饱满立体，通常会采用哪些描写方法？教师总结，用好这些描写手法可以帮助我们更好地塑造人物形象，引出话题——关注语言描写当中的提示语，通过提示语来读懂人物。（板书：提示语）

设计意图：谈话导入课堂，从不同时代的少年儿童故事入手，直接引出描写方法。学生在复述过程中，初步感受课文中各种不同的描写手法，同时十分鲜明地引出本节课议题——提示语。

二、知道提示语的类别

（一）学习资料一

1. 浏览课文。想一想三篇文章的主人公分别是谁。

预设：哈尔威船长、黄继光、士兵（板书）

2. 作者塑造这些人物，运用了很多语言描写。接下来请学生快速浏览课文，分组学习并勾画对主人公进行语言描写的句子。

（二）学习材料二

1. 阅读材料二，学生根据刚才找到的语言描写，观察并按提示语的位置来给这些语言描写分类。

预设 1：两类——有提示语和没有提示语。

预设 2：提示语在前，在中间，在后。

2. 教师小结：原来语言描写的提示语是富于变化的，它们的位置不一样。请按位置的不同进行分类。（板书：位置不同）

提示语	人物语言
提示语在前	①⑥⑦⑩⑫⑬⑯
提示语在中间	⑧⑰
提示语在后	⑪⑭
没有提示语	②③④⑤⑨⑮

设计意图：根据同学们的观察与回答，增加了提示语在形式上的不同之处：长短不同、内容不一，表达形式多样。再次印证了提示语很有意思，选点很聚焦。

三、理解提示语的作用

（一）提示语在前的作用

过渡：同样是提示语，有的位置在人物语言前面，有的在后面，有的在中间，有的甚至没有。它们在形式上各有不同，这就是语言描写的形式密码之一。可是，为什么提示语会有这些不同的形式呢？它有什么作用吗？

（PPT 出示《黄继光》的语言描写）

1. 这是一个提示语在前的语言描写，把提示语的位置换一换、读一读，有什么发现？

学生关注提示语，在阅读中体会提示语在前，语气更强，态度更坚定；提示语在后反而读起来不舒服、不通顺。从而发现作者把提示语放在语言前面，是有用意的，不能随意调换。

2. 语言描写是为了刻画人物形象，回到课文中再看这句话，你从这句语言描写的提示语当中，能读出黄继光怎样的品质呢？

预设：爱国，坚定，视死如归。

3. 从提示语当中的神态描写、动作描写分析出了黄继光的形象，这些神态、动作、心理的提示语能让我们更清晰地感受到人物说话时的状态，展现人物形象。

学生读出黄继光的视死如归。

评价：老师从你们的朗读中感受到了具有英雄气概的黄继光。

4.《跳水》：读提示语，品人物特色。

（1）教师引导：还有其他提示语能让读者先见其人，后闻其声吗？（PPT 出示哈尔威船长、炮手的语言描写）

（2）教师引导：请看这句话，这也是一个提示语在前的语言描写。你又能从这个提示语中读出哈尔威船长是个怎样的人？自由读。

请学生读出船长的忠于职守，感受哈尔威船长的崇高品质。

5.《炮手》：读提示语，品人物特色。

（1）请看《炮手》第八自然段，追问：能从提示语中读出人物的什么品质呢？

（2）教师过渡：这样的神态描写，让我们读到炮手忐忑煎熬的心路历程，也让读者体会到他的无私。

总结：同学们，作者就是通过在语言描写前加上提示语，并且用神态、动作、心理描写等让提示语更好地刻画人物形象。先见其人，后闻其声，通过提示语，让人物形象跃然纸上。

（二）提示语在后的作用

1. 教师引导：提示语在后面又有什么作用呢？你能用刚刚的方法来换一换吗？谁来读？

PPT 出示例句："快干！"船长又叫道。

（1）教师引导学生体会提示语交换位置后有怎样的感受。

（2）小结：提示语在后面更能突出情况紧急。所以提示语在后，强调的是说话的内容。这就叫未见其人，先闻其声。学生在有体会的基础上再回文读，感受当时情况的紧急。

（三）提示语在中间的作用

1. 教师提示：还有一种情况，提示语在中间，我们来看看，它和前面两个句子有什么不同。（PPT 出示）

预设：

（1）这两个句子很长。

（2）提示语简短，简单。

2. 教师引导：为什么提示语在中间的语言描写这么长呢？请女生读一读。

预设：提示语在中间，表示语气停顿。

3. 过渡：强调的也是说话的内容。提示语在不同位置，侧重的内容不一样。是不是所有的语言描写只有在加上提示语的情况下，才能把握主人公的语气、语调，甚至想法呢？

（四）没有提示语

1. 教师提示：看看这段对话，你发现没有，虽然它没有提示语，但是你依然能分清是谁说了什么话？为什么这里作者要选择这样一种没有提示语的形式？（说明情况紧急。）

2. 这就叫只闻其声，不见其人，用没有提示语的形式更能让读者感受到当时情况的紧急。

小结：今天，我们学习了提示语在不同位置的不同作用。当提示语在前时，强调提示语的内容；当提示语在后时，强调人物语言；当提示语在中间时，表示停顿，强调语言；当没有提示语时，表示情况紧急。我们在写作并表达人物语言的时候，也可学习提示语的不同表达形式。（板书：作用不同）

设计意图：学生通过换一换、小组读、挑战读等形式的学习，从提示语中看作者是如何刻画人物品质的。上课时有意弱化提示语在中间的作用，减少提示语在后的讲解时长，从人物语言中体会人物品质。

四、发现提示语的形式

（一）比较

出示表格，请学生观察，这些提示语除了位置不同，还有什么不同。学生发现有的提示语长，有的提示语短，这也是它们形式上的不同。还发现有的有形容词，有的没有形容词，感受到提示语的形式也富于变化。

（二）发现

学生找出文中的提示语以不同形式出现，有些是“说”，有些是“吼喝”“喊道”“叫道”，原来不同的“说”法，提示语的表达形式也不同。（板书：表达形式多样）

五、提示语练一练

（一）过渡：以后同学们在拿到一篇文章的时候，要关注提示语的位置。位置不同，作用不同，可以帮助我们更深地理解人物形象。在写作塑造人物形象时，语言描写必不可少，可以选择让提示语出现在不同的位置，让语言表达更形象、更丰富、更精准。（板书：人物形象）

（二）练一练：你能用上今天我们所学的方法，用语言描写、提示语来刻画人物形象吗？

设计意图：小练习落到实处，让仿写更易于操作。创设具体情境，出示图案并给一段话：这是一位什么样的老师？你想塑造成一位什么样的老师？可以换一换提示语位置，或者加上动作神态来表述提示语。

【板书设计】

人物之美——在提示语
- 位置不同（前、后、中……）
- 作用不同（强调态度、刻画形象、表现品质……）
- 表达形式多样（“说”“吼喝”“喊道”“叫道”……）

【评价反思】

本节课教师紧扣体会人物形象这一教学目标，从学生已有的知识储备入手，在回顾语言描写、动作描写、肖像描写、神态描写等不同描写方法的基础上，直接引出话题关注提示语在刻画人物形象时的特殊作用。学生先找到文章中不同的语言描写，按提示语的位置给语言描写分类，通过比对阅读发现人物语言描写当中提示语会在不同的位置，同时还发现提示语形式上的不同，比如，长短不同、内容不一、表达形式多样等。这是一个有趣且有效的教学环节，孩子们在阅读中往往只关注语言描写的作用，却忽视了提示语还有如此精彩的内涵。在这样的基础上学生进一步通过比一比、换一换、读一读、演一演等课堂活动，发现提示语不同的形式以及作用等，同时结合课文中的神态描写、动作描写等描写方法体会人物形象特色，感受人物品质。

（成都市青羊实验中学附属小学　杨益）

善“变”的动物——对比中，出智慧

【教学册次】

三年级下册

【教学篇目】

《蝙蝠与黄鼠狼》《老鹰重生》《狼的智慧——正确的时机（节选）》

【议题解读】

《课标》在第二学段要求学生能初步感受作品中生动的形象，关心作品中人物的命运，与他人交流阅读感受。本节课通过阅读三篇与动物相关的文本，让学生在语言运用的基础上，感受到动物们的生存智慧，增强社会认知。

教学中，贯穿运用对比阅读策略，围绕核心议题“善‘变’的动物——对比中，出智慧”展开意义建构。在文本中，不同动物改变的表现不同，原因、结果异中有同，需要学生反复比较与整合。而在每篇文章中，亦有不同层次的对比。通过对比，学生从不同角度深入理解议题，提升思维能力。

【文本分析】

本设计为异质组文，《蝙蝠与黄鼠狼》是寓言，《狼的智慧——正确的时机》是科普文，《老鹰重生》是散文，文本融合不同的文学元素和风格，有利于拓宽学生阅读视野，增强新鲜感，促进主动学习。

文本采用“1+X”组文方式，“1”源于三年级下册第二单元语文要素。动物作为寓言中常见元素，使故事更贴近生活，易于读者理解和接受，因此确定文本的主角均为动物，且其中一篇是寓言。“X”是另外两篇课外文本。

深入分析文本，发现对比处处可见。《老鹰重生》中，只能活 40 岁的鹰和能活 70 岁的鹰做比较，是精神蜕变才使肉体重生延长寿命。《蝙蝠与黄鼠狼》中对比两次蝙蝠的说辞，蝙蝠利用长相特点，改变外形，是应变的智慧改变了命运。《狼的智慧——正确的时机》聚焦两次情景，对比狼两次捕猎不同的选择，感受狼舍与得的智慧。文本间的深层关联为学生的意义建构提供了深邃探索空间。

【问题链设计】

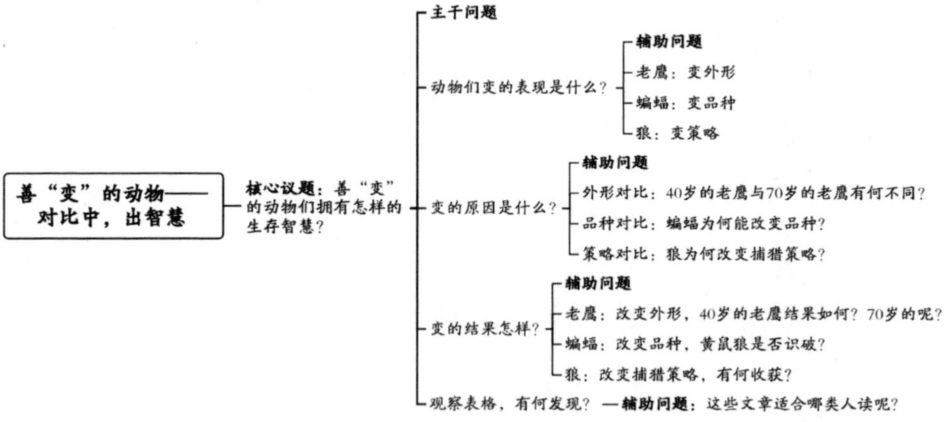

【教学目标】

1. 围绕议题，以动物的“变”为话题，运用求同、比异、统整等群文阅读技巧，对比阅读，提升学生思维能力。

2. 联系上下文，以填空方式补充文本内容，训练学生逻辑思维。

3. 通过两次对比，寻求相同之处，体会动物的智慧是“善变”的，并运用于生活。

【教学准备】

教师准备：PPT

学生准备：熟读文本

【教学过程】

一、出示图片，谈话导入“变”

（一）出示变色龙、破茧成蝶的图片，请学生介绍。

（二）对比发现共同点：都有变化。

（三）追问变化之因。

设计意图：链接学生生活，以直观的方式—图片展示—降低学生理解门槛，切入话题动物“变”的智慧。

二、群文共读，发现“变”的表现

（一）学生通过默读、跳读、浏览等方式阅读三篇文章，勾画其中有关“变”的表现的句子。

（二）填写表格第一、第二列。

篇目	“变”的动物	“变”的表现	“变”的原因	“变”的结果
《老鹰重生》				
《蝙蝠与黄鼠狼》				
《狼的智慧——正确的时机》				

（三）全班交流。（变品种、变外形、变策略）

设计意图：学生对一组文本的展开阅读，快速提取关键信息，形成对议题的整体认知。

三、探究变化原因

（一）四人小组合作，选最喜欢的一篇，小组共读。

（二）聚焦该篇，小组讨论，概括填写该动物的改变原因。

（三）全班随机交流。

设计意图：采用小组合作深入学习其中一篇文本，学生共同分析原因，各抒己见，有助于学生吸纳更多优秀的学习成果，拓宽思维边界，提高课堂效率。

1.《老鹰重生》

（1）交流改变原因（想延长生命）及结果（重生）。

（2）体会“老”、感悟“新”。

（3）若不改变，老鹰是什么样的？请学生读，读出感受。

这样的鹰只有40岁，有的鹰却能活到70岁，请读这两段话，说说你有什么发现。

（4）迁移自身，具身体验，体会鹰的痛苦，再读鹰的重生，深入理解。

（5）链接凤凰涅槃视频，体会精神重生。

视频观看完后提问：看完视频，用文中词语说涅槃的含义（重生）。

（6）朗读体会老鹰内心思想的蜕变。

师生解读：

凤凰浴火才能涅槃，老鹰经历痛苦才能重生；

没有重生的鹰只有40岁（师），重生的鹰却有70岁，鹰与鹰也有不同（生）。

过渡语：老鹰的精神、肉体如此痛苦，它却能坚持。

师生合作读：虽然老鹰不知道……但老鹰知道……

（7）共读填空。

虽然老鹰不知道即使冒死，它能不能获得重生，但它知道________。

评价：这就是重生，不仅是肉体的重生，更是精神的蜕变。

小结：我们通过对比阅读的方法，感受到了鹰勇于改变的决心和勇气。接下来，我们会通过这种方法，来学习另外两篇文章。

设计意图：围绕文章议题采用“一篇带多篇”的方式，具体指导《鹰的重生》教学对比阅读的方法，让学生建构出对议题初步的认识，鹰的智慧体现在勇于改变最终获得新生。

2.《蝙蝠与黄鼠狼》：聚焦黄鼠狼说的两次对话

（1）交流改变原因。蝙蝠两次从黄鼠狼嘴里逃生，对比两次对话，引导学生思考，说发现。

（2）指导分角色朗读。追问：蝙蝠为什么可以一会儿说自己是鸟，一会儿说自己是鼠？

（3）出示蝙蝠图片，发现蝙蝠的长相特点：既像鼠，又像鸟。

学生补充：原来他是利用____________，改变________________。

（4）教师小结。蝙蝠这样灵活的应对就叫随机应变。

（5）回归总表。评价：你们就跟文中蝙蝠一样，善于思考，充满智慧。

设计意图：聚焦议题，取一瓢饮，主要抓住两次对话，蝙蝠利用自己长相特点，变化外形忽悠黄鼠狼，感受蝙蝠善于变通的智慧。

3.《狼的智慧——正确的时机》

（1）交流分享狼改变的原因（想捕获猎物）。

（2）对比阅读，聚焦两次情景，引导思考。为什么第二次可以得偿所愿，大快朵颐，第一次却不行呢？请学生阅读后，说发现。

小结：第一次，鹿的位置在危岩边，所以追击它会付出生命的代价，此时的时机不成熟。

对比第一次，狼群身处安全的河岸，只需耐心等待，多花时间就可以饱餐一顿，得以生存，这就是正确的时机。

（3）选一选，体会舍得的智慧。

师引导：狼群面对不同处境，采用不同策略，会有不同的结果，请你结合课文，说一说。

两次狩猎舍与得：

没有危险的河水里，付出________，得到____________。

危岩边，舍下强壮的公鹿，得到了__________。

（4）应用舍得的智慧：填空比较。

从狼群的付出与得到中，你有什么启示？可以结合生活说一说。

（5）总结：舍小于得，就值得一试。

（6）评价：知与行要合一，你们也要和狼群一样，懂得取舍。

设计意图：引导学生关注两次抉择及探究背后的原因，学生在阅读中学会阅读，动物的智慧自然凸显。

四、统整交流，体会不变

（一）出示总表，比较异同。

教师：今天我们认识了这些小动物，共同梳理了表格。同学们从这张表格中发现了什么？

（二）异：改变原因是不同的、改变的内容是不同的、改变的结果是不同的。

（三）同：都有两次对比、结局相同（都有好结果）、成功的原因相同（都有智慧）。

小结：通过对比阅读，我们发现面对不同的情况我们要随机应变，面对不同处境要审时度势，选择正确的时机，要勇于改变。

设计意图：比较与整合是群文阅读的核心阅读行为，反复引导学生比较，以读带教，学生自然而然能领会到不同动物展现的不同智慧。

五、体悟人性

读动物，其实是读自己，这里有几种人：害怕困难放弃者、贪心不足者、不知坚持者、不知变通者、贪腐者、冲动冒进者。谁愿意帮帮他们，把这些文章送给他们读？

设计意图：学生在整堂群文阅读课中结构化思考、集体建构，思维逐步进阶，最后指向迁移应用，从动物的行为中反思和学习。

六、总结

其实很多动物都值得我们去喜欢、学习，希望大家以后可以用动物身上的智慧照亮人生！

【板书设计】

善“变”的动物——对比中，出智慧

对比阅读　　不变　　动物的智慧

【评价反思】

群文阅读的多篇文本构成了更复杂的阅读情境，因此议题必须聚焦、可议，本设计议题也经历了从“动物的智慧”到“善‘变’的动物——对比中，出智慧”的迭变。“变”是脉络，串联动物们变的表现、原因和结果；把握“变”与“不变”的辩证关系，拓展了学生的探究空间，提升了学生思维能力。“对比”是展开结构化阅读的抓手，学生在深入文本过程中，能自行将不断涌现的信息进行整合，在处理文本内容中春风化雨般地感受动物们的智慧。

反思教学过程，仍有需改进之处。教学中存在单篇叠加痕迹，文本间应反复求同比异及在不同层次展开整体阅读。

（授课：成都市浣花小学校 廖洪英　指导：成都市青羊教科院 刘文虎）

第五节　情意品质类议题案例

一样送别，几多离情

【教学册次】

四年级下册

【教学篇目】

第一组：《送别》《谢亭送别》《闻王昌龄左迁龙标遥有此寄》《别离》

第二组：《古人送别为何偏爱折柳?》

【议题解读】

送别，是一个永恒的主题，古代尤其如此。今人送别，多在表达离情别意和不舍，而古人，更多的是寄寓了理想、抱负或者家国情怀。送别诗，是古人内心世界的外显。所以，虽是同样送别，但离情不同，而对此解读，就是本组送别诗研究的重点。

《送别》中的折柳，本意在赠别；今柳条折尽，则意味着离别已久，睹旧物而怀远人。《谢亭送别》前两句以青山红叶的明丽景色反衬别绪，后两句以风雨凄凄的黯淡景色正衬离情，以描写景色作为反衬的手法表达情感。《闻王昌龄左迁龙标遥有此寄》首句写出了春光消逝时的萧条境况，渲染了环境气氛的黯淡、凄楚；次句是对王昌龄“左迁”赴任路途险远的描画，表现李白对诗友远谪的关切与同情；三、四两句寄情于景，对诗友进行由衷的劝勉和宽慰。《别离》这首诗的首联用洒脱挺拔之笔，生动地勾勒出主人公坚强刚毅的性格。颔联用壮士奔赴战场的比喻，描画出大丈夫的壮伟形象。颈联运用成语，表明大丈夫不畏艰险、不怕牺牲的大无畏精神。尾联总述前文，点明大丈夫的志向在于建功立业。

这组群文围绕“送别”话题，虽同是送别，但方式不同，别情更不同，而研究的重点应落在“别情”上。古人因送别的人物、场地、历史背景、诗人的处境以及人生态度的不同，故“离情”不同，学生通过整合、比较，梳理出“离情”不同的言语密码，从而深入理解并领会送别诗的别样魅力。

【文本分析】

古诗《送别》阐述了折柳送别的文化意义和浪漫色彩，表现了离别时的不舍与祝福。《谢亭送别》描绘了长亭送别的凄凉景象，通过自然景物的描绘加深了离别的哀愁。李白的《闻王昌龄左迁龙标遥有此寄》利用月亮这一意象，传递了对友人的关切与慰藉，展现了离别后的深情厚谊。陆龟蒙的《别离》则表现了离别的另一种情感——豪迈与劝勉，强调壮士不因离别而悲伤，而应立志功名。议论文《古人送别为何偏爱折柳?》阐述了不同的离别方式。

五篇文本全面展现了古代送别文化的多样性和情感复杂性，通过不同诗人的笔触，展现了离别场景的多面性和情感深度。

【问题链设计】

<table>
<tr><td colspan="6">一样送别，几多离情</td></tr>
<tr><td>核心问题</td><td colspan="5">体会古人面对离别时的送别方式和送别之情</td></tr>
<tr><td>主干问题</td><td colspan="2">诵读比较：为何“折柳送别，离情不同”?</td><td colspan="3">品读统整：为何“一样送别，离情不同”?</td></tr>
<tr><td>辅助问题</td><td>快速读文：概括古人的送别方式</td><td>思考分析：古人为何偏爱折柳送别?</td><td>不同的折柳诗都表现了怎样的情感?</td><td>古人为何会如此热衷于写送别诗?</td><td>这几首送别诗分别寄寓了作者怎样的感情?</td></tr>
</table>

【教学目标】

1. 运用比较阅读的方式，诵读有关“送别”的古诗，了解送别诗的由来、分类、特点、表达方式等。

2. 有感情地诵读，体会为何“一样送别”，却“几多离情”。

【教学准备】

教师准备：PPT、阅读文本、工作纸

【教学过程】

一、感知送别

(一) 话题切入

你有过和父母分别的经历吗?你怎么理解“送别”一词的意思?

从小到大，我们每个人都或多或少地经历过离别，或游学，或旅行，或父母外出，在你的人生经历中，你印象最深刻的一次离别是什么？你有什么样的感受？（难忘、感伤、难过……）

（二）读题，议题：“一样送别，几多离情”

1. 有感情地读题目，注意读出关键字和重音：“送别”“离情”；“一样”“几多”。

2. 怎样理解“一样送别，几多离情”？（方式都是离别，但是表达的情感多种多样。）

齐读，读出这种感情。

设计意图：从身边经历开始，感知离别的方式，体会离别的切身感受，尽快切入主题，激发思考。

二、初读古诗，疏通文意

（一）读通文字

1. 自读古诗，注意读通顺。

2. 抽生读，师指导，全班练读。提示重点字词读音：

zhuó　jiǎo　fù shé jiě wàn

著地　搅天飞　蝮 蛇 解 腕

（二）读出诗韵

1. 这几首诗都是描写送别的，但情感基调各有不同。听朗读录音，体会比较：每首诗应该以怎样的情感基调来读？

《送别》：忧思满怀，情意绵绵。

《谢亭送别》：景色虽美，反衬伤别。

《闻王昌龄左迁龙标遥有此寄》：抒发感愤，寄以慰藉。

《别离》：格调高昂，境界雄奇。

2. 标画节奏和重音，师生共读。

3. 配乐朗读，注意读出节奏和情感基调。

（三）读出诗意

1. 默读勾画不理解的词句。

2. 小组、全班交流。

3. 结合交流和注释，疏通文意。

《送别》

【译文】杨柳枝青青的，垂到地面，杨花漫天飞舞。柳条折尽了，杨花也已飞尽，借问一声远行的人什么时候回来呢？

《谢亭送别》

【译文】唱完了一曲送别的歌儿，你便解开了那远别的行舟，两岸是青山；满山是红叶，水呀，在急急地东流。当暮色降临，我醒来了，才知道人已远去，而这时候，满天风雨，只有我一个人的身影独自离开了那西楼。

《闻王昌龄左迁龙标遥有此寄》

【译文】树上杨花落尽，杜鹃在不停地啼叫，听说你被贬到龙标去了，一路上要经过五条溪（辰溪、酉溪、巫溪、武溪和沅溪）。让我把为你而忧愁的心托付给天上的明月吧，伴随着你一直走到那夜郎以西！

《别离》

【译文】大丈夫何尝没有滔滔眼泪，只是不愿在离别时涕泗横流。面对离别慷慨高歌挥舞长剑，耻如一般游子模样满脸忧愁。一旦被蝮蛇螫伤手腕之后，当断手臂就断，壮士绝不踌躇。既然决心闯荡天下建功立业，离别是家常便饭，何须叹息怨尤。

4. 齐读这四首送别诗。

设计意图：通过梳理诗歌大意，在粗读感知的基础上，知道古人离别的时间、地点、送别方式，初步感受古人在离别时表达情意的方式以及情感基调，为下文的议题建构做铺垫。

三、诵读比较：折柳送别，离情不同

（一）快速读文，概括古人的送别方式

1.《古人送别为何偏爱折柳?》中提及的送别方式有哪些？（折柳相送、音乐相送、饮酒相送等）

2. 学生自读勾画。

3. 交流汇报。

折柳相送：“霸（灞）桥，在长安东跨水作桥。汉人送客至此，折柳赠别。”（《三辅黄图》）这是有关折柳赠别的最早文字记载。

音乐相送：“李白乘舟将欲行，忽闻岸上踏歌声。”（《赠汪伦》）

饮酒相送：“劝君更尽一杯酒，西出阳关无故人。”（《送元二使安息》）

（二）复读全文，思考分析：古人为何偏爱折柳送别?

由来：《诗经·采薇》

寓意：“柳”与“留”谐音；生命力旺盛，美好祝愿……

（三）链接补充与折柳送别有关的古诗，诵读比较情感

1. 下面不同的折柳诗都表现了怎样的情感?

柳条折尽花飞尽，借问行人归不归。——隋杂曲歌辞《送别诗》（思归、盼归）

渭城朝雨浥轻尘，客舍青青柳色新。——《送元二使安西》（真挚惜别）

此夜曲中闻折柳，何人不起故园情。——李白《春夜洛城闻笛》（思乡）

天下伤心处，劳劳送客亭。春风知别苦，不遣柳条青。——李白《劳劳亭》（离别之苦）

2. 自由练读，读出情感。同时，试着背诵自己喜欢的诗句。

设计意图：通过不同送别方式的比较，凸显折柳送别在古人送别方式中的重要地位，通过补充相关诗句，感受其中蕴含的象征意义。

四、品读统整：“一样送别”“离情不同”

（一）仔细读一读这些诗句，古人为何会如此热衷于写送别诗？

1. 自读体会。

2. 交流汇报。

预设：古代交通不便，难以相见，分别时感慨万千。因此，喜欢写诗来表达离别之情。

（二）再次品读，体会这几首送别诗分别寄寓了怎样的感情？

1. 小组交流。

2. 交流汇报。

《送别》：借柳抒发恋恋不舍的心情。

《谢亭送别》：诗人送别友人时的惆怅。

《闻王昌龄左迁龙标遥有此寄》：作者对王昌龄怀才不遇的惋惜与同情。

《别离》：点明壮士怀抱强烈的建功立业的志向。

（三）全班共议，统整观点：为何古人会“一样送别”，却“几多离情”？

统整观点：送别诗，除单纯的送别之外，往往还有其他寄寓：或用以激励劝勉，或用以抒发友情，或用以寄托诗人自己的理想抱负。另外，送别内容有写夫妻之别、亲人之别、友人之别，也有写同僚之别，甚至写匆匆过客之别。所用的手法常常是直抒胸臆或借景抒情，有的格调豪放旷达，有的委婉含蓄，有的词浅情深。所以“一样送别”，却“几多离情”。

设计意图：通过统整讨论，感受送别的“一样”，离情的“不同”，在品读中深刻感受送别文化的丰富内涵。

五、拓展链接，诵读送别诗

古代还有许多送别诗，把下面这些送别诗背下来，并试着体会它们的情感。

《别董大》《芙蓉楼送辛渐》《白雪歌送武判官归京》《送杜少府之任蜀州》《赋得古原草送别》《黄鹤楼送孟浩然之广陵》《晓出净慈寺送林子方》

设计意图：通过拓展送别诗句，把学生的视野引向更宽广的送别文化，打下诗文赏析的精神底色。

【板书设计】

一样送别，几多离情

折柳相送

音乐相送

饮酒相送

……

【评价反思】

"一样送别，几多离情"这个教学案例是围绕四年级学生的认知特点和兴趣点，通过多首送别诗的群文阅读，引导学生深入理解古代送别文化的丰富内涵和多样情感。

在导入环节，教师通过询问学生是否有过和父母分别的经历，迅速拉近了学生与文本的距离，激发了学生的学习兴趣，引起共鸣。这种贴近生活的导入方式，为学生后续的学习奠定了良好的情感基础。

在诵读环节，教师注重引导学生体会每首诗的情感基调，并通过配乐朗读、标画节奏和重音等方式，帮助学生更好地把握诗歌的韵律和情感。这种细致的诵读指导，不仅提升了学生的诵读能力，也加深了他们对诗歌内容的理解。

在诵读比较环节，教师引导学生通过比较不同送别诗中的送别方式和情感表达，深入理解了"一样送别，几多离情"的丰富内涵。这种比较阅读的方式，有助于培养学生的批判性思维和综合分析能力。

（成都市青羊教科院 刘文虎）

从诗词中"笑"看人生

【教学册次】

六年级上册

【教学篇目】

《责子》《约客》《六月二十日夜渡海》《西江月·遣兴》

【议题解读】

在《课标》中，语文核心素养的内涵首先是“文化自信”，指学生认同中华文化，对中华文化的生命力有坚定的信心；在课程内容的主题与载体形式中，首先谈到的就是“中华优秀传统文化”。古诗词承载着丰富、完整的优秀传统文化思想。因此，古诗词教学应成为渗透文化自信教育的重要途径。

古代的诗人常常用幽默的诗词形式来表达自己的观点、抒发自己的情感，这不仅是诗歌的至高境界，也是他们人生的至高境界。在本议题中，既有对文字的解读，引导学生在生活中尝试用幽默的词句进行自我表达，也有对人生态度的理解，古人积极向上的人生态度在当今社会也亟须学生去感受和领悟，为以后形成正确的人生观、价值观做好铺垫。

【文本分析】

《责子》这首诗中，陶渊明用戏谑之笔表达父亲对孩子们的慈爱之情。儿子的缺点都被夸大和漫画化了，体现了陶渊明的舐犊情深。

《六月二十日夜渡海》（节选）这首诗中，诗人回顾了被流放到海南的经历，表现了他北归的兴奋之情，说明了诗人九死不悔、坚强自信、旷达豪放的襟怀。

《西江月·遣兴》中，词人描写了自己的醉中情态，也抒发了自己怀才不遇、壮志难酬的伤感和愤慨，表现出词人耿介、旷达的性格。

《约客》这首诗写的是诗人在一个风雨交加的夏夜独自候客的情景，采用寄情于景的写法，表达了诗人内心含而不露的寂寞之情。

这四首诗词的创作者在作品中都展现了各自的烦恼忧愁，他们都以诗词的方式进行记录，并抒发情感，表明志向。深挖之下，既能让学生通过文本感受到诗人词人们对待人生坎坷和波折的态度，也能凸显语文学科的育人价值。

【问题链设计】

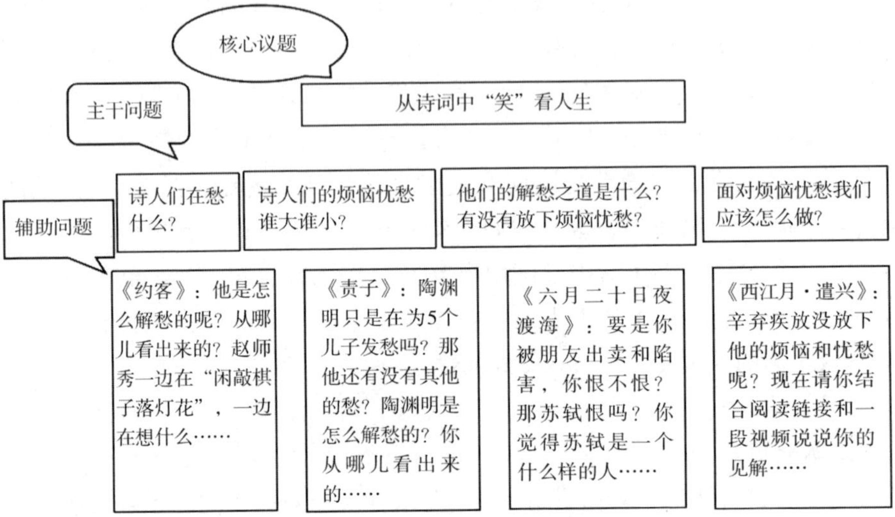

【教学目标】

1. 能立足于文本提取信息，抓住关键语句，解读诗人的愁绪。

2. 能统整信息，结合背景资料，辨析和感受议题中“笑”字的深层含义。

3. 能迁移运用，初步建立积极向上的人生价值观。

【教学准备】

教师准备：教学设计、PPT、文本

学生准备：熟读文本

【教学过程】

一、课前小调查，调动氛围

想一想：为什么我们要把这四首诗词整合在一起来学呢？

设计意图：课前摸排学情，了解学生对一组诗词的熟悉程度。

二、直接导入

预习检测：挑战读诗。

设计意图：通过鼓励和肯定的评价反馈，让学生在课堂上再次将诗歌读通顺、读流利，激发学生的学习兴趣。

三、群文共读，集体构建

（一）四首诗词放在一起会读出什么味道来呢？正如你们所发现的一样，这些诗词的作者都有着各自的烦恼和忧愁，那他们到底在愁什么呢？（板书：愁）我们以《责子》为例，谁来说一说？

问题链预设：

1. 他只是在为5个儿子发愁吗？

2. 那他还有没有其他的愁？

（二）同学们，你们发现了吗？我们通过一个问题品味了陶渊明的愁（板书：品味）。现在，请大家带着这个问题默读文本，根据表格在文中勾画批注：余下的这些诗人在愁什么呢？（出示表格）

作品	愁什么
《责子》	
《约客》	
《六月二十日夜渡海》	
《西江月·遣兴》	

（三）是啊，人这一辈子从呱呱坠地到垂垂老矣，都逃不过烦恼忧愁。如果说愁可以分大小的话，那我们就给这四首诗词分分类，哪些诗人的愁大，哪些诗人的愁小？请根据梳理出来的表格，结合阅读链接，在小组内讨论交流。可以不用达成共识，大胆地表达出你的看法和想法，必要时可以在小组内争论一番、辨析一下。（板书：辨析）

1. 问题链预设：

（1）从你们的分类中，我发现了大家都觉得《约客》愁小。你的依据是什么呢？谁来说说自己的看法？

（2）他是怎么解愁的呢？你从哪儿看出来的？

（3）你说赵师秀一边“闲敲棋子落灯花”，一边在想什么呢？

（4）你急，可诗人急吗？你从哪儿看出来的？

2. 小结：原来，这愁啊有了比较就有了大小。诗人顺应心境，享受着朋友失约后的惬意！

（四）至于愁大，在不同的回答中我发现你们都不会漏掉辛弃疾的《西江月》，这又是为什么呢？

问题链预设：

1. 他是怎么解愁的呢？你是从哪儿看出来的？

2. 喝醉的他为什么是在和松说醉话呢？为什么不是柳树，不是杨树，不是槐树？你能联系课内外的阅读积累，结合松树的品质说一说吗？

3. 你们说辛弃疾真正要“去”的是这棵松树吗？

（五）还有两首诗，这两首比较有争议。我们先来看到陶渊明的《责子》，你觉得他的愁是大还是小呢？

1. 问题链预设：

（1）如果你是陶渊明，你有5个这样的儿子，你心情如何？

（2）陶渊明是怎么解愁的？你从哪儿看出来的？

教师引导：我们不妨把辛弃疾的《西江月·遣兴》和陶渊明的《责子》放在一起，他们是何以解愁的呢？相同的解愁之道让他们放下烦恼和忧愁了吗？我们先来说说陶渊明，你觉得他放下烦恼和忧愁了吗？有没有不同看法？

2. 小结：俗话说，家丑不可外扬，但他却写诗调侃戏谑自己的孩子，人生的阅历造就了陶渊明的洒脱。放没放下也许就只有他自己知道了！

（六）那辛弃疾放没放下他的烦恼和忧愁呢？现在请你结合阅读链接和一段视频说说你的见解。（板书：结合背景资料）

（七）最后，我们再来看看苏轼的《六月二十日夜渡海》，他的愁是大还是小呢？

1. 问题链预设：

（1）要是你被朋友出卖和陷害，你恨不恨？那苏轼恨吗？你觉得苏轼是一个什么样的人？

（2）苏轼是何以解愁的？你从哪句诗看出来的？他是一个什么样的人？

2. 小结：这说明烦恼面前心态很重要。用现在的话来讲就是，要不是把我贬到海南这个地方，我怎么玩转三亚呢？看来苏东坡已然释怀，这是何其广博的胸怀啊！女生，我们再来读一读。

（八）出示表格：面对忧愁，诗人们的解愁之道是什么呢？诗人们的愁有什么不同呢？

作品	愁什么
《责子》	自己年老体衰　子女不思进取

续表

作品	愁什么
《约客》	朋友爽约失信
《六月二十日夜渡海》	自己被贬流放
《西江月·遣兴》	自己壮志难酬　国家偏安可欺

小结：看来有的愁可以顺应心境一笑而过（指《约客》），有的愁需要调整心态从容处之（指《六月二十日夜渡海》），有的愁也可调笑自嘲（指《责子》），有的愁即使放不下、解不开，但也得坚守原则（指《西江月·遣兴》）。其实愁大也好，愁小也罢，诗人借着解愁之道放没放下并不重要，重要的是我们于解愁之道中见识到了洒脱的个性、广博的胸怀和高远的境界。

设计意图：首先，通过《责子》一诗，用“1+X”的方式梳理和提取信息：诗人们在愁什么以及如何解愁。其次，结合资料和视频等信息进行比较和统整，分析这些愁的大小以及诗人们是否放下忧愁烦恼。通过小组、同桌合作等方式进行个性化的理解与交流，在讨论中进行集体建构和达成共识。

四、迁移运用，拓展延伸

（一）请学生谈：面对人生的忧愁，我们可以怎么做呢？

（二）创设情景，读诗词。

总结：同学们，谁说少年不识愁滋味？而今你们于课堂之上识得这般愁滋味，但我们可以读书明理，笑对生活。明说愁，实谈笑！老师希望你们在以后的人生路上，也和这些诗人词人一样，不仅能用真实的文笔抒愁言志，还能用豁达的态度笑看人生。（板书：笑）

设计意图：通过联系生活实际，了解学生对烦恼和忧愁的看法，并在朗读中加深体会。

【板书设计】

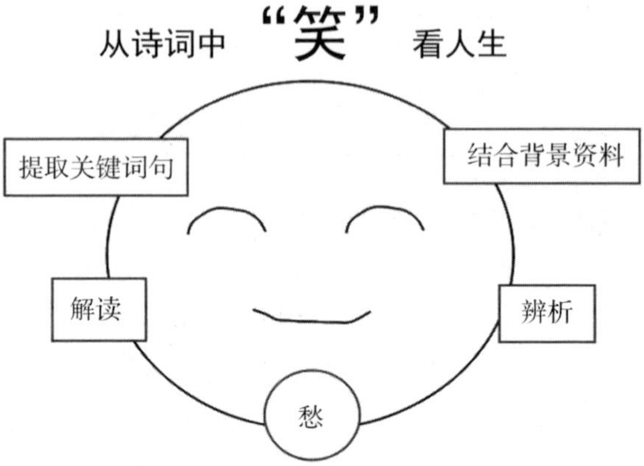

【评价反思】

本课例基于群文阅读的四项关键能力逐一设定问题。首先是辨识与提取，让学生在文本中寻找诗人的忧愁。其次是比较与融合，对诗人的忧愁烦恼进行排序并分析他们的解愁之道，这个过程中，学生结合材料进行个性化理解。再次是评价与反思，诗人们的解愁之道是否让他们放下这些烦恼忧愁，在学生思考交流的过程中发现这些诗人面对生活小事和家国大事时的抉择。最后是应用与创意，以“在生活中如何面对烦恼和忧愁”让学生进行迁移运用，并创设情境朗读诗歌，继续以浸润的方式影响着学生的人生价值观。

（授课：成都市浣花小学校 樊晓莉　指导：成都市青羊教科院 刘文虎）

舐犊情深

【教学册次】

五年级上册

【教学篇目】

《慈母情深》《父爱之舟》《“精彩极了”和“糟糕透了”》

【议题解读】

五年级上册第六单元的核心主题是“舐犊情深”，这个主题聚焦于父母对子女的深厚爱意。在这一单元中，学生将通过阅读和学习相关的课文，深入理解父母之爱的表现形式和深刻含义。通过课文《慈母情深》《父爱之舟》《“精彩极了”和“糟糕透了”》等，可以感受到不同形式的父母之爱，包括母爱的温柔和父爱的深沉。学生通过阅读这些课文，能够体会到父母爱的真挚情感，学会从场景和细节描写中推测人物内心的想法和情感态度。本单元鼓励学生用恰当的语言表达自己的看法和感受，这不仅限于书面表达，也包括口头交流，从而培养学生的表达能力和同理心。通过单元文章的比对，教师明确本单元群文阅读教学的重点在于学生学习如何从文本中体会思想感情。在此基础上结合单元主题和语文要素引导学生通过场景和细节描写，感受作者传达的情感和思想。最终让学生理解体悟父母之爱，对父母、亲人产生情感共鸣与感恩之心，提升人文素养。

【文本分析】

统编小学语文五年级上册第六单元的人文主题是“舐犊情深”，它源于古代成语“舐犊之爱”，意指父母对子女的深厚感情，如同老牛舔舐小牛犊般无微不至。本单元几篇文章也都体现“父母之爱”的主题，《慈母情深》描绘了一位平凡的母亲在极其艰难的生活条件下，省吃俭用，支持和鼓励“我”读课外书的场景，文中细节描写生动，情感真挚，展现了母爱的深沉与伟大。《父爱之舟》是一篇回忆性散文，以时间为序，围绕“父爱”这一中心，选取了几个难忘的生活片段进行描述，抒发了对父亲的感激与怀念之情。《“精彩极了”和“糟糕透了”》通过叙述“我”创作了一首小诗，父亲和母亲给予了“我”截然不同的评价，以及这两种评价对“我”成长的影响，揭示了父母之爱的不同表现形式。

纵观整个单元文章，都在环境和细节的描写中凸显不同的“舐犊之情”，让情感的描写有了具体的载体，在文本分析的基础上，明确了本单元教学应依托场景和细节的描写，同时抓住文中的关键词句，体会作者的情感变化，注重学生的情感体验，引导学生深入文本，感受亲情之美。

【问题链设计】

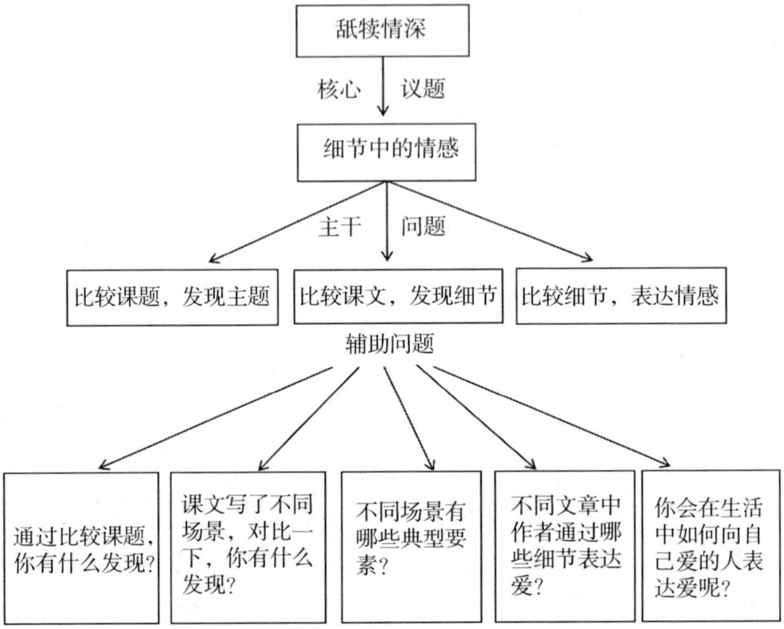

【教学目标】

1. 学生能够学会并运用群文阅读比较的方法阅读，体会场景、细节描写在表达人物情感中的作用。

2. 在语言品读、比较异同等阅读策略中，体会父母对子女无私的爱。

3. 学生联系自己生活中的类似经历，学习文本对话的描写方法，尝试用此方法进行表达。

【教学准备】

教师准备：教学设计、PPT、文本

学生准备：单元整合预习文本

【教学过程】

一、课题导入

（一）猜题目，感知主题

导语：他们不是雨露，却带来了新生的希望；他们不是泉水，却带来生命的甘甜；他们不是太阳，却带来了人间的温暖。今天，我们就来体会这些珍贵美好的情感。

1. 出示《慈母情深》和《父爱之舟》，通过对比阅读发现文本表达方式上有什么异同？学生可以通过初读发现题目一和母爱有关，题目二和父爱有关。在此基础上进一步发现表达上的不同，哪些是直接表达，哪些是间接表达。

2. 不同的题目，能表达相同的主题——爱。什么样的爱？谁对谁的爱？在师生的交流回答中揭示单元主题——“舐犊情深”。在教师的追问和学生的回答中学生更加直观地感受到主题中的人、情、爱。无论是直接描写母亲的感情，还是将父爱比作小舟的文本，都深刻地体现了单元主题语：舐犊之情，流淌在血液里的温暖和爱。

3. 最后，让学生用一组词概括这幅图流露出来的情感，用一个字概括这幅图的场景，爱和温暖、舐犊等词语自然地从学生口中讲出，它们背后更深层次的意思也深入学生的内心。牛妈妈用舌头去舔自己的牛宝宝，这个过程流露出来的情感就是爱和温暖。全班再读主题。

（二）读主题，感知情感

1. 在这样的单元主题下，《“精彩极了”和“糟糕透了”》蕴含的又是什么样的情感？你发现这篇文章题目和之前的两篇有什么不同之处？

预设：题目中有引号——可能引用了别人说的话，引起了我们的兴趣。

2. 同一个主题，命题可以用直接的抒情式，也可以借用修辞，还可以抓住关键词用间接方式引起悬念。

设计意图：谈话引入，对比课题的内容和结构，出示单元主题——舐犊情深，引发学生对课文的兴趣，进入主题学习。通过串联三篇课文的内容，抛出每篇课文几大要素，让学生进行连线，快速进入课文。在同一主题中，高效率阅读文章，进行学习。

二、比较课文，发现细节

导语：同学们，你们真是厉害，能从题目猜出主题，那我得再考考你们，通过昨天的预习，能不能把同一篇文章的相关内容连在一起。

（一）初读课文，对比阅读

1. 出示连线游戏，请学生把课文的题目和对应的内容连接起来深入对比。

2. 在文中找一找三位作者在这种爱的环境中的成长经历。（用横线画出来）

《慈母情深》：“我”有了第一篇长篇小说。

《父爱之舟》：“我”考取了无锡师范。

《“精彩极了”和“糟糕透了”》：“我”有了自己许多的作品

3. 对比三篇文章，你发现了什么?

虽然父母表达爱的方式不一样，但这些无私的爱都帮他们成就了精彩的人生。

（二）精读课文，对比深入

1. 课后题的对比

（1）默读课文，边读边想象课文中的场景，说说哪些地方让你感受到了“慈母情深”。

（2）默读课文，说说在“我”的梦中出现了哪些难忘的场景，哪个场景给你的印象最深。

①回到文本《慈母情深》，关注场景描写：通过描绘母亲潮湿昏暗、闷热嘈杂、拥挤狭窄的厂房环境，突出母亲的艰辛。从母亲“虽然贫困，但毫不犹豫地拿钱给我买书”的动作语言中体会母亲对“我”的爱。

②学生迁移学习《父爱之舟》，在《父爱之舟》中去找场景。

2. 比较三篇文章父母的表达方式

题目	场景	细节	情感
《慈母情深》	工厂环境	母亲的动作	母亲对孩子的爱
《父爱之舟》	多个场景	父亲的动作	父亲对孩子的爱
《“精彩极了”和“糟糕透了”》	家中场景	父母的语言	父母对孩子的爱

3. 总结：三篇文章父母的表达方式不同，但都让我们体会到了父母对子女无私的爱。这些爱都藏在生活的点滴中，当作者用文字表达出来的时候，就是借助场景中对人物的语言、动作、神态等细节描写，让我们深刻地理解了作者体会到的情感。今后我们遇到这种类型的文章，我们就应该像今天这样在情景中想象画面，在细节中体会情感。

设计意图：在课后题的对比中，回文读《慈母情深》，先抓场景描写——母亲的工作环境，再抓细节描写——母亲的动作、语言，品读人物内心活动——虽然贫困，但毫不犹豫地拿钱给我买书，在这一系列学习活动中体会母亲对我的爱。接着迁移学习《父爱之舟》，在《父爱之舟》中去找场景，从而对比不同的场景和不同的细节描写出的感情。

三、拓展延伸，尝试表达

（一）拓展阅读，拓展情感

1. 请同学们用这种方法去阅读《背影》

教师提问：三篇文章都体现了父母对子女的爱，文中的“我”是否体会到了父母的良苦用心？从哪里看出来的？

2. 总结：正是父母对子女无私的付出、无微不至的关爱，才成就了小说家梁晓声、画家吴冠中。

（二）联系生活，体会情感

1. 观察单元导语插图，联系生活实际想一想，如果小牛是你，老牛可能是谁？

2. 如果牛和牛中间是用“舐”这个动词来表达爱，你和家人是用什么来表达爱呢？一个摸头？一个拥抱？什么叫舐犊情深呢？

3. 总结：其实爱就藏在你生活的点点滴滴当中，它可能是一句由衷的赞美、一个肯定的眼神、一句鼓励的话语，也可能是一句严厉的批评……同学们，让我们用本节课学到的方法来写写这份舐犊情深。

设计意图：通过对这一组课文的学习，学生能够深刻地感受到文中父母对孩子的爱。在生活中，我们也无时无刻不被爱包围着，回忆生活的点滴，在某个场景、某个瞬间，我们也能感受到这份舐犊情深。学生畅所欲言，抓住场景，描写出父母的动人细节，把生活细微事情表达清楚，完成课后练笔。整个设计在润物无声中升华情感，迁移到同类型文章阅读的同时联系生活实际，运用场景细节描写法，引导学生把生活中的细腻情感表达出来。

【板书设计】

舐犊情深

场景描写：地点、人物、人物活动

《慈母情深》《父爱之舟》《“精彩极了”和“糟糕透了”》

细节刻画　　画面感　　人物对话

【评价反思】

本单元“舐犊情深”的教学，紧扣议题中的人文情怀，抓住场景描写、细节描写和语言描写，在统整与对比中，引导学生深入理解并体会父母之爱的深沉与伟大。大部分学生能够较好地把握课文的主题，感受到亲情的温暖和珍贵。

教学方法上，教师在迁移与运用中，注重学生的情感体验，通过朗读、讨论、角色扮演等方式，引导学生感受亲情的美好。从课堂表现来看，学生的集体建构参与度较高，能够积极参与课堂讨论和活动，较好地掌握课文内容和理解议题。

本课的设计在教学目标、教学方法、学生参与度、教学资源利用等方面都取得了一定效果。教学时，学生在课文的品读和学习中走进生活场景，有真切的体验才能有真实的情感。“舐犊情深”单元是满含情感的人文主题单元，通过问题链设计，统整多篇文本中的内容，引导学生体会情感，进行多文本的语言感知。过程中，学生简单描述自己印象深刻的场景，总结场景描写的要点——人物、活动、地点，在此基础上，结合具体课文，提炼另一要点——细节，以此抓住矛盾之处和细腻的画面，在比较中深刻体会“舐犊情深”。

（成都市青羊实验中学附属小学　姚雨含）

中国民间故事里的巧女

【教学册次】

五年级上册

【教学篇目】

第一组文本：《谁当家》《选当家》《三女儿要宝》

第二组文本：《九斤姑娘（节选）》《巧姑妙答》《其满汗智答大汗》

【议题解读】

本次群文阅读教学聚焦于中国民间故事里的巧女，以“理解并探讨中国民间故事中女性角色的品质与特点”为议题，旨在通过一系列中国民间故事的阅读与讨论，引导学生深入理解并探讨故事中女性角色的品质与特点。通过对比不同故事中的女主角，学生能够发现她们的共同点和差异，从而对“巧女”这一概念有更全面的认识。此外，通过讨论和分析，学生可以认识到优秀女性品质的普遍价值，以及这些品质在不同文化和时代背景下的体现。

【文本分析】

中国民间故事是我国劳动人民智慧的结晶，是民族文学的重要组成部分。

基于五年级上册三单元的学习，学生已初步了解民间故事的特点，感受了猎人海力布、牛郎和织女等人物美好的品质，因此，本次群文阅读教学选取中国民间故事里《谁当家》《选当家》《三女儿要宝》三篇故事，通过一问一答的形式，展现了女主角的勤劳、诚实、知足等品质。故事中的难题和解决方式，以及最终的结局，都体现了女主角的优秀品质。学生通过关注故事中的难题设置和女主角的应对策略，深入理解她们的品质。

《九斤姑娘（节选）》《巧姑妙答》《其满汗智答大汗》这三篇故事中的女主角展现了聪明和智慧，她们能够巧妙地回答难题，展现出过人的智慧。在阅读过程中，让学生尝试猜测和解答故事中的谜题，以此来锻炼他们的思考能力和解决问题的能力。

【问题链设计】

中国民间故事里的巧女

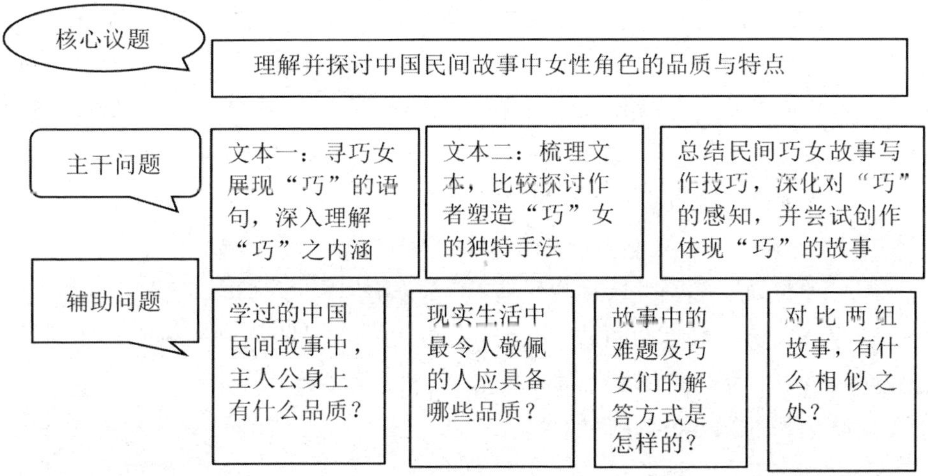

【教学准备】

教师准备：教学设计、PPT、文本

学生准备：熟读文本

【教学目标】

1. 精读材料一，搜寻巧女展现“巧”的语句，深入理解“巧”之内涵。
2. 研读材料二，小组合作梳理文本，比较探讨作者塑造“巧”女的独特手法。
3. 想象其满汗智答的内容，深化对“巧”的感知，总结民间巧女故事写作技巧，并尝试创作体现“巧”的故事。同时，分析并探讨中国民间故事中女性角色的普遍品质与鲜明特点。

【教学过程】

一、谈话导入新课

（一）回忆旧知

教师引导学生回忆本单元学过的中国民间故事，提问：我们认识了什么样的海力布？他身上有什么品质？故事中的牛郎和织女是什么样的？

（二）引出主题

通过讨论现实生活中最敬佩的人应具备的品质，特别是女孩子应具备的品质，引出本课主题——中国民间故事中的巧女。

设计意图：引导学生回忆本单元学过的中国民间故事及其中的人物形象（如海力布、牛郎、织女），旨在帮助学生巩固旧知，同时构建新旧知识之间的联系。通过讨论现实生活中最敬佩的人应具备的品质，特别是针对女孩子应具备的品质进行提问，可以激发学生的学习兴趣和好奇心。学生在思考这些问题时，会自然地联想到自己熟悉或崇拜的人物，进而产生探究更多类似人物故事的愿望，为接下来学习“中国民间故事中的巧女”这一主题做好准备。

二、阅读第一组故事，了解民间故事中巧女的“巧”

（一）材料一：《谁当家》《选当家》《三女儿要宝》

1. 学生默读，圈画关键词找“巧”，抓关键词体会“巧”形象。

2. 汇报交流，师生共同分析两个故事中巧女的“巧”体现在哪些方面，思考民间故事中的女主角都有怎样的品质。

预设 1：三儿媳勤劳、诚实。

预设 2：三女儿知足。

（二）小组讨论：总结共同点

小组合作，找出三个故事的相似点，如老人出题、难题不同但都难、第三个孩子最厉害等。引导学生发现三个故事在人物描写、写作手法（对比）等方面的共同点。

引导语：三个故事中的女主人公让你感受到这样的品质，是分别通过一个小故事，以一问一答的方式来呈现的。请大家小组合作：将三个故事放在一起，找一找它们之间有什么相似的地方。

学生自主阅读三个故事，边读边勾画关键词。

（三）全班交流：各组派代表分享发现，教师总结相似点

预设1：面对难题，她们都能机智解决。

预设2：都描写了人物的语言、动作；都写了巧女好的品质。

教师追问：作者是怎么写巧女勤劳、诚实的呢？用了什么样的写作手法？

预设：对比。

教师总结：通过对比，作者赞美了这些巧女勤劳善良。在民间故事里，人们就把具有这些品质的人称为巧女，巧在她们的智慧、诚实……我们在读的过程中，不断思考，不断梳理，发现几个故事有很多相似之处，很有意思。

设计意图：通过默读、圈画关键词的方式，引导学生深入文本，细致体会民间故事中巧女的“巧”体现在何处，从而加深对故事内容及人物形象的理解。小组讨论，发现故事共同点，提升归纳与批判性思维，感受民间故事的结构特点。在汇报交流、师生共同分析等环节，培养学生的阅读分析能力和口头表达能力，使学生能够准确提炼并阐述故事中的关键信息和人物品质。

三、阅读第二组故事，总结并运用方法写“巧”

教师过渡：中国民间故事中的巧女们除了勤劳、诚实、知足这样的品质，其实还有别的优秀品质，老师还搜集了三个，《九斤姑娘（节选）》《巧姑妙答》《其满汗智答大汗》，请大家读一读，说发现。

（一）材料二：《九斤姑娘（节选）》《巧姑妙答》《其满汗智答大汗》

出示自主阅读提示要求：

1. 在文中勾画批注出你喜欢的巧女的相关语句。

2. 通过阅读，思考几个故事有哪些相似之处。学生默读三个故事，体会巧女们的聪明与智慧。

教师引导：这几个巧女故事都很精彩，那谁来说说你喜欢哪一个？为什么？

师生讨论交流故事中巧女们的优秀品质，分析故事中的难题及巧女们的解答方式。

教师总结：民间故事基本靠口头讲故事的方式流传，这两个故事中，从提出难题，到解决难题，在一问一答中就已经把故事讲下来了，我们认识了聪慧的九斤、巧姑。面对一个接一个的谜题，故事中的巧女们都能顺利解答出来，帮助了三位大嫂，也帮助了自己的父亲。

（二）读《其满汗智答大汗》，说“巧”

1. 猜测并讨论《其满汗智答大汗》中缺失的答案，鼓励学生发挥想象力。

引导语：在第三个故事中，老师去掉了其满汗的回答，九斤姑娘和巧姑的确是聪明绝顶，那么其满汗又是如何解答难题的呢？

2. 总结民间故事写“巧”的相似点。

引导语：从前面的文本中，我们感受到了它们的相似之处，现在我们将视野再扩展一下，把所有巧女故事联系在一起，来看看又有哪些共同之处呢？小组交流讨论，完成表格。

相似点	举例（填关键词）
内容	都有谜题，难题；选材源于生活；人物设置相同；结局美好
写作方法	在刻画人物形象（语言、动作）时，描写这些主角时采用最多的是哪方面的描写？ 对比（面对难题时，巧女与其他人的不同表现，凸显了“巧”） 反复（段落重复、相同句式的出现，都是一问一答） 如在民间故事中有很多这种反复的写法，如金斧子银斧子和铁斧子的故事你们知道吗？这样重复的情节、重复的段落这就叫反复
表达情感	赞美巧女们的优秀品质

设计意图：通过三个巧女的故事，引导学生深入探索巧女们的聪明才智与独特品质，拓宽对民间故事中女性角色的认知。通过阅读理解、讨论交流和创意猜测等活动，提升学生的语文能力和批判性思维，让学生学会从多个角度思考问题，评价人物行为，并探讨故事背后的深层含义。

四、提升运用，深化对“巧”的感知

（一）总结巧女品质

引导学生总结中国民间故事中巧女的典型品质，如勤劳、诚实、知足、聪明等。

（二）运用方法，写“巧女”

引导语：我们阅读了关于巧女的故事，并且在内容、写作方法这些相似的地方做了总结。接下来，我们就运用这些方法，当一个名副其实的巧女、巧男，自编一个小故事。

设计意图：在学生对巧女故事有了深入理解，并掌握了民间故事写作的一些基本方法（如内容上的谜题设置、人物形象的刻画、对比与反复的写作手法等）之后，设计这一环节旨在让学生将所学知识运用到实践中去。通过自编小故事，学生不仅能够进一步巩固对“巧”的感知，还能在创作过程中锻炼自己的想象力和语言表达能力。

【板书设计】

中国民间故事里的巧女
难题——巧答——好结局
勤劳、诚实、智慧……

【评价反思】

本次群文阅读教学基于五年级上册三单元的学习，初步了解民间故事的特点，感受了猎人海力布、牛郎和织女等人物品质，聚焦中国民间故事里的巧女，设计了“理解并探讨中国民间故事中女性角色的品质与特点”的议题，引导学生深入挖掘优秀女孩形象及其内在品质。课堂从回顾本单元学习过的民间故事入手，通过学生讨论，明确了优秀女孩所应具备的品质标准，如善良、勤劳、聪明等。再寻找巧女“巧”的相关语句，了解“巧”。然后梳理文本，小组合作比较、讨论作者如何塑造“巧”。最后总结民间巧女故事的写作方式，并让学生选择运用人物形象刻画、对比、反复的写作方式写“巧”。这样就把课堂完全交给了学生，让学生成为课堂的主人。通过创编故事，激发了学生的想象，锻炼了学生的思维，训练了学生的表达。课堂上，面对教师精心设计的互动问答和小组讨论环节，学生兴趣盎然，不仅加深了对内在品质重要性的认识，还学会了从多角度分析故事，展现了批判性思维的火花。

为了延续学生的学习兴趣和创造力，课后设计了多样化的创新作业形式，如创作属于自己的巧女故事、设计故事海报或进行口头讲述等，旨在进一步激发学生的创造潜能，深化学习体验。

本次群文阅读教学实践充分展示了群文阅读在培养学生思维能力与情感态度方面的独特价值。此后，教师将持续优化教学策略，为学生提供更加丰富、多元的学习资源和体验。

（授课：成都市浣花小学校 李清清　指导：成都市青羊教科院 刘文虎）

第六节　文化积淀类议题案例

聊虎议虎析虎运，思辨善辩人心明

【教学册次】

六年级下册

【教学篇目】

《虎年来历的传说》《虎年说虎两则》《敬畏老虎》《拦路虎》《老虎的故事》《刚柔并济的虎文化》《爷爷的老虎》《关于老虎的两则新闻》

【议题解读】

中国人对老虎的感情，用“爱惧交加”形容最为恰当，尤其是惧大于爱。虽然在精神领域，老虎可以驱邪、避邪，显现威力，但是另一方面，老虎又是危险符号，人们都会避之不及。其实，论及凶恶程度，虎不能与人类同日而语，“苛政猛于虎也!”人是万物之灵，老虎虽为百兽之王，两强相遇，必有一争。赤手空拳，以一对一，虎强于人，而博弈智慧，以多制少，虎则无奈。最为著名者无过于《水浒传》之武松打虎。

漫长的争夺生存空间的博弈中，人畏虎之凛凛声威，虎惧人之高超智慧，虎于我先民可谓不离不弃、惺惺相惜，人虎之间遥遥相望、敬而互远。传说汉字中的“王”字，便是依虎额头三横一竖纹理而来，足以表明其在先民心目中之地位：虎具英雄本色，虎享四神之位，虎曾充当信物，虎性亲近豪杰，虎知随遇而安，虎有君子风度……

凡事皆有两面，优点突出明显者，缺点必如影随形。虎尽管有王者之尊、勇士之雄，然亦有明显缺点若干：虎伤人、害人，甚至成为虎患；虎性残忍、危险，代表了常骄傲自满、欠协作精神……

时过境迁，今非昔比。随着科学技术的长足进步，人类依靠密切协作、无穷智慧与高精武器，早已将昔日靠个体蛮力而称雄的虎辈推下神坛，其高踞于地球食物链最顶端的地位已被人类无情取代。而野生虎已难觅踪迹，岌岌可危，成凤毛麟角，朝不保夕，竟沦为被保护动物，成为只能靠人类恩赐才得以苟延残喘，不至灭绝。而被囚禁于苑囿铁笼中的虎辈后裔们，回首往昔辉煌，想想当今处境，迷离的目光中流露出无奈，慵懒的身躯折射着空虚，总给人以英雄末路、跌落平阳之慨叹。究其原因，是人类只顾自强不息，不解厚德载物之必然后果。长此以往，终将友朋尽失，难免形影相吊。届时，仅剩两足直立、无毛解语一族于地球孤独游荡，面面相觑，何其丧气扫兴，寡趣无聊也。

以生态学角度而论，野生虎种群数量可反映出生态系统是否平衡与健全，作为生态系统中十分重要的一环，其是否存在代表一个演化成熟的生态社会是否完整。这个生态社会是大自然历经千百万年才得以孕育而成的精心杰作，而一个完备的生态系统对人类的生存具有十分重要的意义。倘若人口以近百年之趋势无限骤增，在未来的某年某日，生态系统终将彻底崩溃而无法修复。到那时再试图恢复原状，则为时已晚。所以，我们必须清醒地认识到，适可而止，网开一面，不仅是虎辈亦懂得之宽仁，更是人类应遵循之达道。保护老虎，敬畏自然，也就是保护人类自身。

反观我们的语文教材，与虎有关的仅限于表现虎的愚笨的《狐假虎威》《猫是虎的先生》，以及表现人类英勇的《景阳冈武松打虎》《李广射虎》，把虎作为人类挑战的对象，置之死地而后快！而表现虎为百兽之长和中华文明精神传承的虎文化却鲜有展现，何其不幸！何其哀也！

“虎年说虎”的教学设计，源于人类对虎的喜恶态度，决定了老虎今后的命运，也决定了今后生物圈甚至人类的命运。这个态度没有中间立场，不能选边站，任何人都不能置身事外。所以，在设计这组阅读时，从追问人们对虎的态度这一根本立场入手，逼视人们反观内心：在这场决定老虎生死存亡以及拯救民族文化精神载体的物种战斗中，我们是否从思想高度引起重视？“惧”与“爱”的多少，应升华到人类自身成长的高度。教师引导学生在比较归纳、分析综合、深入思考的基础上，去发现、对比、反思、重整，归纳出结论，提高到理性思辨的阶段，从而体会到中华文化是由无数个类似于虎文化这样的精神生态圈构成的，也理解我们文化的源远流长和在长期演变中的创生、生长，并将一直延续发展下去。

【文本分析】

第一组文本《虎年来历的传说》讲述了虎如何被玉帝选中，成为天宫的殿前卫士，并最终成为十二生肖之一。《虎年说虎（两则）》第一则从生物学的角度详细介绍了虎的特征和习性；第二则介绍了虎在中国文化中的地位和影响，包括图腾崇拜、战争象征、吉祥物等。《敬畏老虎（节选）》通过个人经历和对虎的敬畏之情，展现了人类与虎之间的微妙关系。

第二组文本《拦路虎》通过历史文献和文学作品中的例子，讲述了老虎对古代交通和行人的威胁。《刚柔并济的虎文化》分析了虎与狮子在中国文化中的不同地位，以及虎文化在民俗中的体现。《老虎的故事》通过和儿子参观动物园的故事，从人类对待动物的方法上，告诉人们世界上最残忍的不是老虎，而是人类本身。《爷爷的老虎》通过叙述爷爷在丛林中发现并收养幼虎蒂莫西，再将其送往动物园的过程，展现了人与动物之间的情感纽带以及对自然野生动物最终归宿的思考。

第三组文本《关于老虎的两则新闻》第一则讲述了33岁的妇人艾普拉秀蕾与老虎同吃同睡，以亲吻的方式打招呼，体现了人与老虎亲密无间的关系。第二则讲述了印尼北苏门答腊省，村民杀死一只濒临灭绝的苏门答腊虎并食其肉，反映了人们残忍对待老虎的态度。

三组文本从虎的自然属性（生物特征、生活习性）到其在文化中的地位（图腾崇拜、战争象征、吉祥物等），再到人类与虎的关系（敬畏、威胁、保护等），层层递进，逐步深入。

【问题链设计】

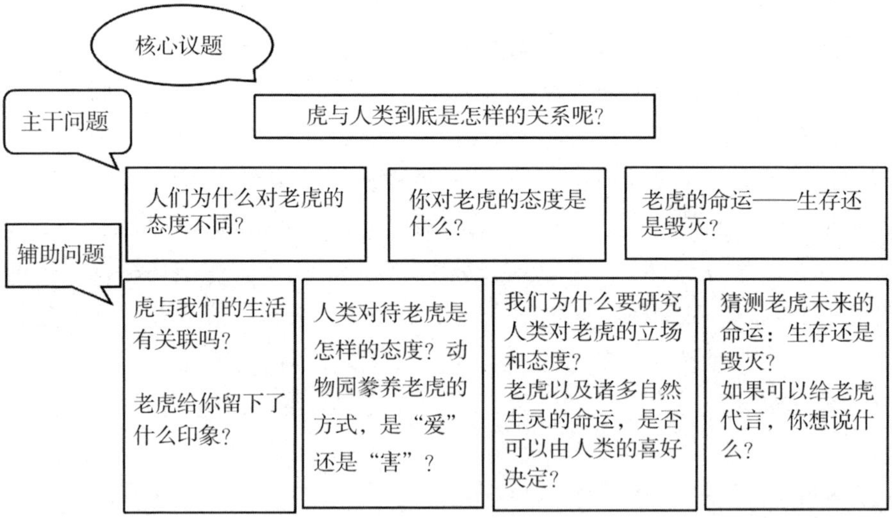

【教学目标】

1. 了解虎文化的源远流长、虎文化在中华文化中所占的重要地位，虎之精神，乃是中华民族精神的传承。

2. 设计人对虎的态度演变这一核心话题，学生在发现、比较、综合、概括、归纳的基础上，统整信息，萃取精要，思辨善辩，能够建立自己的观点，并能自圆其说。

3. 引发学生对中华寻根文化的思考，激发对国粹精华的传承热爱精神。

【教学课时】

2 课时

【教学准备】

1. 文本：《虎年来历的传说》《虎年说虎两则》《敬畏老虎》《拦路虎》《老虎的故事》《刚柔并济的虎文化》《爷爷的老虎》《关于老虎的两则新闻》。

2. PPT、视频、课外读物等。

3. 预先收集关于虎的成语、谚语、歇后语，典故、常识等。

【教学过程】

第一课时

一、谜语激趣，创设情境

（一）猜谜语，感受虎王威风

“身穿皮袄黄又黄，呼啸一声万兽慌。虽然没率兵和将，也称山中一大王。”

（二）名字入手，造字文化之趣

老虎别名：虎又称老虎，另有“山君”“大虫”“於菟”等别号。

板书讲解“虎”：甲骨文“虎”形象地描绘一只面向左的老虎，本义为老虎。今“虎”字从虍，为“虐”省，有凶残、侵害的意思。说明虎是一种很凶猛的动物，能给人带来伤害。《本草纲目》曰：“虎，象其声也。”认为“虎”字的读音就像虎狂啸时发出的声音。（请学生模仿吼叫，一片虎啸之声）

设计意图：谜语导入，激发学生学习兴趣。

二、链接生活，闲话老虎——生活 · 老虎

从身边生活聊起，感受老虎与人类的密切关系。

（一）属相：你知道身边的人或哪些名人是属虎的吗？

提示：秦始皇（封建王朝的开创者）、孙中山（封建王朝的终结者）。

相机引入文本《虎年来历的传说》，快速浏览，探究：你从中得出了什么结论？（虎为百兽之王，地位高于狮子、熊等，在中华民族传统文化中具有重要地位。）

（二）名字：你知道哪些人名或称呼中含有“虎”字？

提示：唐寅（伯虎）、小虎队、飞虎队等。

思考：为什么人们喜欢在名字或称呼中使用“虎”字？（寓意勇猛、刚强、英雄本位、信义等）

（三）典故：你知道哪些关于老虎的典故习俗呢？

（李广射虎、武松打虎、李逵杀虎、智取威虎山、“五虎将”、虎符、虎丘、虎头鞋、虎族——彝族）

（四）常用语：你知道哪些关于虎的成语、歇后语？

（成语：饿虎扑食、虎口逃生、为虎作伥……

谚语俗语：山中无老虎，猴子称霸王；东山老虎要吃人，西山老虎也吃人；二虎相斗，必有一伤……

歇后语：老虎嘴边的胡须——谁敢去摸；老虎下山——来势凶猛……）

语用训练：整理背诵关于虎的常用语。

思考：《中华成语辞海》收录的嵌有“虎”字的成语、俗语有260多条，说明了什么？（中华文化在传承过程中，与虎文化息息相关。）

（五）统整思考：虎与我们的生活有关联吗？

（千百年来，老虎已经走入了我们的生活，融入了我们的民族血脉，与我们的民族性格密不可分。）

设计意图：从与我们生活最密切的名字、属相、常用语、典故入手，在大量的信息统整中，通过链接相关背景，梳理出虎和我们的生活密不可分，虎文化的影响源远流长，在看似闲聊中激发学生进一步了解虎的兴趣。

三、信息获取，初识老虎——印象·老虎

过渡：关于真正的老虎以及相关的知识，你又了解多少呢？

教师出示《虎年说虎两则》《敬畏老虎》，学生速读三篇文章，迅速获取老虎的相关知识。

（一）概括三篇文章的大意

聚焦生活习性：“兽中之王”的形象。

聚焦文化符号：性格、精神、文化图腾等象征。

（二）整体了解，概括印象

上面三篇文章中，老虎给你留下了什么印象？用词语概括。（两面性：凶狠、残暴、危险、霸道、独来独往等；威武、勇猛、进取、阳刚、特立独行、王者风范等。）

设计意图：通过三篇介绍老虎的文章，从自然习性到文化符号，在提取、概括、分析、比较、统整中，找出老虎给人们留下的印象，同时，也能脉络清晰地提取、生成观点。

四、回顾总结，拓展积累

（一）回顾总结语用训练：积累背诵关于虎的成语、谚语、歇后语。

（二）拓展积累虎的俗语：初生牛犊不畏虎；画虎不成反类犬；山上无老虎，猴子称大王；一山不容二虎；捋虎须；拉大旗，作虎皮；坐山观虎斗；老虎头上搔痒。

第二课时

一、承接前课，引出议题

过渡：仁牛谢幕，就该猛虎登台，欢迎小老虎们继续我们的说虎之旅！回顾上节课的内容，虎与人类到底是怎样的关系呢？

议题引申：虎对人是怎样的态度？人类对待老虎是怎样的态度？

设计意图：问题过渡，引发思考。

二、议题思辨，深入研虎——惧怕还是喜爱？

过渡：从前人评价老虎的词语来看，从古至今，人们对老虎的态度是不同的，这到底是为什么？仔细研读下面文本，从中找到相关的依据。并思考：你是站在哪一边的？是惧怕多一些，还是喜爱多一些？记住，一定要仔细比较，得出自己的观点！

（一）读文思考，圈定观点

出示选文：《拦路虎》《老虎的故事》《刚柔并济的虎文化》《爷爷的老虎》《关于老虎的两则新闻》

阅读要求：

1. 快速浏览材料，全面了解选文内容，思考自己的观点。

2. 筛选材料进行比较、分析、统整，找到支撑依据。

3. 汇报交流，先强调观点，再阐述。

（二）聚焦议题，自由思辨

分组研究，聚焦思考。

参考分议题，选择一个分议题自由思辨：

分议题一：虎对人是怎样的态度？人类对待老虎是怎样的态度？

聚焦：虎害囿于范围，虎与人空间的争夺，是谁对谁错？（“人无害虎心，虎无伤人意。”老虎的凶残对动物而言是生存的本能，对人类而言，谁更凶残？是谁灭亡了谁？“老虎的皮可制成名贵的‘虎皮大衣’，骨头和内脏可做药，肉可吃，老虎浑身是宝。”字典里的这个解释证明了谁的残忍贪婪？）

分议题二：动物园豢养老虎的方式，是“爱”还是“害”？

聚焦：虎与人的角色置换思考，这种方式有利于虎的本性和生存吗？

分议题三：“打虎”是否算英雄？

聚焦：这种“打虎”文化产生的背景是什么？“打虎”是否值得提倡？

分议题四：老虎灭亡，对我们的民族有何影响？

聚焦：如果老虎灭亡了，我们的民族精神是否会有缺失，我们的文化信仰何去何从？

……

（三）统整思考：我们的喜恶是否决定了老虎的命运？

思考一：我们为什么要研究人类对老虎的立场和态度？（人类的立场和喜好决定了老虎的命运。）

思考二：老虎以及诸多自然生灵的命运，是否可以由人类的喜好决定？（人类是高级生命，但并不是比动物高高在上，上天赋予动物一样的生存权利。）

点拨要点：为什么？你的依据在哪里？怎样思考得出的这个结论？

设计意图：基于第一课时人们对虎认识的初步印象，通过“人对虎的态度”这一核心议题的设定，以几个二级支撑议题的逐层推进，通过对不同文章的归纳比较、思辨探究，在求同比异中合理建构观点，达成共识。

三、探究猜测，老虎命运——生存还是毁灭？

（一）出示令人震惊的数据

1940 年，巴厘虎灭绝。

1970 年，里海虎灭绝。

1980 年，爪哇虎灭绝。

……

野生东北虎：中国 20 只左右；朝鲜 10 只左右；韩国 1930 年灭绝。

野生华南虎：1952—1962 年，湖南猎杀华南虎 647 只。

1976 年，湖南抓到最后一只华南虎……

看到上面的数据，猜测老虎未来的命运：生存还是毁灭？

学生探讨，引发反思：虎是否存在，代表了生态是否平衡。老虎是大自然历经千百年孕育而成的杰作，对人类是至关重要的。老虎的消失，代表了中华虎文化的根基消失，中华民族凝聚力的寻根文化将没有依托。

如果可以给老虎代言，你想说什么？（自由发挥，创生思想和语言）

（二）朗读诗歌，向虎致敬

《华南虎》（牛汉），原文略。

（三）震撼呐喊

反复读诵：救救老虎！（也是拯救我们自己！）

设计意图：以虎的生存现状触动学生的思考，以诗人的呐喊震撼学生的心灵，由前面血淋淋的数据，到触摸文字背后的力量，落实语用的训练。

四、总结反思，拓展阅读

向学生推荐非常有寓意的《少年派的奇幻漂流》电影，引发学生更广泛的关于人性与虎性的思考。

【评价反思】

本次教学设计围绕“聊虎议虎析虎运，思辨善辩人心明”的主题，旨在让学生通过了解虎文化的源远流长，并培养学生思辨与善辩的能力。

教学内容涵盖了老虎的生活习性、文化象征、人虎关系等多方面，通过多样化的文本和材料，让学生全面了解老虎及其背后的文化意蕴。通过谜语激趣、猜想讨论、分组思辨等多种互动方式，学生们在轻松愉快的氛围中完成了对知识的吸收和内化，形成了自己的思考和理解。

通过设置“人对虎的态度演变”这一核心议题，引导学生在发现、比较、综合、概括、归纳的基础上，统整信息，萃取精要，建立自己的观点。这一过程不仅培养了学生的思辨能力，还让他们学会了如何在冲突中碰撞观点，激发思辨的火花。

（成都市青羊教科院　刘文虎）

古诗中的渔人

【教学册次】

六年级下册

【教学篇目】

《小儿垂钓》《江雪》《渔歌子》《江上渔者》

【议题解读】

《课标》指出，文化自信是指学生认同中华文化，对中华文化的生命力有坚定信心。通过语文学习，热爱国家通用语言文字，热爱中华文化，继承和弘扬中华优秀传统文化。品读垂钓主题的古诗词，能让读者走进垂钓者所处的境界，感受沉静的精神之美，体会中华诗词特有的文化自信。从古至今，垂钓之风的兴盛，带来诗词的繁荣。钓童、渔者、渔夫、渔父……不同时代的诗词中呈现出一个个鲜明的垂钓者形象。文人墨客、隐逸之士、垂钓小儿……不同身份的人出现在不同时代的古诗中，背后又是怎样的垂钓文化呢？自古以来，渔翁代表着高洁的隐士，意味着自由自在的生活。“青箬笠，绿蓑衣，斜风细雨不须归”“孤舟蓑笠翁，独钓寒江雪”“白发渔樵江渚上，惯看秋月春风”，这些都是教材中经典的学习材料。本次古诗群读的教学实践尝试从诗词走向作者，深入感受隐士文化。

在六年级的古诗学习中，学生在理解诗意的基础上开始渗透理解渔人、隐者等中国特有的哲学思想，有助于深入把握诗人的世界观和人生观，启发学生对人生和世界的理解。古诗中体现了诗人对理想、信仰、自由、真理的追求，这些内容更有助于学生树立正确的人生观和价值观。

【文本分析】

这节课的学习内容全部来自统编语文教材，分别是二年级上册的《小儿垂钓》和《江雪》，五年级上册的《渔歌子》，以及六年级下册的古诗诵读《江上渔者》。通过对这几首古诗进行解读，发现其意象背后更深层次的文化内涵，四首诗都被共同的主题“渔”牵引着，但是显然不同朝代不同作者背后想表达的情感是完全不同的。《江上渔者》是宋代政治家、文学家范仲淹的五绝代表作。范仲淹的一生，就是忧国忧民的一生，这首诗正是他爱国情怀的缩影。《小儿垂钓》在教材编排中放在二年级学习，更多的是感受垂钓小儿天真可爱的形象，通过想象一幅一幅童趣盎然的图画，初步感受生活情趣。《江雪》的垂钓自成一景，体现诗人无尽忧伤，是二年级孩子感受不到的，但仍是儿童古诗启蒙的佳作。《渔歌子》是一首传唱千年的词，作者用独特的笔触给读者描绘了一幅动静结合、色彩艳丽的画卷。

重组《小儿垂钓》《江雪》《渔歌子》《江上渔者》四首诗，让学生在不同年级学习的基础上再次品读，一根钓竿，一位渔人，一个时代……让学生看见古诗中的人、景、事，感受特有的中华文化。

【问题链设计】

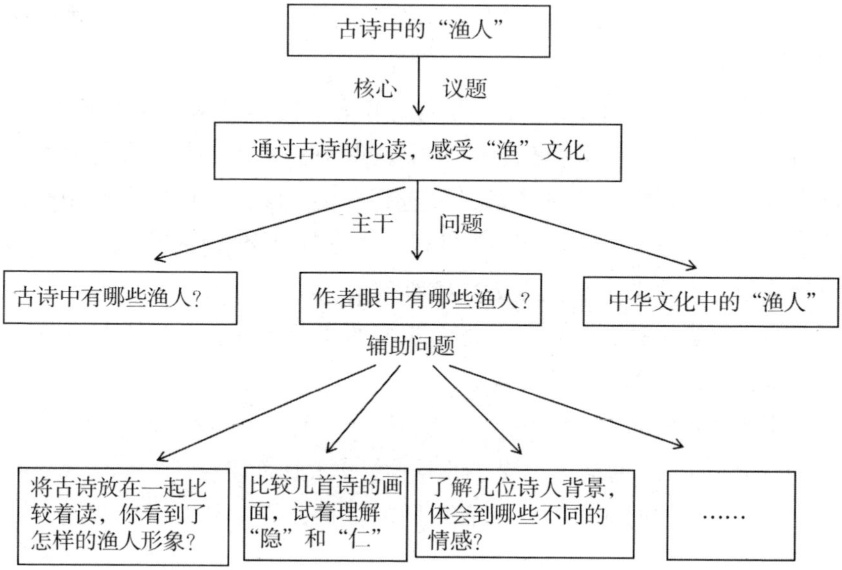

【教学目标】

1. 诵读古诗，在理解诗意的基础上，体会诗歌表达的情感。

2. 引导学生从古诗的关键词句、情感、背景等多个维度理解诗句的内涵。

3. 在诗歌的比对读议中，感悟“渔人”在古诗中独特的内涵。

【教学准备】

教师准备：教学设计、PPT、文本

学生准备：回顾文本

【教学过程】

一、古诗中的渔人

（一）朗读四首古诗《小儿垂钓》《江雪》《渔歌子》《江上渔者》。

1. 这几首诗都和什么有关？

2. 出示甲骨文中“渔”字的不同写法。

过渡：当古诗遇上这些“渔人”，又会有哪些新的发现？

（二）四篇比较：《小儿垂钓》《江雪》《渔歌子》《江上渔者》

1. 学习《江上渔者》。初读古诗，读通顺；再读古诗，读懂诗意，重点理解“往来人”“一叶舟”等关键词语在古诗中的意思；尝试背诵。

2. 分别读几首古诗，在初步理解诗意的基础上找一找诗中有哪些诗人形象，师生交流，确定几位渔人，分别取名为渔童、渔翁、渔人、渔者，并把这几个名字写到词卡上。

3. 老师先做一个分类的示范，将渔童分为一类，将其他几个渔翁、渔人、渔者分为一类，学生思考分类依据。学生发现是根据年纪不同进行分类。在这个基础上鼓励学生再将这几位“渔人”进行分类，学生讨论后发现还可根据地点，季节，环境、心情、钓鱼目的等进行分类。分组交流汇报。

设计意图：甲骨文识字，感受造字的形象，突出“渔”在中国古代文化中的丰富多样。分类比较，初步体会诗人描写的不同渔人，在学生初步分类中不断加深认识，建立古今之间的连接。

二、作者眼中的渔人

（一）品画面——两篇比较《小儿垂钓》《江上渔者》

导语：同学们不同的分法，都有不同的依据，诗中渔人也有截然不同的形象，为什么？

1. 从《小儿垂钓》这首诗中看到了一个怎样的胡令能？

结合资料读一读。想象终身未入仕的胡令能如同垂钓的小儿一样自由自在。

再读《江上渔者》这首诗，你又看到一位怎样的范仲淹呢？

结合范仲淹生平资料，其终身为官，心系百姓，感受他的一心为民，理解他写《江上渔者》时的心境。

（二）悟诗情——两篇比较《渔歌子》《江雪》

导语：不一样的诗人描绘不一样的画面；不一样的诗人，传递不一样的心境。

1. 感受柳宗元的诗人形象

过渡语：我们有理由相信，柳宗元是在借助渔翁这个角色传递着自己的孤独，两位大唐的才子为我们留下了两首经典的诗词，也塑造了两位经典的渔人形象。

（1）了解诗人生平，感受人物形象。柳宗元仕途的起点是繁华的长安城，可是他却一路被贬，一路失意，从长安到永州再到柳州，甚至皇上大赦天下时都仍未被重新启用，学生感受到他内心的孤独苦闷。从入仕到离世，柳宗元在官场 26 年，看到这样的遭遇，学生为柳宗元感到可惜、可悲。此时再指名读，进一步了解柳宗元在永州的 10 年，感受他特有的孤独气质。

过渡语：就是这首诗，藏进了柳宗元的千万孤独，也让他的人生从此铺满了“孤独的底色”。

（2）进一步感受柳宗元生平的巨大落差，感受他的才华横溢、远大抱负。学生在情境中读，感受柳宗元在生命的最后 4 年，一边忍受病痛折磨，一边惠泽百姓；在想象中读，感受永州的 10 年，除了孤独还想造福一方。

（3）学生在读中感悟，正是因为有了柳宗元，偏远的柳州城成为一座国家历史文化名城。此时再看那独钓寒江的渔人，你看到了一位怎样的柳宗元？

2. 感受张志和的诗人形象

创设情境，请两位同学演一演张志和与哥哥的对话，感受张志和的自由潇洒。

过渡语：诗人精练的笔法加上大家丰富的想象，我们对张志和的了解越来越丰满，相较于柳宗元的孤独，张志和就显得自由、洒脱。如果说柳宗元的一生充满坎坷，那么张志和的一生一定一帆风顺吗？

（三）深入《渔歌子》

1. 依次出示张志和生平，学生读。看了张志和的生平，学生心里一定有波澜，是什么呢？原来他的一生并不是一帆风顺的，他也被贬，也有失意。

2. 比较柳宗元和张志和，相同的经历，不同的心态，却有着共同的理想和抱负。

设计意图：通过四首古诗的分类比较，引入诗歌的创作背景和历史背景，了解诗人的生活经历、时代背景等。学生体会古诗中“渔人”的形象特点，进一步体会不同时代背景下诗人独特的表达。通过朗读、讲解、讨论等方式激发学生的情感，让学生深入体会渔者形象所蕴含的情感，引起共鸣和思考。

三、中国文化中的“渔父”

（一）感受柳宗元、张志和、范仲淹、胡令能几位诗人的人生理想

学生讨论，有人喜欢范仲淹的责任感、使命感；有人喜欢张志和的自由洒脱；有人希望能像胡令能那样过着自由自在的生活，不被约束；还有人感叹柳宗元的坚持不懈。

教师引导：不同的渔人，不同的底色，即将进入初中阶段的学习，你们也会遇到各种各样的问题和挫折，希望你们能像这几位诗人那样不忘初心，忠于理想。

板书总结：诗人们借用渔人的身份表达他们丰富的精神内涵，当他们的志向和抱负达到一定境界时，就幻化出一种特殊的文化符号——渔父。

（二）理解“渔父”的形象

1. 这四位诗人中，谁是你心中的渔父？

2. 熟悉的诗人哪些有渔父的精神气质？

3. 升华朗读：

渔父，是不被名利束缚的豁达——

渔父，是对古今世事的一笑而过——

渔父，是对自由的向往和追求——

渔父，是面对挫折的独乐其中——

结束语：远古的江面，朴素的“渔人”又何曾想到，他们，会被中国的文人注入如此丰富的精神内涵，成为特有的文化符号。这些被我们敬仰的诗人啊，又何尝不是在历史长河的沉浮中追求着自己的理想和抱负，为我们创造灿烂的中华文化，古诗中的——渔人。

设计意图：通过一组古诗的比较学习，诗中的渔者形象生动地展现在学生面前，让学生更好地理解诗歌主题和情感，激发学生情感共鸣和思考。通过这种方式将传统文化中的价值观传递给学生，培养审美情趣和人文素养。

【板书设计】

古诗中的——

天真

渔人

艰辛

诗人 （隐、仕）

自由

渔父

孤独

【评价反思】

本节课尝试将教材学习内容进行重组。在不同阶段古诗的学习会有不同的学习目标，将学习内容重组后通过群文的比较会有很多新的发现。备课过程中，首先需要收集有关渔者形象的古诗，包括不同情感、不同风格的诗歌。这样可以让学生更全面地了解渔者形象在古诗中的多样性和丰富性。分析古诗时，需要重点关注渔者形象的特点和情感，引导学生感受渔者的逍遥自在、孤独寂寞或勤劳善良等品质，并理解这些品质如何与诗歌主题和情感相联系。六年级再学几首诗，会读会背已经不是最重要的教学目标，更关键的是读懂诗词背后的文化内涵，走入诗人内心，感受诗人面对不同困难时的心境。从课后效果来看，学生通过比对文本、了解背景，能领会诗人所要表达的意图并反思自己的生活，在即将迈入初中的衔接时段，面对未来和不可预见的困难，有一定程度的心理准备，并充满希望。“渔父”那潇洒自由的形象也许并不能完全为学生理解或接受，但面对未知豁达的种子已经埋在学生心底。

（授课：成都市青羊实验中学附属小学 李秋菊 指导：成都市青羊教科院刘文虎）

数字与诗境

【教学册次】

五年级下册

【教学篇目】

《山村咏怀》《望庐山瀑布》《九月九日忆山东兄弟》《江雪》

【议题解读】

《课标》明确指出文学阅读与创意表达任务群旨在引导学生在语文实践活动中，通过整体感知、联想想象，感受文学语言和形象的独特魅力，获得个性化的审美体验；了解文学作品的基本特点，欣赏和评价语言文字作品，提高审美品位。本课基于此培养目标出发进行设计与教学。

“数”，从娄从攴，计也。“字”是用来记录语言的符号。“数字”用来表示数的书写符号。数字字形简单，字意单一，数量有限，可以说无甚美感。但它们一旦出现在古诗中，就会焕发出无穷的魅力。如何解读古诗中的数字，是需要我们思考的问题。因此，本节群文课的议题着重于三方面。

1. 数字与文字的关系：数字是记数文字，是文字的一种，它的特点是简洁、准确。

2. 数字与文学的关系：诗歌是文学的一种表现形式，诗中的数字能够恰到好处地烘托环境、表露心境、营造意境。

3. 数字与文化的关系：文化是人类全部的精神活动及其活动产品的总和，数字入诗有着自己的发展轨迹，源远流长，在历史的长河中一直保持旺盛的生命力。

总体看来，这组选文围绕数字进行选择，但数字的使用、数字的表达方式、数字的意义、数字背后的文化是不同的。因此在学习过程中，要注重培养学生提取信息、比较辨析、统整综合的能力，不断助推学生思维的发展。

【文本分析】

这四首诗中都有数字，有的是具体的数字，有的是表示数字的文字。《山村咏怀》连用10个数字，描绘了美丽山村的环境，衬托出邵雍愉快闲适的心境。连用的数字，使整首诗读来极具音韵美感。《望庐山瀑布》中，出现了夸张的“三千”和具有独特文化的“九”。《九月九日忆山东兄弟》中出现了具体的数字和表示数字的文字，这些数字共同营造了王维异乡孤独、怀乡思人的意境。《江雪》中出现的6个数字形成强烈的对比，让我们感受到柳宗元的“千万孤独”。

【问题链设计】

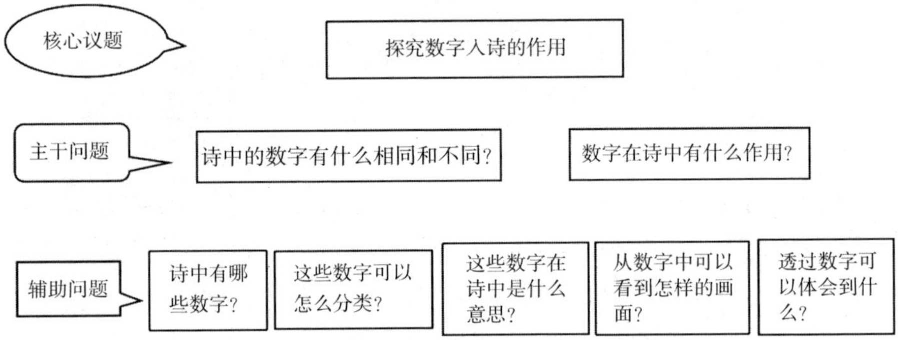

【教学目标】

1. 诵读古诗，引导学生结合数字赏析古诗，从数字角度体会古诗的意境美，激发学生热爱中华优秀传统文化的热情。

2. 在古诗的比对读议中，感悟数字在古诗中独特的意韵。

【教学准备】

教师准备：教学设计、PPT、文本

学生准备：熟读文本

【教学过程】

一、圈画数字，梳理分类

（一）多种方式读古诗，发现古诗的共同点：都有数字。

（二）学生圈数字，集体汇报。

（三）发现圈画数字的不同，引导学生将数字分类。

（四）小结：你们真的非常厉害，竟然从古诗中发现了两种不同的数字，一种是具体的数字，一种是有数字意味的文字。

设计意图：学生通过初读古诗，发现诗歌中藏着的数字，并通过归类发现数字的不同表达方式，为理解数字含义做铺垫。

二、品味数字，体会作用

（一）过渡：古人发明数字是为了把事物的数量记录下来，但是这几首诗中的数字仅仅是在表示数量吗？学生交流。

（二）布置自学任务：诗中的数字有什么作用呢？我们一起来品味。

齐读自学要求：请任选一首古诗，就诗中的一个或几个数字想一想，你可以感受到什么？

（三）学生自学，同桌交流感受

（四）全班分享：你能看到怎样的画面？体会到诗人怎样的情感？

1. 品味《山村咏怀》

引导交流：通过诗中各种数字的连用，你体会了什么？

预设：体会到了山村的美丽和作者愉快闲适的心情。

2. 品味《望庐山瀑布》

出示：老子《道德经》中的“三生万物”说明三会产生无穷无尽的变化。所以在中国传统文化中，“三”代表生生不息，延绵不绝。

引导交流：你知道“九天”是什么地方吗？

点拨：“天”是一个平声字，它的声音可以无限延长。

小结：你们无限延长的声音，把壮美的庐山瀑布带到了我们眼前。“三”“九”是有着独特文化韵味的数字，当这样的数字被运用到诗句中时，诗便充满了文化韵味。

3. 品味《江雪》

引导交流：“千万”表示无限，“绝灭”表示没有分毫，从这极致的对比中，你体会到了什么？

小结：通过数字的对比，我们体会到了作者心中无尽的孤独和在逆境中的坚强。

4. 品味《九月九日忆山东兄弟》

引导交流：题目中“九”这个数字出现了两次，你有什么感受？

小结：诗歌中藏着王维的思念，也藏着家人对王维的思念。

（五）统整：发现数字描绘环境、衬托心境的作用

引导交流：结合你们刚才从数字中感受到的内容，用一组关联词来说说你的发现。

小结：我们从数字中不仅读到了环境，还感受到了诗人独特的心境。数字可以描绘环境，衬托心境。

设计意图： 通过联想想象，感受数字表达的不同含义，体会数字在诗歌中描绘环境、衬托心境的作用。

三、分类统整，感受意境

引导交流：现在我们来看看这四首诗，你们可以怎么分类？

预设：《山村咏怀》《望庐山瀑布》为一类，《江雪》《九月九日忆山东兄弟》为一类。

预设 1：因为前两首诗中只有数字，后两首既有数字也有文字。

预设 2：因为前两首比较欢快，后两首在表达孤独。

（一）比较《山村咏怀》《望庐山瀑布》

1. 交流：这两首诗中的数字有什么相同之处吗？

预设 1：都有数字“三”“九”；都表达对大自然的喜爱。

预设 2：数字不同，使用数字的方法不同。

2. 小结：看来相同的数字在不同的诗中，也会有别样的韵味。

（二）比较《江雪》《九月九日忆山东兄弟》

1. 交流：这两首诗有什么相同之处？

预设：他们的情感都是孤独的。

2. 讨论：结合王维和柳宗元创作的背景资料，思考：他们表达的孤独一样吗？

3. 小结：从数字中我们读到了柳宗元的意气风发，读到了他深陷困境，更读到了他面对困境时清高孤傲而又不失希望的意境。数字所营造的孤独是不同的。

（三）对照板书，梳理统整

今天我们研读了数字与诗，从数字中，我们读到了王维长久的思念，读到了柳宗元孤独中的希望。从数字中我们跟随李白去欣赏了壮美的庐山瀑布，跟随邵雍去欣赏了美丽的田园风光。数字可以描绘环境、衬托心境、营造意境。

设计意图： 通过比较、统整，帮助学生建立不同诗歌中数字的意义关联，渗透群文结构化思维，从而使学生更加深入理解古诗内容。

四、总结升华

这节课我们读了数字与诗，感受到了数字中的诗境。

中国的数字源于结绳记事。数字被写入诗中，萌芽于先秦时期，形成于两汉时期，鼎盛于唐朝，并且沿用至今。数字诗，经过时间长河的淘洗，在文学殿堂里依旧闪闪发光。从这璀璨的光芒中，我们可以读到故事，读到历史，读到文化……

设计意图：帮助学生进一步体会数字入诗的历史和作用，了解数字诗在中国文化中的独特意义。

【板书设计】

数字与诗境

描绘环境
衬托心境
营造意境

【评价反思】

本课例用四首古诗带领学生围绕议题“数字在古诗中有什么作用”进行读、比、议、统。问题链的设计引领学生层层深入地走进古诗。首先，提取信息，找到古诗中出现的数字，再发现数字的不同，通过给数字进行分类可学习数字不同的表达方式。其次，结合每首诗歌的具体语境探究数字的含义和作用。最后，通过分类统整数字入诗的三方面作用。

在语文实践活动中，学生在结构化问题的引领下一次次走进诗歌，借助数字从不同方面了解诗歌表达的意思、传达的情感。学生通过有感情地朗读，感受文学语言的独特魅力，获得个性化的审美体验，提高审美品位。

（授课：成都市泡桐树小学绿舟分校 杜鹃　指导：成都市青羊教科院 刘文虎）

中国民间爱情故事里的秘密

【教学册次】

五年级上册

【教学篇目】

《牛郎织女》《白蛇传》《孟姜女哭倒长城》《梁山伯与祝英台》

【议题解读】

统编版语文五年级上册三单元围绕民间故事这个主题编排。民间故事是一种极具代表性的中国民间文学形式，它能深切地反映故事创作时期的历史背景。其中的爱情故事人物形象鲜明，善恶对比强烈，爱憎非常分明，更易感染读者。故本课以《中国民间爱情故事里的秘密》为议题，将中国民间四大爱情故事组文进行群文阅读教学设计。将语文学科内的课程整合运用到民间传说类课文的教学中来，可以使民间传说突破单篇课文的言语教学价值和文化价值，而凸显其审美价值和文化素养。

【文本分析】

《牛郎织女》是叶圣陶先生编写的著名民间传说类课文。以此为基础，整合同为四大民间传说的其他三篇：《白蛇传》《孟姜女哭倒长城》《梁山伯与祝英台》。所选文本组有一个共同的主题——爱情，以群文阅读为径探究中国民间爱情故事的创作特点及原因，通过解读文本发现藏在故事里的秘密，从而更全面地把握文本的内涵，深层次感受文本背后作者的深意。

【问题链设计】

中国民间爱情故事里的秘密

核心议题：这民间四大爱情故事，为何全都是悲剧呢？

主干问题：四个故事中的阻挠者分别是谁？ / 为什么阻挠者都能成功？

辅助问题：阻挠者们到底是什么人？ / 阻挠者是怎样一步步拆散有情人的？ / 为何阻挠势力那么强大？ / 阻挠者那么“坏”，为何还要写这“坏人”呢？

【教学目标】

1. 立足于文本提取信息，抓住关键语句，感受人物形象。

2. 统整信息，结合补充的背景资料，进一步感受议题。

【教学准备】

教师准备：教学设计、PPT、文本

学生准备：熟读文本

【教学过程】

一、复习导入，揭题

导语：回顾中国民间四大爱情故事，它们不同于外国的一些童话故事中王子和公主有个圆满大结局的原因，往往在于他们中间出现了什么人物？

预设：阻挠者。

师导入：这节课我们把目光聚焦到阻挠者身上，一起去探寻一下中国民间爱情故事里的秘密。(板书课题)

学生初读文本。出示阅读要求：默读四个故事，用浏览、跳读等方式，圈出阻挠者，横线画出阻挠者的手段，概括地说说他们是用什么办法将两个有情人分开的。注意勾画提取关键词句。

故事名称	阻挠者	手段
《牛郎织女》	王母娘娘	拔簪划河
《白蛇传》	法海和尚	压在塔下
《梁山伯与祝英台》	祝员外	关女逼嫁
《孟姜女哭倒长城》	秦始皇	抓夫修城

设计意图：此处设计第一个主干问题：四个故事中的阻挠者分别是谁？以求同的思维方式撬动课堂，从整体上感知阻挠者这一人物形象，激发学生学习兴趣。

二、聚焦阻挠者，发现秘密

（一）出示四个阻挠者的手段，请学生用词来表达一下自己的感受。

（二）聚焦其中的一个阻挠者法海。

出示自读要求：再读《白蛇传》，勾画法海的行为，法海是怎样一步一步把两个有情人活生生地拆散，让他们夫妻分离、骨肉离散的呢？简单批注自己的感受。

（三）学生汇报后梳理法海的四步阻挠：劝—关—斗—压。

追问：你有什么体会？说出感受。

小结：俗话说：“哪里有阻挠，哪里就有反抗！”男女主反抗了吗？成功了吗？

预设：反抗了，却都没有成功！

追问：那是因为什么？一起来看看他们的身份。（副板书：神权、王权、父权）（教师适时补充讲解门不当户不对，家庭包办婚姻的封建制度）

设计意图：此处设计第二个主干问题：为什么阻挠者都能成功拆散有情人？这个主干问题与前一个主干问题按照由易到难的次序排列。辅助问题则追问：阻挠者们到底是什么人？为何阻挠势力那么强大？阻挠者是怎样一步步拆散有情人的？通过多种方式阅读，让学生深入阅读民间爱情故事，构建“远近高低各不同”的阅读体系。

（四）学生再读。回归四篇文本，勾画关键语句，男女主人公面对阻挠者的步步紧逼，他们是怎样一次又一次反抗的呢？

引导：哪一对男女主人公的反抗最打动你？学生自由交流。

追问：读到文本中这些句子你有什么感受？带着体会，配乐师生共读。

小结：其实所有的男女主都是像梁祝这样，一次又一次反抗着，没有一对能够“执子之手，与子偕老”。我们多么希望他们能一直相爱下去啊！创作者不写阻挠者，让有情人一直幸福快乐下去多好。你觉得阻挠者不出现行不行？说说你的看法。（师适时板书民间故事秘密）

设计意图：此处设计辅助问题，追问四个阻挠者那么“坏”，那创作者为何还要写这些“坏人”？教师引导学生在语文实践活动中，通过比较、推断、质疑、讨论等方式，梳理观点、事实与材料的关系，让学生加深对故事的理解，体会主人公追求真挚情感、不畏强权等美好品质，进一步了解民间故事的创作特点及以悲剧收场的原因，亦是让读者对故事中塑造的封建制度下的这些“坏人”深恶痛绝的原因。

三、对比发现丰富、饱满的人物形象

过渡：我们在为两个人的分离感到愤愤不平、唏嘘不已时，不妨回过头再来看看最终结局。（出示表格）

故事名称	最终结局
《牛郎织女》	每年七夕相会
《白蛇传》	18 年后重逢
《梁山伯与祝英台》	化蝶成双
《孟姜女哭倒长城》	生离死别

引导：虽然故事的结局都不尽如人意，但都有让人感到慰藉的地方。对此你有什么看法？小组讨论交流。

结束语：原来，故事中塑造人物形象如此丰富，不同读者会有不同感受，每个人物身上都有真善美的一面。可是这些阻挠者最初意图不论是维护天庭、伸张正义，还是巩固自己的政权，都让百姓深受其害，这也是让我们对他们深恶痛绝的原因。反观当下，所有的执法者都在为百姓谋福利，让我们可以追求自由、追求幸福。这也是我们今天再读民间爱情故事的价值所在。

设计意图：这样的设计可以使学生站在不同角度看待问题，从课堂、历史、社会制度等多方面培育学生学科核心素养能力，让学生体会到文章中饱含的思想感情，树立正确的价值观。结尾之处站高谋远，引发学生深入思考，推动学生自主学习，使学生在阅读中思考和表达，达成知识体系的建构，也体现语文学科的育人价值，凸显其审美价值和文化素养。

【板书设计】

中国民间爱情故事里的秘密

秘密一	强权势力的阻挠	凸显爱情
秘密二	一波三折的情节	打动人心
秘密三	人们追求真善美	美好愿望

【教学反思】

本次课例是基于五年级上册三单元的学习，初步了解民间故事的特点，感受牛郎织女朴素的爱情，设计以“中国民间爱情故事里的秘密”为议题，将中国民间四大爱情故事组文进行群文阅读教学。首先，本课教学由知识到技能，由浅入深。让学生采用浏览、跳读等阅读方法，聚焦阻挠者及其手段，梳理四个故事的情节。其次，通过表格逐步分析，利用问题链为学生创造分析、判断的机会，将思维引向故事背后，引导学生关注故事创作的时代背景，探究这些故事成为经典，广为流传的原因。最后，出示四个故事的最终结局，引发学生对现在生活的思考，帮助学生体验幸福感，树立正确价值观。这一环节在学生审美能力的培养上做出了比较好的尝试。这四个故事都悲中带喜：牛郎织女虽不能在人间相守，但也打破天规，每年七夕相会；白素贞被镇压在雷峰塔下，但她的儿子长大后高中状元，将母亲救出，一家人终于团圆；孟姜女哭毁长城之后，与丈夫相拥投海；梁祝二人化蝶后，双宿双飞。从美学角度来看，悲剧更能使人反思，产生强烈而深远的内心感受，所以反派的出现、悲剧的成分是作品成为经典的重要因素，也是这些作品美的来源。

这节课在一次次修改、试教后，听取评课教师的意见，根据实践产生新的思路。这些阻挠者终究未能听见劳动人民最真实的心声：向往和平，追求自由忠贞的爱情，渴望家庭生活的幸福和安宁。这是当时黑暗社会的真实写照，最后升华部分，春风化雨地培养了学生的社会主义核心价值观。

（授课：成都市浣花小学校 刘兰　指导：成都市青羊教科院 刘文虎）

一样成都，别样成都

【教学册次】

六年级上册

【教学篇目】

《上皇西巡南京歌》《赠花卿》《蜀相》《成都曲》《梅花》

【议题解读】

课标“阅读与鉴赏”第三学段中明确指出：阅读诗歌，把握诗歌大意，想象诗歌描述的情境，体会作者的情感。

这五首诗歌各具特色，但共同之处在于它们都深刻体现了作者的情感与时代背景。通过群文阅读，我们可以引导学生把握每首诗歌的大意，想象诗歌所描述的情境，进而体会作者深藏于字里行间的情感。

从思维的角度来看，这五首诗歌涵盖了历史、政治、自然、人文等多个领域，为学生提供了广阔的思维空间。学生需要在阅读中不断切换思维角度，理解诗歌背后的历史背景、社会现象以及诗人的情感世界。这种阅读体验，有助于培养学生的综合思维能力和素养。

从鉴赏的角度来看，这五首诗歌各具特色，风格迥异，为学生提供了丰富的审美体验。他们可以通过对比不同诗歌的意象、语言、节奏等，感受诗歌的韵律美和意境美。同时，学生们还可以深入剖析诗歌中的隐喻、象征等修辞手法，理解诗人如何借助这些手法来表达自己的情感和观点。

结合学生的学情和教学内容，本课选择了一组和成都有关的诗歌，引导学生通过阅读与赏析讨论，从多个角度探讨和理解隐藏在诗歌中关于成都的情感。通过这次群文阅读，学生不仅能够拓宽视野，增长知识，还能在诗歌的海洋中遨游，感受古代文人的情感世界与人生追求。他们可以通过对比不同诗歌的主题、情感与表现手法，提升自己的文学鉴赏能力与批判性思维。同时，这次阅读也能激发学生对优秀传统文化的兴趣与热爱，让他们在阅读中感受到诗歌的魅力与力量。

【文本分析】

《上皇西巡南京歌》是李白在唐玄宗西巡期间所作，诗中表面描绘了华阳春树的美丽景象，实则暗含对玄宗弃国出奔的讽刺与批判。这种一语双关的手法，展现了李白复杂而深刻的爱国情怀。属于群文阅读课内链接点的“1”。

“X”则包括《赠花卿》《蜀相》《成都曲》《梅花》四篇文本。《赠花卿》中，杜甫以赞美乐曲之名，实则委婉地讽刺了花卿的僭越行为。诗中音乐的盛大与奢华生活的对比，让人深思权力与规范的关系。《蜀相》表达了对诸葛亮的敬仰与对时局的忧虑，反映了当时政治黑暗、社会动荡的现实，抒发了对国家民族的深切关怀与爱国情怀。《成都曲》则展现了张籍对成都太平生活的喜爱与眷恋。诗中通过锦江、荔枝、万里桥、酒家等意象，描绘了一幅繁华而和谐的市井画卷。陆游的《梅花》中诗人骑马经过锦官城西，为梅花所醉，不仅表达了对梅花的喜爱，也隐含了对自然美景的赞美与向往。同时，从青羊宫到浣花溪，也透露出诗人对杜甫草堂的追慕之情，整首诗意境深远，情感丰富。

【问题链设计】

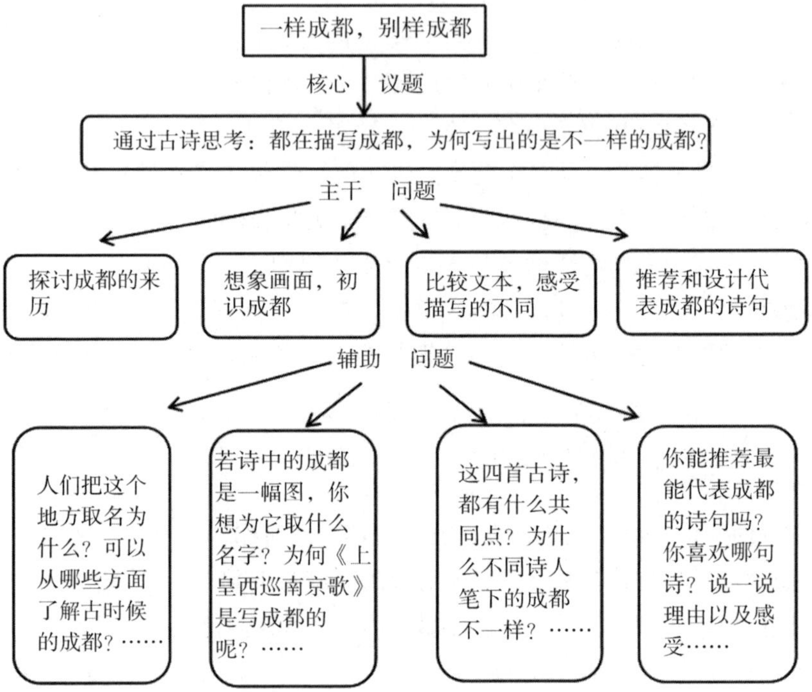

【教学目标】

1. 运用比较阅读的方式，诵读有关成都的古诗，了解成都。
2. 有感情地诵读，体会为何“一样成都”，却“别样成都”。
3. 让学生了解成都，激发学生热爱成都的感情。

【教学重点】

运用比较阅读的方式，诵读有关成都的古诗，了解成都。

【教学难点】

1. 运用比较阅读的方式，诵读有关成都的古诗，了解成都。
2. 有感情地诵读，体会为何“一样成都”，却“别样成都”。

【教学准备】

教师准备：PPT、阅读题单

【教学过程】

一、引入话题，成都来历

（一）成都来历

情境创设：有这样一个地方，第一年是村庄，第二年成为城市，第三年发展成人口众多的大都市。

1. 配乐读

PPT 出示：“一年而所居成聚，二年成邑，三年成都。”

2. 板书引读

于是人们把这个地方取名为——（生）成都。（板书：成都）

引读：你真聪明，这是关于成都名字流传最广，最为人认同的一种说法。请同学们齐读这句话。

（二）了解成都

1. 激发思考

我们可以从哪些方面了解古时候的成都？

2. 汇报交流

学生交流，了解成都的方式：文字、书法、绘画、传说、壁画……

3. 用诗歌走进成都

小结：特别是文字，最丰富，最全面，最容易留存。最美的文字莫过于诗歌，今天，我们就从诗歌中去认识成都。成都是一个繁华的大都市，也是一座悠久的历史古城，它穿越千年，展现在我们面前。用诗歌走进成都。

设计意图：通过《史记》文字，引出本节群文阅读课的主题——“成都”。引导学生知晓借助文字包括诗歌是了解古时成都最好的方式。自然而然出示多个文本，点出本课时的教学重点：运用比较阅读的方式，诵读有关成都的古诗，了解成都。

二、画面感受，初识成都

篇目：《上皇西巡南京歌》

（一）诵读诗歌，感受诗意

教师范读诗歌，引导学生读出停顿、节奏。

（二）问题引导，了解成都

如果诗中成都是一幅图，你取名为______________图。

1. 学生自读，勾画关键词，批注取名理由。

2. 小组交流，讨论，阐述自己的观点。

3. 全班交流。

交流预设：

（1）什么入了画图？

（2）播放视频，感受画面。

重点指导：数字“万”“一”“千”的含义和意境。

（3）题目探讨。

诗题质疑：为什么《上皇西巡南京歌》是写的成都呢？为什么它不叫《上皇西巡成都歌》呢？

小结：诗题不但可以表达人们心中美好的情感，还能够带着我们去发现历史的足迹。

（三）反复诵读，感知诗境

情境引导（配乐诵读，感受画面）：诗中不仅有诗意万千，还有画卷万千，古老的成都面貌如画卷般在我们眼前展开。闭上眼睛，背诵全诗。

设计意图：学习《上皇西巡南京歌》，通过“诵读诗歌—感受诗意”“问题引导—了解成都”“反复诵读—感知诗境”三个步骤，感知李白的情感，形成对成都的初步了解。逐步析出中心问题：一样成都，别样成都。

三、求同比异，感受成都

篇目：《赠花卿》《蜀相》《成都曲》《梅花》

（一）自读古诗，疏通诗意

1. 借助资料，自读古诗。

老师找了四首描写成都的古诗，既有课本上的，也有课外的，请拿出小资料。要求自读古诗，注意读通顺。

2. 抽生读诗，师指导朗读。

（二）议题统领：“一样成都，别样成都”

通过读这几首古诗，同学们发现虽然几首诗都在写成都，但是所写角度不同，情感不同，这是为什么呢？今天我们就来探讨这个话题：“同样在描写成都，为何写出的是不一样的成都？”

（三）切分议题：“一样成都，一样热爱”（求同）

1. 学生自读，疏通诗意。

2. 这四首古诗，都有什么共同点？

质疑：千百年来描写成都的诗歌至少有上千首，单单是在成都居住了 3 年多的杜甫就写下了 200 多首，诗人为什么热衷于写成都呢？（都是写成都，都在写成都的风土人情，表达对成都的喜爱之情。板书：一样）

交流预设：

（1）写作主题：风景、历史、人文……

（2）写作方式：自我沉醉、分享他人、唱和纪念……（举例）

（四）切分议题："别样成都，不同情感"（比异）

1. 分组研读，每组一首古诗。

学习提示：

（1）思考：同样是写成都的诗歌，甚至写同一个景物，为什么不同的诗人笔下的成都不一样？

（2）在不同的诗人眼中，成都是一座____________城市。请在资料上勾画并旁批理由。

2. 小组研读讨论。

3. 全班交流汇报。

交流预设：

（1）主要与诗人的时代背景、心境遭遇、性格风格、情景差别（看见的景色不一样，抒发的情也有区别）等有关。

（2）我们现在看见美景会怎么样？拍照，发朋友圈。为了准确表达，一定要在文中找到充分的依据。

设计意图：利用多篇诗歌以比较阅读的方式围绕中心问题展开教学——"一样成都，别样成都"。设计了"自读—统领—求同—比异"四个步骤。通过"统领—求同"两个环节体会诗人虽然写作主题与写作方式各不相同，但是都对成都充满了热爱。通过"比异"环节体会为何"一样成都"，却"别样成都"：感受到了诗人因情感、性格、遭遇、寄托等个人情况，表达出不同的情感。指导学生在阅读中不断切换思维角度，理解诗歌背后的历史背景、社会现象以及诗人的情感世界，感受诗人如何借助这些手法表达自己的情感和观点。

四、小结统整：推荐诗句

过渡：历代诗人眼中的成都，既有相似之处，更多别样之美。这，或是诗人的背景不同，或是性格不一，或是当时心情迥异，或是遭遇不同，甚至在诗中寄托了自己的理想抱负。诗人的笔端或直抒胸臆，或借景抒情，有的豪迈豁达，有的委婉含蓄，所以"一样成都，别样成都"。

（一）提问：你能推荐最能代表成都的诗句吗？

1. 出示要求：

（1）读古诗，选出自己喜欢的诗句，读一读。

（2）品诗情，谈理由。分享诗句带给你的感受，以及诗句能够代表成都的理由。

2. 小组交流。

3. 全班分享。

（二）自主讨论学习结束后，小组组员分工，上台分享本组的学习成果。

1. 学生汇报：可以借助教师提供的资料或课外收集整理的资料，通过资料分析古诗，体会情感，说清理由。

2. 教师点评。

设计意图：鼓励学生在赏析诗歌的过程中继续运用求同比异的思维进行思考。继续围绕中心问题展开教学——推荐能代表成都的诗歌并说明理由。继续感受本课议题——“一样成都，别样成都”。

五、拓展延伸，宣传成都

（一）今昔对比，热爱成都

我们学习了诗，从诗里穿越历史发现成都的美好，才知道今日的成都最吸引人之处并不在于它修建了多少高楼大厦，而在于它是一个有历史、有温度、有故事的地方，它有着文化的传承。通过成都的今昔对比，诗的意境反复回旋，我们体会到成都今日之美好是历史的积累。

（二）创作诗句，宣传成都

请同学们观察今天的成都：小吃、街道、建筑……为今天的成都写一句诗，古诗、韵文诗、现代诗均可。

（三）推荐阅读，别样成都

还有许多描写成都的诗，如《春夜喜雨》《绝句》《蜀先主庙》《杜工部蜀中离席》《登锦城散花楼》《成都竹枝词》《锦城竹枝词》《和郭员外题万里桥》等，还有许多与成都文学和历史相关的书籍如《地上成都》《老成都》等，都可以体会到别样的成都。

设计意图：通过现场创作诗句、推荐阅读等方式升华本课议题——“一样成都，别样成都”，激发学生对成都的热爱之情。

【板书设计】

一样成都	别样成都
美景	心情
纪念	性格
抒情	背景
唱和	寄托
……	……

【评价反思】

本节课以成都为主题，设计议题为“一样成都，别样成都”。通过诗歌、画面感受、求同比异等教学环节，以比较阅读的方法策略，引导学生深入了解成都的历史文化，感受成都的诗意美感。通过配乐、诗歌朗读等形式，提高了学生对成都的认知和情感投入。同时，通过问题链的构建，围绕核心议题逐步推进——“为什么不同的诗人笔下的成都不一样”，在研读文本的过程中，培养学生的思辨能力和创造力。在课堂上，多元的学习方式，如自读古诗、小组讨论等，激发了学生对成都不同角度的思考和理解。推荐阅读和创作诗句的环节，引导学生将对成都的感悟转化为文字，有助于学生进一步探索成都的文学和历史背景。

（授课：成都市青羊教科院附属实验学校 李世春　指导：成都市青羊教科院 刘文虎）

参考文献

一、中文文献

（一）专著

[1] 黎甜. 结构化思维 [M]. 北京：文化发展出版社，2019.

[2] 李晓东. 教育心理学 [M]. 北京：北京大学出版社，2008.

[3] 彭聃龄. 普通心理学 [M]. 4版. 北京：北京师范大学出版社，2012.

[4] 杨和稳. 人工智能算法研究与应用 [M]. 南京：东南大学出版社，2021.

[5] 于泽元，王雁玲，石潇. 群文阅读的理论与实践 [M]. 重庆：西南师范大学出版社，2018.

[6] 赵镜中. 提升阅读力的教与学：赵镜中先生语文教学论集 [M]. 台北：万卷楼图书股份有限公司，2011.

（二）译著

[1] 安德森. 布卢姆教育目标分类学：分类学视野下的学与教及其测评 [M]. 修订版. 蒋小平，张琴美，罗晶晶，译. 北京：外语教学与研究出版社，2018.

[2] 布卢姆. 教育目标分类学 [M]. 罗黎辉，丁证霖，石伟平，等译. 上海：华东师范大学出版社，1986.

[3] JENSEN E, NICKELSEN L. 深度学习的7种有力策略 [M]. 温暖，译. 上海：华东师范大学出版社，2009.

[4] 斯腾伯格. 成功智力 [M]. 吴国宏，钱文，译. 上海：华东师范大学出版社，1999.

[5] 佐藤学. 课程与教师 [M]. 钟启泉，译. 北京：教育科学出版社，2003.

（三）期刊

［1］安富海．促进深度学习的课堂教学策略研究［J］．课程·教材·教法，2014，34（11）．

［2］柏荣．高中语文阅读教学的“问题链”设计浅析［J］．教育教学论坛，2020（3）．

［3］陈昌龙，黄桂红．道德与法治高阶问题“嵌入式”教学策略［J］．江苏教育，2021（80）．

［4］陈萍，田芳．语言知识与语言习得［J］．重庆广播电视大学学报，2010，22（1）．

［5］陈先云．课程观引领下统编小学语文教科书能力体系的构建［J］．课程·教材·教法，2019，39（3）．

［6］陈雁．阅读教学中“问题链”的设计［J］．语文教学与研究，2017（34）．

［7］褚程丹．群文阅读视角：探索小学语文古诗词教学策略［J］．基础教育研究，2023（4）．

［8］褚树荣．渗透与介入：学习任务群进课堂的难度化解［J］．语文建设，2018（25）．

［9］范保立．指向高阶思维培养的小学语文阅读教学策略［J］．教育界，2023（30）．

［10］方东流，段增勇，王雁玲，等．学习任务群下群文阅读教学规程：且以设计“战国四君子评说”教学为例［J］．教育科学论坛，2019（13）．

［11］方东流，王雁玲，黄利梅．基于语文教材群文阅读的“1+X”教学建模：浅谈“1”的定位和“X”的功能［J］．教育科学论坛，2018（13）．

［12］高东辉，于洪波．美国“深度学习”研究40年：回顾与镜鉴［J］．外国教育研究，2019，46（1）．

［13］郭元祥．深度学习：本质与理念［J］．新教师，2017（7）．

［14］洪松舟．有效课堂提问评价标准的应用研究：兼谈语文教学如何有效提问［J］．教育测量与评价（理论版），2011（1）．

［15］胡庆芳．优化课堂教学环节的实践策略研究：以一节小学语文新授阅读课为例［J］．教育理论与实践，2011，31（26）．

［16］胡森，黄坤．指向核心素养的初中物理问题链及其设计［J］．教学与管理，2023（34）．

[17] 蒋军晶．语文课上更重要的事：关于单篇到“群文”的新思考［J］．人民教育，2012（12）．

[18] 孔庆敏．小学语文主题单元教学的有效策略研究［J］．天天爱科学（教育前沿），2022（6）．

[19] 李金海，闫梦宇，徐伟华，等．概念认知学习的若干问题与思考［J］．西北大学学报（自然科学版），2020，50（4）．

[20] 李欣荣．群文阅读在学习任务群中的张力表征——兼评邵然的《史铁生作品群文阅读》一课教学［J］．教育研究与评论（中学教育教学），2019（10）．

[21] 李应春．高中数学教学中“问题链”的设计［J］．科教导刊（电子版），2019（13）．

[22] 林文毅．冲突导致改变：多文本阅读理解对高中生认识论信念的影响研究［J］．心理研究，2019，12（4）．

[23] 刘大伟．群文阅读教学的三个问题［J］．教学与管理，2016（31）．

[24] 刘凤光．问题链为语文高效课堂助跑［J］．全国优秀作文选（写作与阅读教学研究），2015（6）．

[25] 陆亚南．小学语文主题单元教学策略［J］．全国优秀作文选（写作与阅读教学研究），2022（5）．

[26] 裴松．问题链在高中英语阅读教学中的运用［J］．山东师范大学外国语学院学报（基础英语教育），2011，13（6）．

[27] 沈月芬．联结：用语文的方式学语文［J］．语文建设，2022（10）．

[28] 苏同安，李晓玲．基于高中数学思维能力培养的“全景式”数学问题设计研究［J］．中学数学，2023（21）．

[29] 汪琳．小学语文教学中学生高阶思维能力的培养策略［J］．甘肃教育，2019（22）．

[30] 王文海．初中语文如何通过设计问题链提高教学效果［J］．课外语文，2021（21）．

[31] 王湘蓉．好的教学必须能唤起学生的思维：专访华东师范大学基础教育改革与发展研究所所长、教授李政涛［J］．教育家，2022（35）．

[32] 王晓超．“结构化思维”在教学设计中的应用和实践［J］高考，2021（6）．

[33] 温儒敏．“部编本”语文教材的编写理念、特色与使用建议［J］．课程·教材·教法，2016，36（11）．

[34] 温儒敏. 如何用好“统编本”小学语文教材 [J]. 课程·教材·教法, 2018, 38 (2).

[35] 吴敏敏. 小学语文结构化思维课堂实践研究——以统编版小学语文五年级上册《松鼠》为例 [J]. 中学课程辅导（教师教育）2020 (15).

[36] 吴忠豪. 美国的小学语文课程和阅读教学 [J]. 外国中小学教育, 2002 (3).

[37] 项贤明. 基础教育课程改革如何从理念转化为行动：基于我国 70 年中小学课程改革历史的回顾与分析 [J]. 课程·教材·教法, 2019, 39 (10).

[38] 谢醒. 实践深度学习要克服的迷思 [J]. 语文建设, 2021 (2).

[39] 许令周. 设计问题，为学生深度学习创造条件 [J]. 江苏教育, 2021 (11).

[40] 阎乃胜. 深度学习视野下的课堂情境 [J]. 教育发展研究, 2013, 33 (12).

[41] 杨丽萍. 小学语文群文阅读教学实践探索 [J]. 甘肃教育, 2024 (15).

[42] 杨三妹. 群文阅读视角下小学语文古诗词教学的策略研究 [J]. 教师, 2004 (20).

[43] 杨伟. 尊重新教材 理解新教材 用好新教材：统编本语文教材总主编温儒敏教授访谈 [J]. 语文建设, 2018 (7).

[44] 姚姝兰，叶黎明. 群文阅读教学的关键：创设结构化议题——以蒋军晶群文阅读教学为例 [J]. 语文建设, 2019 (20).

[45] 姚修杰，刘亚宁. 前见、效果历史、文本：伽达默尔“视域融合”的三个维度 [J]. 哈尔滨师范大学社会科学学报, 2024, 15 (4).

[46] 殷堰工. 试论问题链在数学教学中的作用 [J]. 中学数学月刊, 2008 (10).

[47] 尤炎林. 小学语文群文阅读教学探索：以统编教材三年级下册第二单元寓言故事为例 [J]. 读写算, 2024 (29).

[48] 于泽元，边伟，黄利梅. 指向深度学习的群文阅读：生成逻辑与实践路径 [J]. 课程·教材·教法, 2022, 42 (10).

[49] 于泽元，边伟，王雁玲. 锚定叙事与群文阅读：内在的共通与理解的深入 [J]. 课程·教材·教法, 2020, 40 (7).

[50] 于泽元，王雁玲，陈际航. 基于统编语文教材的“1+X”群文阅读教学研究 [J]. 新课程评论, 2019 (6).

[51] 于泽元，王雁玲，黄利梅．群文阅读：从形式变化到理念变革［J］．中国教育学刊，2013（6）．

[52] 张菊，郭永峰．深度学习研究综述［J］．教学研究，2021，44（3）．

[53] 郑东辉．促进深度学习的课堂评价：内涵与路径［J］．课程·教材·教法，2019，39（2）．

[54] 钟志贤．促进学习者高阶思维发展的教学设计假设［J］．电化教育研究，2004（12）．

[55] 朱良学．结构化思维的科学依据和基本原理［J］．科技咨询导报，2007（30）．

（四）学位论文

[1] 蔡思源．小学高段语文阅读教学中问题链设计策略研究［D］．重庆：西南大学，2021.

[2] 程英．阅读教学中的视域融合研究［D］．成都：四川师范大学，2014.

[3] 董卓．基于深度学习的群文阅读设计策略研究［D］．重庆：西南大学，2021.

[4] 姜艳婷．深度学习视域下高中语文群文阅读教学研究［D］．哈尔滨：哈尔滨师范大学，2023.

[5] 孙小凡．弹幕标签化的审美文化研究［D］．济南：山东师范大学，2024.

[6] 汪茂华．高阶思维能力评价研究［D］．上海：华东师范大学，2018.

[7] 魏薇．透视小学语文课堂提问策略：新任型与熟练型教师的差异研究［D］．长春：东北师范大学，2007.

[8] 魏怡佳．基于语文要素的小学语文学科大概念提炼研究［D］．成都：四川师范大学，2022.

[9] 徐逍．中学语文阅读教学问题链设计研究［D］．济南：山东师范大学，2019.

[10] 杨慧．高中数学教学的“问题链”设计研究［D］．上海：上海师范大学，2012.

[11] 杨艳辉．迈克尔·富兰的深度学习理论研究［D］．重庆：西南大学，2020.

（五）其他

[1] 林长焕．关于语文主题单元教学策略的研究［C］//现代化教育国际

研究学会论文集（二）. 北京：中国国际科技促进会国际院士联合体工作委员会，2022.

［2］中华人民共和国教育部. 义务教育语文课程标准（2022 年版）［S］. 北京：北京师范大学出版社，2022.

二、英文文献

（一）著作

［1］DEWEY J. How We Think［M］. New York：Cosimo，Inc，2008.

［2］FACIONE P A. Critical Thinking：What It Is and Why It Counts［M］. Los Angeles：California Academic Press，1998.

（二）期刊

［1］SMITH B O. The Improvement of Critical Thinking［J］. Progressive Education，1953（30）.

后 记

编写完《群文阅读问题链设计与教学》，不由产生一种深深的满足感，同时也意识到了肩上的责任。这本书不仅是团队多年教学实践和研究的结晶，也助推群文阅读教学更蓬勃地开展。

2022 年 4 月 21 日教育部发布了《义务教育语文课程标准（2022 年版）》。课标是“教”与“学”的指挥棒，提出了语言运用、审美创造、思维能力、文化自信四大核心素养，落实立德树人的根本任务。这需要教师从根本上转变教学观念，改进教学行为。阅读教学是语文教学攻坚克难的关键。群文阅读主张“在阅读中学会阅读”，强调学习的中心是学生，因此，阅读教学必须关注学生已有的阅读经验、阅读需求与阅读兴趣，教学的过程必须让学生真正参与，实现教师成为教学活动中“平等的首席”，引导学生思维向深处漫溯。

本书提出的群文阅读问题链设计具有开拓性意义，是群文阅读教与学的有益尝试：为教师提前预设教学，在课堂上呈现有序列性、层进性、逻辑性、关联性的一连串阅读问题，提供了教学的设计框架；为学生群文阅读学习搭建了合适的支架，为其高阶思维发展提供了向上攀爬的阶梯。因此可以说，群文阅读问题链设计与教学的研究既是时代的呼唤，也是教育教学改革的有效举措。

本书既有对群文阅读以及群文阅读问题链系统化的理论认识，又提供了可供操作的群文阅读问题链设计方略。从成果研究的反馈来看，问题链帮助教师增强了结构化设计群文阅读教学的能力，课堂教学中碎片化、随意化、机械化的现象有所减少。教师们普遍反映，应用群文阅读问题链开展教学，提高了学生对文本的理解与意义建构的能力，更为重要的是，在学习过程中展现了充分的自主学习与合作探究意识。

十年磨一剑，我们付出了艰辛的努力，也收获颇多。

在实践中摸索出“UTS”协同研究模式（U 指高校研究者，T 指教研机构教研员，S 指小学教师）助推研究的开展。区域内参研教师达百余人，通过 UTS 教研共同体活动整合资源，为教师搭建专业成长的平台。共计培养课题核心研究成员40余位，惠及区域内外教师数千人次，造福众多学生。

通过参编专业书籍、核心期刊发表论文促进成果转化。团队成员参与编写并出版了《语文同步阅读1+X读本》《卓越教师参与式培训教程》《“义务教育课程标准（2022年版）”课例教学解读：小学语文》等书籍。本书的编写负责人刘文虎在《语文教学通讯》发表《结构化视域下“以文化人”的单元教学策略》一文，并成为杂志封面人物。

扎实落地的群文阅读研究，获得了诸多荣誉与认可。包括子课题在内获得省市区级课题奖13项，论文获奖26篇，文章发表16篇，赛课获奖19人次。

群文阅读问题链的研究，在区域内外产生了广泛影响。

首先，研究成果以课例形式在各地进行交流和展示。省内外送教优质课例百余节，促进教师群文阅读教学能力的发展，如《奇妙的中心句》《动物名字里的秘密》《古诗中的“渔”》等送教到贵州、广东、湖北等地。在各级赛课中获得丰硕的成果，如《拜动物为师》在全国“前沿课堂”教学观摩活动中获一等奖，《有趣的四川话》《群诗：数字与诗境》等分别获得省市赛一等奖，《英雄是怎样炼成的》《小伏笔，大作用》等获得市赛一等奖。

其次，受邀进行学术交流，对课题理念进行阐述与推广。课题组将实践与交流相结合，促进群文阅读在各地的落地、生根、开花和结果。研究团队对外开展学术交流60余次，例如，在四川省群文阅读课堂教学展评活动中担任评委，在四川省教育学会学术年会圆桌会议上交流经验，在广东、贵州等多地群文种子教师培训活动中开展“统编教材单元整组教学实践”专题培训，等等。这些活动均扩大了群文阅读教学的影响。

课题组的研究成果，受到了众多媒体的关注。中央人民广播电视台新闻客户端云听APP、四川新闻网、《华西都市报》、四川教育在线、封面新闻等新闻媒体进行了10余次专题报道，各类平台推送点击量持续增加，引起了较大的反响。

这本书的面世，离不开各方的支持与编写人员的心血付出。

感谢青羊区教科院的倾心指导，成都市浣花小学校的鼎力支持。青羊区教科院小学语文教研员刘文虎躬耕一线，拟制框架，反复审阅、修订稿件。成都市浣花小学校校长袁伟亲自挂帅，给予多方面支持，让研究得以顺利开展。同时，本书也要感谢泡桐树小学绿舟分校、成都市青羊实验中学附属小学、成都市东城根街小学、成都市实验小学西区分校、成都市胜西小学等基地校的积极参与。区域内外许多教师提供了大量优秀案例，在此一并感谢。

“头雁先飞，群雁齐追”，2位主编刘文虎、袁伟率10余位编委齐心协力编纂出这部 20 余万字的书稿。各章节参编人员如下：

统筹规划：袁伟

稿件审改：刘文虎

第一章：樊晓莉、罗薇、米珈

第二章：廖洪英、薛江屏

第三章：李婧、张娟

第四章：李秋菊、许琳、彭雪璐、罗曼

第五章：李清清、杨玉婷

本书编写的完成，并非结束，而是新的开始。我们秉持初心，希望能够启迪更多的一线教师参与到群文阅读研究中来，推进群文阅读教学的开展；也希望能切实帮助到学生，通过群文学习“有思考的阅读”，成为“会思考的阅读者”。

刘文虎

2025 年 3 月